Coleção
FILOSOFIA
ATUAL

Copyright © The Curators of the University of Missouri.
University of Missouri Press, Columbia, MO 65201. Todos os direitos reservados.
Copyright © From Enlightenment to Revolution, 1975 by Duke University Press
Copyright desta edição © 2017 É Realizações Editora
Título original: *The Collected Works of Eric Voegelin, Volume 24, History of Political Ideas, Volume VI, Revolution and the New Science*

Editor
Edson Manoel de Oliveira Filho
Produção editorial, capa e projeto gráfico
É Realizações Editora
Preparação de texto
Liliana Cruz
Revisão de texto
William Campos da Cruz
Diagramação
Mauricio Nisi Gonçalves

CIP-BRASIL. CATALOGAÇÃO NA PUBLICAÇÃO
SINDICATO NACIONAL DOS EDITORES DE LIVROS, RJ

V862r

Voegelin, Eric, 1901-1985
    História das ideias políticas volume VI : religião e a nova ciência / Eric Voegelin ; tradução Elpídio Mário Dantas Fonseca . - 1. ed. - São Paulo : É Realizações, 2017.
    280 p. ; 23,3 cm. (Filosofia atual)

    Tradução de: The collected works of Eric Voegelin, volume 24, history of political ideas, volume VI, revolution and the new science
    Inclui índice
    ISBN 978-85-8033-280-3

    1. Religião e ciência. 2. Filosofia e religião. 3. Filosofia. I. Título. II. Série

16-37194
                                                                        CDD: 210
                                                                        CDU: 2-1

Reservados todos os direitos desta obra. Proibida toda e qualquer reprodução desta edição por qualquer meio ou forma, seja ela eletrônica ou mecânica, fotocópia, gravação ou qualquer outro meio de reprodução, sem permissão expressa do editor.

É Realizações Editora, Livraria e Distribuidora Ltda.
Rua França Pinto, 498 · São Paulo SP · 04016-002
Telefone: (5511) 5572 5363
atendimento@erealizacoes.com.br · www.erealizacoes.com.br

Este livro foi impresso pela Pancrom Indústria Gráfica em maio de 2021.
Os tipos são da família Minion Condensed e Adobe Garamond Regular. O papel do miolo é o Pólen Soft 80 g, e o da capa Cartão Supremo 300g.

Coleção FILOSOFIA ATUAL

HISTÓRIA DAS IDEIAS POLÍTICAS
VOLUME VI

REVOLUÇÃO E A NOVA CIÊNCIA

ERIC VOEGELIN

EDIÇÃO DE TEXTO E INTRODUÇÃO À EDIÇÃO AMERICANA
BARRY COOPER

TRADUÇÃO
ELPÍDIO MÁRIO DANTAS FONSECA

REVISÃO TÉCNICA
GUSTAVO ADOLFO PEDROSA DALTRO SANTOS

2ª impressão

É Realizações Editora

Sumário

REVOLUÇÃO E A NOVA CIÊNCIA

Introdução do editor............................. 11

SEXTA PARTE: REVOLUÇÃO

1. Apostasia 41
   § 1. *A rearticulação da era cristã* *41*
   § 2. *Bossuet e Voltaire*.. *45*
      a. A história universal de Bossuet............................ 46
      b. História secularizada...................................... 47
      c. A relevância de Roma...................................... 48
      d. A história universal de Voltaire 50
   § 3. *A reconstrução do significado histórico* *52*
      a. O esprit humain *como objeto da história* 52
      b. História sacra intramundana............................... 54
      c. A estrutura da história intramundana 56
   § 4. *A continuidade dos problemas cristãos e intramundanos*........... *57*
      a. As variações da história intramundana 58
      b. A Histoire des Variations des Églises Protestantes, *de Bossuet*... 58
      c. O Libre Examen.. 61
      d. A Conférence avec M. Claude, *de Bossuet* 63
   § 5. *A dinâmica da secularização*.................................. *65*
      a. A dissociação dos universalismos ocidentais 65
      b. As fases da dissociação..................................... 66
      c. Primeira e segunda fases: destruição espiritual e
         reespiritualização 67
      d. Terceira fase: a autoridade da igreja e os símbolos cristãos....... 69
   § 6. *O ataque de Voltaire*.. *72*
      a. Os Éléments de Philosophie *de Newton* *73*
      b. Deus e a alma... *75*
      c. O fundamento da ética..................................... *77*
      d. O significado da Razão *80*
      e. Sectarismo filosófico *81*

  f. O reino entre os espíritos.................................... *84*
  g. Compaixão... *85*

2. As nações cismáticas 89
 § 1. O vácuo da Razão *89*
 § 2. A irritação do paroquialismo *91*
 § 3. O cosmion cismático *92*
  a. O fechamento espiritual do cosmion *nacional* *92*
  b. O caso francês *93*
  c. O caso inglês *94*
  d. O caso alemão *95*
 § 4. A estrutura temporal do processo de encerramento................ *98*
  a. O problema do fechamento *98*
  b. A estrutura temporal anglo-francesa *99*
  c. A estrutura temporal franco-alemã *99*
  d. Os resultados.. *100*

3. Giambattista Vico – *La Scienza Nuova* 103
 § 1. A política italiana *103*
  a. Cidade-estado e estado nacional *104*
  b. "Decadência" italiana *104*
  c. Municipalização e emigração *106*
 § 2. A obra de Vico *107*
  a. Estilo e maneira de expressão *108*
  b. A interpretação secularista *109*
  c. O caráter meditativo da obra *112*
  d. As fases da meditação *113*
 § 3. A ideia de uma nova ciência *115*
  a. Ambivalência e pathos..................................... *116*
  b. Reversão do movimento apostático *117*
 § 4. Os passos da meditação....................................... *119*
  a. Verum Est Factum... *120*
  b. A origem filológica *121*
  c. A conjectura no nível pagão................................ *121*
  d. O nível cristão *122*
  e. Neoplatonismo... *125*
 § 5. O continuum das ideias ocidentais............................... *126*
 § 6. O modelo da natureza... *128*

  a. O ponto metafísico e o conatus *129*
  b. A função sistemática do modelo *130*
  c. O ataque ao fenomenalismo *132*
  d. O ataque ao cogito *132*
  e. A transferência do modelo para a história *133*
§ 7. *O mondo civile*.. *134*
  a. A ciência da história.................................. *134*
  b. A antropologia de Vico................................. *136*
  c. A autonomia do espírito................................ *139*
  d. O recursus *141*
§ 8. *Recursus e ricorso* *142*
  a. O problema no Diritto Universale *143*
  b. O problema na "Primeira" Scienza Nuova *144*
  c. O problema na "Terceira" Scienza Nuova................. *145*
  d. Vico e Santo Agostinho *145*
§ 9. *A storia eterna ideale* *154*
  a. Formulação do princípio................................ *155*
  b. A historicidade da mente............................... *156*
  c. A contemplação providencial *159*
§ 10. *O senso commune*.. *162*
  a. Definições positivas................................... *162*
  b. Esclarecimento crítico................................. *164*
  c. História e filosofia da humanidade *166*
§ 11. *A estrutura política do corso* *168*
  a. Stato ferino e era divina *168*
  b. A era heroica *169*
  c. A era humana *170*
  d. A caracterização sumariante do corso................... *171*
  e. A Mente Eroica *172*
§ 12. *Conclusão* *176*

4. A procura inglesa do concreto......................... 181
§ 1. *A organização política modelo* *183*
  a. Uma população estagnada *183*
  b. O gim.. *185*
  c. O expurgo da Igreja.................................... *186*
  d. Os sermões políticos de Warburton *190*
  e. A controvérsia entre Gladstone e Newman................ *196*

§ 2. A perda do concreto... 198
    a. A materialização do mundo externo 199
    b. A psicologização do Eu...................................... 201
    c. A razão de Culverwel 203
    d. A razão de Whichcote....................................... 205
    e. A razão de Locke 207
    f. A razoabilidade da Cristandade, de Locke 209
    g. A Cristandade não misteriosa, de Toland 217
§ 3. *Espaço absoluto e relatividade* 221
    a. A relatividade de Copérnico a Leibniz........................ 223
    b. O conflito de Galileu com a Inquisição 226
    c. A suposição de Newton do espaço absoluto................... 229
    d. A influência de Henry More 231
    e. A crítica psicológica de Berkeley............................ 235
    f. O beco sem saída 239
    g. Leibniz 241
    h. O problema da estrela rotatória 246
    i. Ciência, poder e mágica 248
    j. O pathos da ciência e os eunucos espirituais.................. 253

Índice remissivo 261

REVOLUÇÃO E A NOVA CIÊNCIA

Introdução do Editor

Ao escrever este volume de sua *História das Ideias Políticas*, Voegelin confrontou várias questões "metodológicas" que tinham sido contornadas, evitadas ou tratadas indiretamente quando lidou com os acontecimentos políticos e as ideias políticas de períodos históricos anteriores. Com base nesta análise sistemática dos "materiais", *Revolução e a Nova Ciência* trouxe diretamente ao foco o que agora chamamos a questão da historicidade. A ocasião era a discussão de Voegelin da *Nova Ciência* de Vico no capítulo 3 deste volume, que foi completado nos pontos principais no verão de 1941.[1] As reflexões de Voegelin a respeito de Vico, juntamente com sua análise de *Um Estudo da História*, de Toynbee, levaram afinal a seu desenvolvimento do conceito de "historiogênese", cuja versão final não foi publicada até 1974, no volume IV de *Ordem e História*.[2] A posição que Voegelin alcançou no final do capítulo acerca de Vico justificava as palavras de abertura de seu livro mais conhecido, *A Nova Ciência da Política*: "A existência do homem na sociedade política é existência histórica; e uma teoria da política, se quiser penetrar os princípios, deve, ao mesmo tempo,

---

[1] Voegelin a Friedrich Engel-Janosi, 24 de setembro de 1941, Papéis de Voegelin, Hoover Institution Archives, Stanford, caixa 11, pasta 7.

[2] *The Ecumenic Age*. Baton Rouge, Louisiana State University Press, 1974, cap. 1. [Em português: *A Era Ecumênica*. Trad. Edson Bini. São Paulo, Loyola, 2010.]

ser uma teoria da história".³ *A Nova Ciência da Política* pode bem ser lida como uma *hommage à Vico*, e, de qualquer forma, os temas primeiramente enfatizados neste volume da *História das Ideias Políticas* foram matéria da análise que se estendeu pelas três décadas seguintes.

Já em 1943 Voegelin tinha indicado publicamente o procedimento próprio ou contexto metodológico dentro do qual a *História das Ideias Políticas* deveria ser situada.⁴ Em novembro desse ano, o painel de teoria política do Comitê de Pesquisa da American Political Science Association reuniu-se em Washington para discutir as atuais necessidades e realizações de pesquisa. Voegelin apresentou um relatório, subsequentemente publicado na *American Political Science Review* sob o título "Political Theory and the Pattern of General History" [Teoria Política e o Padrão da História Geral].⁵ Vogelin discutia "a história geral das ideias políticas" como este tópico tinha sido apresentado nos textos existentes de William rchibald Dunning, Charles Howard McIlwain, George H. Sabine e Thomas Ira Cook.⁶ Por "história geral" Voegelin queria distinguir esta categoria de escritos dos tratamentos monográficos especializados de pensadores individuais e períodos de

---

³ *The New Science of Politics: An Introduction*. Chicago, University of Chicago Press, 1952, 1. [Em português: [Em português: *A Nova Ciência da Política*. Trad. José Viegas Filho, apresentação de José Pedro Galvão de Sousa. Brasília, UnB, 1979.]

⁴ Voegelin associava o termo *metodologia* com o meio século de debates na Alemanha entre as várias "escolas" de ciência social que terminaram nos anos de 1920 (ver *The New Science of Politics*, p. 10 ss). O termo, portanto, deve ser empregado com cautela.

⁵ *American Political Science Review* 38, 1944, p. 746-54. O relatório de Voegelin foi republicado em Ernest S. Griffith (ed.), *Research in Political Science*. Chapel Hill, University of North Carolina Press, 1948, p. 190-201. As citações no texto são da versão da *APSR*.

⁶ Dunning, *A History of Political Theories, Ancient and Medieval*. New York, Macmillan, 1902; *A History of Political Theories from Luther to Montesquieu*. New York, Macmillan, 1905 e *A History of Political Theories from Rousseau to Spencer*. New York, Macmillan, 1920; McIlwain, *The Growth of Political Thought in the West: From the Greeks to the End of the Middle Ages*. New York, Macmillan, 1932; Sabine, *A History of Political Theory*. New York, Holt, Rinehart and Winston, 1937; Cook, *A History of Political Philosophy from Plato to Burke*. New York, Prentice-Hall, 1936.

tempo e das análises dos problemas políticos tradicionais, como soberania, autoridade, governo constitucional e assim por diante. Os tópicos cobertos por uma "História geral", dizia ele, eram internacionais em escopo, mas a forma literária "é quase um monopólio americano".[7] Ademais, a "história geral das ideias políticas" era uma "jovem ciência", datando, de fato, da diferenciação feita por Dunning entre sua própria empresa e a obra de Pierre Janet, cuja obra-padrão, *Histoire de la Science Politique dans ses Rapports avec la Morale* [História da Ciência Política através de sua Ligação com a Moral], Dunning considerava muito restritiva e muito provinciana.

Como ocorre com muitas inovações como essa, a nova ciência de Dunning era mais clara sobre sua matéria do que sobre sua estrutura. Em 1944, quando o relatório de Voegelin foi publicado pela primeira vez, havia até mesmo menos concordância acerca dessas matérias do que na época de Dunning, uma geração antes. Havia duas razões para isso: primeira, tinha havido um enorme crescimento da simples quantidade de provas históricas que um erudito estava obrigado a dominar; segunda, tinha havido uma revisão substancial na compreensão da estrutura convencional da história. Por conseguinte, escreveu Voegelin, era aconselhável esboçar "as maneiras pelas quais o desenvolvimento da ciência história atingiu os problemas mais especiais de uma história geral das ideias políticas".

Historiadores de ideias políticas, assim como outros historiadores intelectuais e outros historiadores em geral, consideravam convencionalmente a história como análoga a uma linha reta ao longo da qual a "humanidade", o fenômeno contendo e expressando as ideias, se move "numa continuidade através das fases antiga, moderna e medieval". A origem teológica da "ideia" de linha reta, como explica Voegelin no capítulo 1 deste livro, foi empiricamente adequada enquanto

---

[7] Voegelin não discutiu explicitamente por que era assim, embora seja claro de suas análises da jurisprudência americana em *On the Form of the American Mind* que ele teria encontrado uma motivação prática e prudente. Ver a análise desta questão em David M. Ricci, *The Tragedy of Political Science: Politics, Scholarship and Democracy*. New Haven, Yale University Press, 1984, p. 67-69.

se permaneceu dentro do horizonte espiritual e se identificou o universalismo espiritual cristão com o horizonte histórico do mundo ocidental. Em outras palavras, a "ideia" de linha reta era persuasiva apenas se em boa consciência se pudessem desprezar as histórias paralelas não ocidentais ou permanecer ignorante da história das civilizações pré-clássicas. Para Voegelin, entretanto, esta posição tinha sido insustentável por trezentos anos, embora não tivesse sido questionada até que, na geração depois de Hegel, o problema da história não ocidental paralela e a atividade histórica se tornaram um tópico central de preocupação assim pragmática como teorética para os europeus.[8] A importância pragmática do poder não europeu da Rússia nos negócios europeus estava claramente evidente depois do Congresso de Viena. A obra dos orientalistas trouxe uma vez mais, para o domínio público, novos conhecimentos acerca da civilizações paralelas do Oriente Próximo e Distante. Após a Primeira Guerra Mundial, a obra de Spengler e Toynbee sobre os ciclos internos de uma pluralidade de civilizações alterou profundamente o padrão convencional linear.

Voegelin refletiu sobre o significado dessas mudanças no padrão da história política e levantou a questão da relação entre a história política e as ideias políticas. Uma possibilidade, disse ele, é que a história das ideias políticas não tenha forma e estrutura próprias. Se isso for verdade, uma assim chamada história das ideias políticas é propriamente identificada como uma enciclopédia cronológica de opiniões sucessivas. Uma compreensão mínima da história, ou seja, de que ela é "o desenrolar de um padrão de significado no tempo", seria violada por tal compêndio. Por outro lado, a visão de Janet, de

---

[8] A própria preocupação de Voegelin com as "histórias paralelas" foi inicialmente indicada na nota preambular a seu artigo "Das Timurbild der Humanisten: Eine Studie zur politischen Mythenbildung" [A Visão dos Humanistas sobre Timur: Um Estudo de Formação Mítica Política], *Zeitschrift für Öffentliches Recht* 17, 1937, p. 544-45. O artigo, sem a nota preambular, foi republicado em *Anamnesis: Zur Theorie des Geschichte und Politk*. München, Piper, 1966, p. 153-78. Em português: *Anamnese: Da Teoria da História e da Política*. Trad. (do inglês) Elpídio Mário Dantas Fonseca. São Paulo, É Realizações, 2009, p. 219-78.

que apenas as doutrinas e os "sistemas" altamente integrados merecem ser considerados porque apenas os grandes pensadores conseguem resultados que podem ser propriamente chamados "científicos", leva à conclusão de que o padrão da história geral tem pouca relação com o padrão de uma história das ideias políticas.⁹ A primeira opção teria tornado fútil toda a empresa de uma história geral, e, então, pode ser descartada. A própria obra de Voegelin sobre o impacto de Timur (ou Tamberlão) nas ideias políticas ocidentais, incluindo a evocação de Maquiavel de um príncipe-salvador, indicava igualmente que a segunda conclusão é errônea.¹⁰ O problema real era, e é, especificar a relação entre a história das ideias políticas e a história política de uma maneira filosoficamente defensável.

Neste contexto, o avanço de Dunning sobre Janet, ou seja, sua penetração superior do problema, era claro: distinguia "teoria política", pela qual queria dizer opiniões, sentimentos e ideias, "sejam ou não integradas num sistema científico, que tende a explicar a origem, a natureza e o escopo da autoridade do governo", da "ciência política" mais estreita e sistemática de Janet. Dunning trabalhava com a suposição metodológica de que uma "teoria" importava não porque era sistemática ou científica, mas porque estava "em contato" com a história política verdadeira e com as instituições políticas existentes. Neste fundamento, o padrão da história das ideias políticas deve ser subordinado à estrutura da história política. Dunning, no entanto, era um progressista (como o era Janet) e compreendia a direção da história como tendente à separação da política "dos contextos ético, teológico e legal". A consequência mais séria desta posição na opinião de Voegelin era a de que ela eliminava

---

[9] Na ciência política contemporânea, a primeira suposição é feita por alguns membros da assim chamada escola de Cambridge, ao passo que a segunda suposição parece guiar a obra de alguns "straussianos".

[10] Além do artigo "Das Timurbild", há pouco citado, ver também, para os pormenores, o capítulo de Voegelin sobre Maquiavel em *History of Political Ideas*, vol. IV, *Renaissance and Reformation*. Ed. David L. Morse e William M. Thompson. Columbia, University of Missouri Press, 1998, p. 31-87. (*The Collected Works of Eric Voegelin*, vol. 22) [Em português: *História das Ideias Políticas*, vol. IV, *Renascença e Reforma*. Trad. Elpídio Mário Dantas Fonseca. São Paulo, É Realizações, 2014.]

da consideração a história mesopotâmica, persa e israelita, mesmo que "boa parte do pensamento político ocidental esteja profundamente enraizado" neste contexto pré-helênico.

O problema mais importante desse tratamento, entretanto, era que, além da questão do medievo tardio da separação entre a igreja e o estado, Dunning foi compelido por seus princípios de interpretação a excluir uma grande quantidade de material medieval com o fundamento de que nenhuma "história política" aconteceu. Na visão de Voegelin, "a eliminação como irrelevante de uma fase da história, que está em direta e larga continuidade com a nossa, porque sua estrutura de ideias políticas difere da nossa, não pode ser justificada por nenhum padrão de método científico". Pelo simples expediente de abandonar qualquer compromisso com o progresso histórico, George Sabine, com cujo famoso manual[11] a *História das Ideias Políticas* original de Voegelin deveria competir, tinha dado um grande passo. Foi capaz de descrever a estrutura das ideias políticas tal como eram reveladas na história, seja na forma de ciência seja na de "um complexo indiferenciado de ordem da comunidade" que inclui coisas tais como ética, direito e religião. Ao fazer isso, Sabine organizou os materiais históricos em três partes maiores. A primeira foi acerca da pólis, a segunda, acerca da comunidade universal, e a última acerca do estado nacional. "Com a elaboração desta posição metodológica", disse Voegelin, "o problema dos princípios atingiu um ponto de equilíbrio". Tinha-se finalmente abandonado o compromisso com um modelo "antigo-medieval-moderno" progredindo linearmente e "a estrutura de uma história da teoria política está incondicionalmente subordinada à estrutura da história política".[12] Nesta base, que na visão

---

[11] O editor do texto original refere-se aqui ao manual *A History of Political Theory*, cuja primeira edição data de 1937 e, numa edição revisada por Thomas L. Thorson em 1973, é até hoje referência-padrão nos cursos de graduação e pós-graduação em Teoria Política nos Estados Unidos. (Nota do Revisor Técnico)

[12] O "historicismo" de Sabine foi criticado por Leo Strauss exatamente nestes termos. Ver Sabine, "What is a Political Theory", *Journal of Politics* 1, 1939, p. 2; e Strauss, *What Is Political Philosophy? And Other Studies*. Glencoe (Illinois), Free Press, 1959, cap. 1, p. 223-28.

de Voegelin era provisoriamente adequada, ele enumerou os principais problemas com os quais "o historiador da teoria política" está normalmente preocupado. De acordo com Voegelin, estavam envolvidas três questões: (1) a escolha de um padrão com base no qual os materiais podem ser organizados; (2) a classificação e a integração de novos materiais com base no padrão adotado; (3) a revisão do padrão com base na interpretação de novos materiais que não se conformam com as categorias da organização original.

No que diz respeito à primeira questão, o que importava era menos a fidelidade à posição desenvolvida, por exemplo, por Toynbee ou pelos editores da *Cambridge Ancient* ou da *Cambridge Medieval History* do que a necessidade de estar a par de que algumas dessas escolhas de padrão eram necessárias a fim de organizar os materiais. Em segundo lugar, no entanto, está o desenvolvimento real das ciências históricas, pela publicação de estudos especializados nas áreas da teoria política e da história política. Em consequência, "o historiador da teoria política [...] tem a oportunidade fascinante de experimentar a junção desses dois complexos de conhecimento". A *História das Ideias Políticas* foi, entre outras coisas, a tentativa ininterrupta de Voegelin de juntar esses dois "complexos de conhecimento".

Em seu relatório à APSA, indicou várias áreas problemáticas para onde os eruditos estavam dirigindo suas energias. Duas eram particularmente pertinentes para os materiais tratados neste volume. Primeiro, a interpretação da autoridade governamental existente não é a questão mais importante na ciência política. A importância do governo durante períodos de estabilidade relativa poderia permanecer intacta, mas "nas fases iniciais de ciclos civilizacionais, os problemas da substância da comunidade, de sua criação, sua delimitação e sua articulação" eram ao menos de igual significado, e igualmente durante os períodos de crise, dissolução e regeneração do "mito político de criação da comunidade", as questões sobre a substância ou o significado da comunidade assumiam um lugar preponderante. Por conseguinte, a integração de uma história das ideias políticas ao processo da história política ocasionaria um relato "das ideias relativas à criação mítica das comunidades, e das ramificações teológicas de longo alcance dessas ideias". Do lado das "ideias", portanto, o cientista político tinha de considerar muito mais do que Janet ou mesmo Dunning consideraram relevante para as disciplinas respectivas. Para chegar a esta conclusão, foi central o estudo de Voegelin sobre Vico.

Além disso, qualquer preocupação com a evocação de novas comunidades políticas influenciaria a interpretação das comunidades políticas estabelecidas. Então, por exemplo, o chamado de renovação espiritual que deveria ser encontrado na filosofia política de Platão não era uma teoria da pólis, mas uma teoria da "crise letal da *polis*". Igualmente, o aparecimento da Cristandade envolvia menos a recepção da teoria ética estoica e uma acomodação com a autoridade temporal do que a criação de um novo corpo místico centrado na experiência do *pneuma* de Cristo. "Precisamente", escreveu Voegelin, "as assim chamadas ideias não políticas, como por exemplo os sentimentos e ideias escatológicas, são a grande fonte de fermentação política e revolução ao longo da história ocidental até hoje". O mesmo problema reapareceu em conexão com a desintegração da ordem política medieval. Quanto às próprias fontes medievais, Voegelin observou que, de um lado, havia novos conhecimentos consideráveis do período das migrações, muitos dos quais estavam digeridos e apresentados nos volumes do pré-guerra da *História*, de Toynbee. Era possível, portanto, considerar as ideias políticas teutônicas de uma maneira que não poderia ser concebida nem por Dunning nem pelos Carlyles em seus estudos-padrões de muitos volumes. Além disso, a organização do pensamento político medieval à luz dos movimentos espirituais associados com os franciscanos e Joaquim de Fiore, o que marca o começo da uma nova evocação, tinham-se tornado possíveis à luz do grande estudo de Alois Dempf, *Sacrum Imperium*.[13] Voegelin apresentou

---

[13] R. W. e A. J. Carlyle, *A History of Medieval Political Theory in the West*, 6 vols. London/Edinburgh, Blackwood, 1903-1936; Dempf, *Sacrum Imperium: Geschichtes- und Staatsphilosophie des Mittelalters und der politischen Renaissance*. München, Oldenbourg, 1929; 4. ed., 1973.

sua análise pormenorizada dessas questões em volumes anteriores da *História das Ideias Políticas*. No período coberto pelo presente volume, encontrava-se bem em curso a criação dos corpos políticos místicos que procuravam substituir o corpo espiritual místico de Cristo.

Esse processo de substituição de um corpo místico por outro era análogo ao descobrimento de histórias "paralelas". Ao longo da cristalização bem conhecida e amplamente documentada do estado nacional, desenvolveu-se um conjunto complexo de comunidades sectárias ou – como Voegelin as chama neste volume – comunidades apostáticas que vivificam as instituições mais familiares. Com relação à história das ideias políticas como compreendidas ordinariamente ou convencionalmente, o debate ao longo dos séculos entre Voltaire e Bossuet terminou, por assim dizer, com o triunfo da opinião iluminista. A apresentação que Voegelin faz da questão entre Voltaire e Bossuet no capítulo 1 é, em primeiro lugar, um modelo de economia e exegese eruditamente controlada. Além dessas virtudes convencionais, entretanto, Voegelin apontou para as consequências espirituais importantes que se seguiram da adoção da posição de Voltaire numa escala socialmente significativa. Primeiro, a "ideia" de universalismo espiritual transcendente foi substituída pela "ideia" de um universalismo da razão intramundana. Como indicou Voegelin, a nova "ideia" se justificava à luz de uma moralidade de senso comum secular motivada pelo sentimento de compaixão pela humanidade e dirigida pela utilidade social. Era, entretanto, baseada numa suposição, obtida das realizações impressionantes de Newton no campo da mecânica celeste, de que o conhecimento tinha de basear-se nos métodos da física se quisesse contar como ciência. Para Voltaire sustentar tal opinião, ele tinha de rejeitar a experiência, ainda presente em Bossuet, do conhecimento pela fé. Ele o fez por meio de um ataque à expressão linguística dessa experiência na forma da doutrina cristã e, em particular, na teologia cristã da história que Bossuet tinha aceitado ao lado de sua forma doutrinal. Voltaire, no entanto, não apenas rejeitou a doutrina de Bossuet e a substituiu pela sua, mas transformou a experiência do conhecimento pela fé num acidente psicológico. Esta posição Voegelin chama "obscurantismo espiritual".

Porque era baseado numa negação do valor cognitivo das experiências de fé, o desenvolvimento do obscurantismo espiritual para o ateísmo dogmático era previsível no sentido de que seguiu uma óbvia *logique du coeur*. Primeiro, se a fé não fosse um ato de conhecimento, então era necessariamente um ato de imaginação. Em contraste com Voltaire, que foi forçado a confrontar a doutrina de Bossuet, os intelectuais que seguiram a liderança de Voltaire supuseram a validade de seu obscurantismo espiritual e o tomaram como ponto de partida para mais especulações. Para tais pessoas, a conclusão que tirar era clara: as alegadas experiências espirituais não tinham realmente nenhum conteúdo válido em si, o que quer dizer que não eram, propriamente falando, experiência de nada. Assim seguiu o materialismo assertivo de Holbach e Helvétius as tentativas experimentais de Voltaire, parte do qual vai ser apresentado em pormenor no volume VIII da *História das Ideias Políticas*.[14] Igualmente, o sentimento da utilidade newtoniana podia ser expandido no cálculo moral benthamista. A importância deste desenvolvimento das ideias políticas, entretanto, foi que constituiu a generalização ou popularização de uma nova antropologia filosófica em vez de uma intelecção teorética ou descobrimento penetrantes.

Por outro lado, ao desprezar grande parte do que hoje seria chamado história do mundo, a fim de conformar-se com um padrão essencialmente agostiniano, Bossuet deixou-se exposto à crítica de Voltaire.

Portanto, o *Discurso sobre a História Universal* de Bossuet, que não tinha nada que dizer da China ou da Índia, fazia pouco jus a seu título. Apesar das limitações espirituais de Voltaire, sua crítica empírica e de senso comum, assim como

---

[14] Muitos capítulos já foram publicados em Voegelin, *From Enlightenment to Revolution*. Ed. John H. Hallowell. Durham, Duke University Press, 1975.

espirituosa, a Bossuet teve o mérito induvidoso de chamar atenção para as inadequações da forma doutrinal em que as intelecções espirituais putativamente universais eram colocadas. O que era necessário para contrapor-se às objeções de Voltaire era uma filosofia da história que combinasse as intelecções espirituais de Bossuet com a largueza empírica de Voltaire. No argumento de Voegelin, como desenvolvido no capítulo 3 deste volume, Vico providenciou um salto gigante na direção certa.

No pequeno capítulo que se segue, Voegelin apresenta um breve relatório de um sintoma importante da desintegração assim espiritual como intelectual do corpo político ocidental numa coleção de corpos político-religiosos mutuamente cismáticos. Voegelin enfocou particularmente o crescimento de um novo conjunto de convenções pelas quais os europeus expressavam seu desdém mútuo pelas particularidades nacionais. Para os ingleses, por exemplo, o espírito alemão era obscuro, ao passo que o espírito francês substituía tipicamente a lógica pelo senso comum; para os franceses, o espírito alemão era incivilizado e o inglês era oportunista; para os alemães, os franceses eram superficiais e os ingleses, incultos. O significado de tais "amenidades", disse ele, não estava na precisão relacionada às várias características nacionais, mas em serem sintomas de um provincianismo espiritual recentemente tornado respeitável e uma crescente ininteligibilidade mútua.

A respeitabilidade desta recriminação paroquial, a seu turno, era um reflexo da história política da Europa. Por volta do século XVIII, as várias comunidades nacionais tinham desenvolvido "ideias" mais ou menos abrangentes de si mesmas em substituição das "ideias" cristãs e imperiais medievais que já nada significavam. Voegelin chamou o processo pelo qual os novos corpos místicos das nações ganharam respeitabilidade "revolta apostática". Voltaire foi a voz mais articulada da apostasia; que ele foi ouvido é evidente das mudanças na história das ideias políticas ocidentais, mas também do curso da história política. Não apenas os vários corpos políticos paroquiais substituíram o corpo místico de Cristo, mas também começaram a isolar-se uns contra os outros, como mostra claramente a litania de epítetos pouco lisonjeiros indicados acima. No lugar das tensões religiosas paroquiais e ciclos de guerras do século XVI, encontram-se tensões paroquiais nacionais e guerras que ainda não chegaram a um fim quatro séculos depois.

Quanto à configuração real das assim chamadas características nacionais, o determinante principal foi a constelação de ideias e sentimentos, que variavam de nação a nação, *à época* da revolta apostática particular. No exemplo francês, a apostasia de Voltaire tomou a forma de uma revolta em nome da razão universal contra o universalismo cristão católico. Na Inglaterra, como mostra Voegelin pormenorizadamente no capítulo 4, a atitude anticatólica tinha sido estabelecida fazia tempo pelo cisma anglicano e pela revolução puritana. Porque não havia nenhum guardião institucional da tradição espiritual ocidental existente, não podia haver nenhuma expressão intelectual desta última, tal como se encontra em Bossuet. Em vez disso, o conflito inglês era entre uma interpretação idiossincrática pessoal protestante da Escritura e um individualismo secularizado. O conflito foi abafado ou "atenuado" porque a Igreja da Inglaterra estabelecida, em primeiro lugar, não possuía força espiritual significativa. Na Inglaterra não havia nem o entusiasmo nem o ânimo espiritual para produzir uma "contrarreligião" de Razão, Positivismo ou Humanitarismo como houve na França. Entre a solidez e a resiliência das formas sociais inglesas, incluindo a Igreja da Inglaterra, e a liberdade pessoal dos indivíduos dentro dessas formas, a vida do espírito, disse Voegelin, "se move num crepúsculo constante de preservação e eutanásia". Que poucos ingleses fossem sensíveis às questões espirituais é ainda uma prova da força de suas convenções de respeitabilidade, civilidade e "cavalheirismo".[15]

Em contraste, a apostasia alemã foi complicada por três tensões inter-relacionadas. Na primeira, o conflito contínuo entre católicos e protestantes coincidia de tal maneira

---

[15] Voegelin também explorou esta questão em "The Oxford Political Philosophers". *Philosophical Quarterly* 3, 1953, p. 97-114.

com principados regionalmente dominantes que nenhum pôde formar o novo corpo político com a exclusão do outro. A segunda foi a tensão entre uma tradição imperial decadente e uma pluralidade de principados territoriais menores, de um lado, e a tendência para unificação nacional e fechamento análogos às nações atlânticas da França e Inglaterra, do outro. Na terceira, permaneceram diferenças sociais entre os territórios colonizados do leste e as áreas de estabelecimento mais antigo do sul e do oeste que foram apenas precariamente neutralizadas com as guerras de unificação nacional do século XIX lideradas pela Prússia. Essas diferenças sociais reemergiram recentemente depois da "reunificação" da Alemanha.

As diferenças na história política das sociedades políticas europeias tornaram desenvolvimentos apostáticos uniformes extremamente pouco prováveis. Na Alemanha, por exemplo, a ausência, no século XIX, tanto de instituições políticas nacionais quanto de compromissos religiosos uniformes evitou uma revolução nacional em nome da razão como tinha acontecido anteriormente na França. Igualmente, o protestantismo alemão não foi caracterizado pela interpretação escritural idiossincrática e então nunca se desenvolveu nas formas seculares correspondentes de individualismo que, a seu turno, ajudaram a modelar as instituições políticas parlamentares inglesas. Ao passo que na Inglaterra o Parlamento se tornou, na linguagem de Toynbee, "idolatrado", na Alemanha não foi nunca mais do que uma técnica de governo desprovida de apegos sentimentais mais profundos. Não havia, por conseguinte, na Alemanha nenhum paralelo com a relação francesa entre razão e revelação nem com a relação inglesa entre o governo parlamentar e o individualismo secular. Em vez disso, disse Voegelin, encontra-se uma pluralidade de instituições políticas justapostas a uma longa gama de especulação metafísica e mística que se movem de Kant e Herder, passando por Fichte, Hegel, Schelling e Marx. Os esforços especulativos dos pensadores alemães, ao contrário dos seus homólogos na França e Inglaterra, não puderam penetrar nem informar as instituições de uma organização política [*polity*] nacional porque não existiu nenhuma.[16]

A relação alemã de "justaposição" entre os acontecimentos de história política e a história das ideias políticas significou que se podem simplesmente aceitar ou rejeitar as instituições políticas existentes, em vez de dar coerência interna ao corpo político nacional. Hegel e Marx são convencionalmente identificados como tipificando as duas alternativas. A brecha entre os acontecimentos e as ideias foi transposta pelas guerras de unificação nacional, mas a *Realpolitik* de Bismark não era, na visão de Voegelin, equivalente às revoluções inglesa e francesa e, consequentemente, tampouco solidificou nem articulou a substância nacional como um corpo político. Voegelin acreditava que a oportunidade para uma revolução nacional fora perdida em 1918 porque o marxismo paralisou os partidos de trabalhadores, que eram os únicos que poderiam ter fornecido a força necessária para levar adiante uma revolução. "A revolução atrasada finalmente se realizou, em 1933, sustentada pela classe média de uma sociedade industrializada e levando a uma catástrofe assim nacional como internacional." Que a revolução nazista foi um desastre não deve obscurecer o fato de que foi parte de um padrão comum à divisão do Ocidente em estados nacionais do qual as revoluções inglesa e francesa foram simples instâncias anteriores.

O termo *fechamento*, que Voegelin associou às revoluções inglesa, francesa e alemã, continha tanto uma dimensão espiritual quanto uma dimensão legal ou institucional. A primeira, que é convencionalmente relacionada à história das ideias políticas, refere-se ao complexo de problemas relacionados aos significados cismáticos e apostáticos do passado pré-cismático. A última, que pertence convencionalmente à história política e levou à forma política do estado soberano, referia-se ao complexo de problemas concernentes às relações políticas entre as

---

[16] Ver John H. Hallowell, *The Decline of Liberalism as an Ideology, with Particular Reference to German Politico-Legal Thought*. Berkeley, University of California Press, 1943; e a recensão de Voegelin no *Journal of Politics* 6, 1944, p. 107-09.

várias entidades soberanas novas que levaram à desintegração da sociedade ocidental nas grandes guerras do século XX.

Com base nestas distinções entre fechamento espiritual e legal, Voegelin sumariou as diferenças entre os exemplos francês, inglês e alemão. Nos dois primeiros, o estabelecimento institucional de um estado nacional unificado precedeu o fechamento espiritual, ao passo que na Alemanha a sequência foi a reversa. Por conseguinte, na França e na Inglaterra, o processo de fechamento espiritual pôde ter como certa a existência do estado político, ao passo que na Alemanha o desenvolvimento simultâneo de ambas as fases introduziu perturbações adicionais. Por exemplo, a sabedoria da política de Bismarck em forçar a Alemanha na direção de um Estado nacional permaneceu uma questão viva muito tempo depois que a efetiva unificação política tinha sido atingida. No que diz respeito às áreas europeias centrais, não é de modo algum claro, mesmo na última década do século XX, que uma construção imperial-federal não seria uma forma política mais apropriada.

A este relato das reações inglesa, francesa e alemã ao problema da desintegração da sociedade cristã ocidental e à diferenciação das características nacionais distintivas, Voegelin adiciona no capítulo 3 uma análise da reação italiana. A estrutura das ideias políticas italianas, não menos do que as instituições políticas italianas, representou um contraste aos desenvolvimentos transalpinos. Os estados territoriais do norte, mesmo na Alemanha, tinham fazia tempo substituído a cidade-estado, ao passo que na Itália a cultura da cidade-estado permaneceu a forma política dominante até o final do século XIX.

A diferença na cultura política entre o norte e a Itália levou a várias complexidades intricadas. De um lado, as revoluções políticas e econômicas dos séculos XIII e XIV italianos anteciparam desenvolvimentos na escala do estado transalpino nacional, algumas vezes por séculos. O equilíbrio de poder como um meio de limitar a desordem política entre os vários pequenos estados italianos, por exemplo, foi bem desenvolvido muito antes de a técnica ser usada entre os estados territoriais maiores do norte. Os pensadores políticos italianos, portanto, tinham uma boa razão para considerar seus concidadãos como os mais requintados praticantes das artes políticas.[17] Por outro lado, a força militar superior dos Estados nacionais francês e espanhol, especialmente depois do apelo que Milão fez a Carlos VII em 1494, significou o fim de uma cultura política italiana independente. Não obstante sua grande habilidade na prática da política na península itálica, ficou também claro que as cidades-estados não eram páreo para os estados territoriais em conflitos mais sérios.

Por conseguinte, o termo convencional para o período entre a invasão francesa de 1494 e o Risorgimento do século XIX é *decadência*. O termo é justificado, mas apenas a respeito da fraqueza da Itália como poder militar e político comparada a outras nações europeias. Certamente a existência de pensadores políticos da estatura de Maquiavel, Guicciardini, Campanella e Vico significa que o termo é inadequado como descrição geral das consequências da invasão francesa. Tem-se de levar em conta, por exemplo, a caracterização de Maquiavel dos franceses como bárbaros. Apenas se se fizer uma suposição igualmente convencional, mas também injustificada, de que o estado nacional é necessariamente a finalidade à qual todos os povos aspiram pode-se concluir que a falha italiana em alcançar essa meta foi uma falha autêntica e um sintoma de fraqueza.

Tendo-se por certo que o conflito das culturas políticas não é resolvido simplesmente em termos de quem comanda os maiores batalhões – neste caso, os estrangeiros bárbaros – é também verdade que, dentro da Itália, a tendência para uma cultura nacional durante o século XIV foi efetivamente invertida, e começou um período a que se chamou de "municipalização". Diferenças regionais, por exemplo, foram enfatizadas

---

[17] A importância de Maquiavel, por exemplo, em estabelecer a agenda para o comportamento da política moderna tinha sido reconhecida fazia tempo. Simplesmente em termos de vocabulário, foi o primeiro a empregar a palavra *estado* como um termo analiticamente preciso na ciência política.

em vez de simplesmente reconhecidas, e, sob a pressão da Contrarreforma, muitos indivíduos sensíveis e enérgicos emigraram para lugares mais afins. Os contextos político e intelectual, disse Voegelin, têm de ser ambos levados em conta quando se considera a obra de Giambattista Vico.

"A obra de Vico", escreveu Voegelin, "é reconhecida hoje como o começo magnífico de uma filosofia moderna da história e da política".[18] Sua realização duradoura foi estabelecer uma "nova fundação de uma ciência da política e das ideias". No entanto, a obra de Vico "permaneceu quase desconhecida em seu tempo e exerceu pouca influência imediata". Houve três razões para isto. Primeira, o italiano de Vico é difícil de ler, mesmo para os próprios italianos, o que foi uma das consequências da "municipalização" do discurso literário.[19]

---

[18] Voegelin, recensão da tradução da *The New Science*, por Thomas Goddard Bergin e Max Harold Fisch, in: *Catholic Historical Review* 35, 1949-1950, p. 75. Trinta anos mais tarde, entretanto, B. A. Hadock ainda era da opinião de que "a posição de Vico na história do pensamento político está ainda por ser estabelecida [...] Esta lacuna é perfeitamente inteligível. Vico não escreveu um 'clássico' da filosofia política" ("Vico on Political Wisdom". *European Studies Review* 8, 1978, p. 165). Por outro lado, considerar Isaiah Berlin, *Against the Current: Essays in the History of Ideas*. Oxford, Clarendon, 1991, p. 4. Adrienne Fulco dizia mais defensivamente que "o que está faltando é uma visão geral das ideias políticas de Vico e uma avaliação de seu papel como teórico político" ("Vico and Political Science". In: Giorgio Tagliacozzo (ed.), *Vico: Past and Present*. Atlantic Highlands, Humanities Press, 1981, p. 175).

[19] "O italiano de Vico", escreveu Leon Pompa, "é inegavelmente muito difícil na verdade. Suas obras foram invariavelmente escritas com muita rapidez; empregava sentenças de grande extensão, que eram frequentemente tortuosas, caóticas e incorretas na construção; expressava-se frequentemente com ironia triste, o que algumas vezes pode confundir o sentido do que ele diz; suas obras são iluminadas por aforismos brilhantes juntamente com uma brincadeira deliberada com as palavras, embora entrelaçadas ao ponto de incompreensão por alusões intelectuais obscuras e condensadas; empregava a linguagem comum de maneira idiossincrática e técnica sem oferecer a ajuda de muitas definições" (prefácio a *Vico: Selected Writings*. Cambridge, Cambridge University Press, 1982, p. xiii). Isaiah Berlin fez uma observação similar: "A prosa elaborada, rebuscada e 'barroca' de Vico, arcaica mesmo na sua época, com suas digressões constantes, referências ocultas, alusões esotéricas e falta de qualquer ordem aparente ou estrutura facilmente inteligível, colocou o leitor diante de uma selva imensa e intransponível, que desencorajou mesmo os empreendedores intelectuais" ("Corsi e Ricorsi", *Journal of Modern History* 50, 1978, p. 481). Ver também Paul Hazard, *The European Mind (1680-1715)*. London, Hollis and Carter, 1953, p. 414.

A segunda, a matéria em si era complexa. A substância de sua obra era uma filosofia da história, mas era apresentada por meio de estudos filológicos eruditos, teorias de linguagem e estética, e análises do direito romano e das instituições políticas. Porque estava ansioso por evitar a atenção da Inquisição, havia também presente em sua obra uma horda de autoridades espúrias e silêncios quanto às suas fontes reais.[20] Ademais, o estilo de historiografia a que Vico se conformou era um estilo que encontrava mérito em colecionar materiais em vez de apresentar uma exposição sistemática e discursiva dos métodos ou resultados interpretativos. É, por conseguinte, sutil e complexa a tarefa de distinguir os princípios do método de Vico dos materiais a que ele o aplicou. Talvez, por essas razões apenas, Vico tenha recebido comparativamente pouca atenção dos cientistas políticos.

O maior obstáculo para compreender Vico, entretanto, é o caráter íntimo e meditativo da *Nova Ciência*, particularmente quando lida em conjunto com sua *Autobiografia*. Neste aspecto Vico encontrou em Voegelin um sucessor condigno. Assim como Voegelin dizia que sua própria consciência era

---

[20] Ver Max H. Fisch, "The Academy of the Investigators". In: *Science, Medicine and History: Essays on the Evolution of Scientific Thought and Medical Practice Written in Honour of Charles Singer*. Ed. E. Ashworth Underwood. London, Oxford University Press, 1953, p. 521-63. O exame mais completo da presença e das atividades da Inquisição na Nápoles de Vico é Gino Bedani, *Vico Revisited: Orthodoxy, Naturalism, and Science in the "Scienza nuova"*. Oxford, Berg, 1989, cap. 1. Bedani também chamou a atenção para a oposição de classe a Vico por parte dos senhores de terra eclesiásticos que não se envergonhavam de procurar a assistência da Inquisição contra arrivistas do *ceto civile*, a classe civil ou administrativa (p. 153-54, 278). As consequências para a "arte de escrever" de Vico foram, por conseguinte, enfatizadas pelos leitores de Strauss. Ver Frederick Vaughan, *The Political Philosophy of Giambattista Vico*. The Hague, Martinus Nijhoff, 1972; e Theodore A. Sumberg, "Reading Vico Three Times". *Interpretation 17*, 1990, p. 347-54, sendo ambos muito céticos a respeito da afirmação de Vico de ser um filho fiel da igreja. Por outro lado, como observou Thomas Berry, "uma acusação deste tipo", relacionada à atitude cética de Vico para com a Cristandade, "é tão insidiosa que quaisquer provas oferecidas em contrário poderiam ser tomadas por alguns como um sintoma da perfeição com que ele arquitetou este engano, que, sugere-se, foi parcialmente consciente e parcialmente subconsciente de sua parte" (*The Historical Theory of Giambattista Vico*. Washington, D.C., Catholic University of America Press, 1949, p. 12).

o instrumento pelo qual ele e os cientistas políticos em geral empreendiam a tarefa de análise, assim a história de Vico de sua própria vida tornou-se uma verificação dos princípios da *Nova Ciência*. O livro publicado com esse nome não é um tratado simples, sistemático. Ao contrário, é um compêndio do pensamento de Vico, começado em 1708, quando o autor tinha quarenta anos, e continuado até sua morte em 1744, quando a "terceira" *Nova Ciência* foi publicada. Na verdade, houve tantas revisões que a "terceira" edição é algumas vezes chamada de nona versão. No que diz respeito à linguagem de Vico, os textos posteriores, baseados em ainda mais anos de meditação, foram escritos num estilo cada vez mais pessoal, de tal modo que toda a empresa de 36 anos pode ser vista como uma série complexa de relatórios inter-relacionados, não diversos da própria obra de Voegelin, estendendo-se desde começos dos anos de 1940 até sua morte, em janeiro de 1985.

Voegelin, assim como outros acadêmicos que estudaram Vico, dividiu-lhe o desenvolvimento do pensamento em três fases. A primeira foi a crítica ao cientificismo de Descartes, marcada pela publicação da *Metafísica* em 1710. A segunda fase pode ser datada de 1720-1721 e a publicação de um tratado a que Vico se referiu como seu *Diritto Universale*.[21]

---

[21] O título completo da metafísica é *De Antiquissima Italorum Sapientia ex Linguae Latinae Originibus Eruenda: Liber Primus: Metaphysicus* [Da antiquíssima sabedoria italiana que se pode descobrir das origens da língua latina: livro primeiro: Metafísica]. In: *Opere di G. B. Vico*. Ed. Fausto Nicolini, Giovanni Gentile e Benedetto Croce, 6 vols. Bari, Laterza, 1911-1914, 1, p. 127. Uma tradução parcial está disponível em Pompa (ed.), *Vico: Selected Writings*, p. 47 ss. Ver também a tradução de L. M. Palmer, *On the Most Ancient Wisdom of the Italians*. Ithaca, Cornell University Press, 1988. Para sumariar grosseiramente a crítica de Vico, ele afirmava que o método de Descartes era um "método insano" porque aplicava a geometria ao "capricho, irreflexão, ocasião e fortuna" da vida humana e produzia assim lunáticos racionais (*On the Most Ancient Wisdom*, p. 99). O *Diritto Universale* não está disponível em inglês. Estão envolvidos três textos maiores: a *Synopsi del Diritto Universale*, 1720; o *De Uno Universi Juris Principio et Fine Uno*, 1720; e o *De Constantia Juris Prudentia*, 1721, em duas partes. Foram republicados numa edição moderna em três volumes em *Opere* II:1-3, 1936. O *Diritto Universale* foi amplamente desprezado pelos comentadores contemporâneos. Ver, entretanto, Mark Lilla, *G. B. Vico: The Making of an An Anti-Modern*. Cambridge, Harvard University Press, 1993, p. 70 ss.

O *Diritto Universale* continuou as reflexões críticas de Vico com base nas intelecções metafísicas que ele tinha desenvolvido em sua polêmica com Descartes. A matéria de sua análise nesta ocasião era a teoria do direito natural exposta por Grotius, Selden e Pufendorf – todos do norte, todos protestantes. Empregou um enorme conhecimento filológico para mostrar que as origens das instituições políticas romanas eram bem diferentes do que imaginavam os teóricos do direito natural. Os advogados da lei natural, juntamente com Descartes, cometeram o erro de supor que por ser uma lei dada no contexto de um conjunto de instituições, ou seja, o seu próprio, tem de igualmente ser "objetiva" em qualquer contexto. De acordo com Vico, isso foi um erro porque desconsiderou a conexão inerente entre as instituições históricas e o conteúdo supostamente universal e incondicionado do direito natural. Uma das mais estranhas consequências, na opinião de Vico, foi a noção de que a sociedade e a civilização começaram com base num contrato que pressupunha os atributos da civilidade burguesa do século XVIII.

Esta "presunção de eruditos" é mais do que uma pequena mancha. É uma "presunção ímpia", porque baseada na premissa de que os homens podem alcançar sabedoria, ou mesmo *intelecções*, desassistidos de Deus. Na verdade, os contratualistas tornam-se céticos, não sábios, porque sua racionalidade é dirigida aos fundamentos pré-racionais da vida social. Mas este tratamento, disse Vico, era fútil, porque excluía os seres humanos da participação na verdade divina, e também os corrompia perigosamente, porque os jovens em particular o seguiriam e cresceriam desdenhosos da prudência e do senso comum. Transformar-se-iam em céticos, afeitos apenas a aplicar mecanicamente o seu "método insano".

A segunda parte do *De Constantia* emprega, pela primeira vez, o termo *Nova Ciência,* referindo-se à filologia. A filologia era compreendida como a ciência que explora as origens das coisas pela exploração da origem de seus nomes, pois as "coisas" da sociedade, ou seja, as instituições religiosas e legais, são significadas por nomes e saem da mente do homem, o que nos traz à terceira fase do pensamento de Vico, marcada pela publicação da primeira versão da *Nova Ciência*, em 1725. Nesta obra, o curso da história romana, discutido em *De Constantia*, foi tipificado como o curso a que as histórias de todos os povos se conformam, uma "história eterna ideal", Vico a chamava. A segunda e terceira edições da *Nova Ciência* aumentaram e modificaram a posição de 1725.

Durante os anos de 1940, quando Voegelin estava escrevendo este capítulo, era ainda muito modesta a literatura secundária.[22] O estudo mais importante foi o livro de Croce, de 1911, *A Filosofia de Giambattista Vico*.[23] Voegelin expressou dúvidas com relação à interpretação de Croce, que ele caracterizou como secularista e progressista, e afirmou que a grandeza de Vico está em sua consciência cristã dos problemas do espírito, não em seus esforços na construção de uma filosofia secular da história, na linha de Voltaire.[24] Vico estava a par, disse Voegelin, de que "as grandes irrupções de realidade transcendental não cabem nos padrões que se podem construir quanto aos cursos históricos das civilizações humanas". Por conseguinte, Vico evitou o erro de tentar encontrar o significado da história nas estruturas humanamente inteligíveis da história profana.

---

[22] Nas décadas que se seguiram, cresceu enormemente a literatura secundária a respeito de Vico. Como disse um observador: "Vico tornou-se não apenas uma relíquia, mas um ícone, não apenas um clássico, mas uma mercadoria", e, como acontece com todas as mercadorias, Vico também foi industrializado. Ver Donald R. Kelley, "Giovanni Battista Vico". In: *European Writers: The Age of Reason and Enlightenment*. Ed. George Stade. New York, Charles Scribner's Sons, 1984, 3, p. 312. Muito do material secundário (e não afirmo ter lido mais do que uma grande amostra) é ou exegese suficientemente erudita de tipo histórico ou uma apropriação dos textos ou temas de Vico. Na melhor das hipóteses, o segundo tipo de apropriação pode levar a um *Finnegans Wake*, mas a maior parte leva a escritos de vários *dotti* sobre "Vico e a Hermenêutica da Sociologia Crítica" e assim por diante.

[23] *The Philosophy of Giambattista Vico*. Tradução para o ingês de R. G. Collingwood. London, Macmillan, 1913; reed. New York, Russel and Russel, 1964.

[24] Persistiu até hoje esta divisão entre os acadêmicos estudiosos de Vico que enfatizam a espiritualidade cristã no cerne de sua obra e aqueles que lhe enfatizam a heterodoxia e o historicismo.

Voegelin sumariou sua própria compreensão de Vico com a observação de que a dele era "uma teoria da política e da história bem construída", tendo por cerne uma antropologia filosófica fortemente fundamentada com base na qual a história é interpretada como o desenrolar temporal da potencialidade da mente humana. Os pormenores de qualquer interpretação viquiana, já que baseados na coleção e no domínio concretos dos materiais existentes, estavam fadados a ser substituídos pelos avanços no conhecimento histórico, refinamentos das técnicas filológicas, e assim por diante. As "ideias" da antropologia filosófica de Vico e sua filosofia da história como o desenrolar inteligível da mente humana, não menos que sua forma meditativa, são as coisas que atraíram a atenção de Voegelin. Seu foco, entretanto, continuou sendo a posição de Vico "numa história geral das ideias políticas".

Para começar, o nome *nova ciência* fazia eco tanto ao *Novum Organon* (1620), de Bacon, quanto aos Diálogos de Galileu sobre *Duas Novas Ciências* (1638). Para Vico, entretanto, a *Scienza Nuova* era "uma verdadeira ciência da substância em oposição a uma ciência dos fenômenos físicos, ao passo que, ao mesmo tempo, é uma ciência da política em emulação com a imponente ciência da natureza". Em sua *Autobiografia*, por exemplo, Vico disse de seu livro: "Com este livro, para a glória da religião católica, os princípios de toda a sabedoria gentílica, humana e divina, foram descobertos em nossa era e no seio da verdadeira Igreja, e Vico obteve para nossa Itália a vantagem de não invejar a Holanda Protestante, a Inglaterra ou a Alemanha por seus três príncipes dessa ciência".[25] Tal reivindicação levantava a questão óbvia: o que tinha Vico alcançado que sobrepujava assim as realizações da ciência natural como as novas teorias do direito natural dos autores setentrionais?

A breve resposta de Voegelin foi: "a intelecção do movimento apostático ocidental e a sua reversão". A *Nova Ciência*, portanto, oferecia tanto uma análise "da húbris do homem

---

[25] Vico, *Autobiography*, 173. In: *Opere*, V, 53.

desorientado que está obcecado por seu *amor sui*" quanto o antídoto para isso. A posição de Vico dentro de uma tradição católica ininterrupta, combinada com seu sentimento italiano de resistência às pretensões dos autores setentrionais, deram a ele a força necessária para empreender seu ato de resistência, compacto e isolado. Vico não era, por isso, "anacrônico" ou "antimoderno". O argumento de Voegelin era afim ao empregado anteriormente quando indicou que a Itália não poderia propriamente ser chamada de decadente por não ter conseguido formar-se num estado territorial. Da mesma forma, os filósofos não são obrigados a mover-se na penumbra do obscurantismo espiritual voltairiano para a escuridão do progressivismo, utilitarismo, romantismo, materialismo e todo o resto, a fim de descobrirem que algo está mal. A "genialidade" de Vico foi a de ser capaz de antecipar os frutos de apostasia sem ter de começar a *voyage au bout de la nuit*. Voegelin teria concordado com as palavras de A. Robert Caponigri, que disse que Vico "diagnosticou a crise do espírito moderno mesmo antes de ela surgir".[26]

Os pormenores da exegese que Voegelin fez da meditação de quarenta anos de Vico são lindamente expressos em suas próprias palavras. O que é surpreendente, no entanto, é que, como no caso da interpretação que Voegelin fez de Bodin, se vê o intérprete apresentando sua própria filosofia da história e da consciência através de textos escritos por seus predecessores.[27] Poder-se-ia, por exemplo, sumariar a posição assim de Vico como de Voegelin com a observação de que o curso de uma civilização resultava da cooperação ou da parceria entre o providencial e o humano, o arquiteto e o artífice. Voegelin adotou como seu o *dictum* de Vico de que é errado para os filósofos meditar apenas sobre uma natureza

---

[26] A. Robert Caponigri, "Vico and the Theory of History". *Giornale di Metafisica* 9, 1954, p. 184.
[27] Uma comparação das observações de Voegelin quanto ao argumento do *verum-factum* da *Metafísica* de 1710 com seus comentários sobre o famoso parágrafo 331 da *Nova Ciência* publicado trinta anos depois esclarece não apenas a filosofia de Vico da consciência, mas também a de Voegelin.

humana civilizada – ou seja, uma natureza humana condicionada e tornada articulada pela religião e pelo direito – porque, nas palavras de Voegelin, a religião e as instituições legais "são precisamente o meio dentro do qual a função da filosofia cresce como uma penetração racional da substância mítica inicial". O que os filósofos até hoje não fizeram foi meditar sobre a natureza humana que produziu a religião e o direito que, a seu turno, produziram os filósofos. Com este argumento, a filosofia não tinha nenhuma autoridade autônoma, mas, ao contrário, retirava quanta autoridade possuía da substância civilizacional sobre a qual refletia. A tarefa do filósofo da história, portanto, inclui a compreensão de sua historicidade, o que implica trazer o significado mítico ou a substância da sua própria civilização para o alcance de sua própria capacidade racional. O filósofo da história não pode, portanto, transcender o mito por uma proeza de criatividade pessoal, porque o mito é antes de mais nada uma realidade transpessoal. Mas, acrescentou Voegelin, "ele pode transcendê-la especulativamente pela exploração da origem e pelo curso do mito e pela aceitação do mito conscientemente como a substância transpessoal pela qual vive sua meditação pessoal". Esta observação aplicava-se à situação pessoal de Vico como intérprete da civilização ocidental e também à de Voegelin e à de qualquer outro.

O capítulo acerca de Vico é, em muitos aspectos, a peça central deste volume. No contexto do crescente "fechamento" legal e espiritual na autocompreensão da humanidade ocidental, Voegelin encontrou em Vico uma reconquista e uma rearticulação da tensão entre a história pragmática, imanente ao mundo – ou, como Vico a chamou, "gentílica" –, e a fonte divina, transcendente do mundo, ou o fundamento de todo o ser, incluindo a história. A reconquista de Vico da evocação agostiniana da tensão entre as duas cidades, os dois amores, da história sacra e profana, foi em si mesma uma proeza intelectual e espiritual significativa. Além disso, entretanto, ao lançar sua intelecção na forma de uma filosofia da história, Vico foi capaz de explicar o lugar de

Agostinho num ciclo civilizacional, por sua compreensão da época depois de Cristo como o *saeculum senescens*, e pela rejeição dos sentimentos expressos na compreensão de Agostinho por indivíduos pósteros. Vico acrescentou à magnífica evocação ou autointerpretação de Agostinho a dimensão de uma interpretação crítica, de que Voegelin foi capaz de apropriar-se e, com mudanças mínimas, integrar em sua própria ciência política.

"A Procura Inglesa do Concreto", que encerra este volume, é algo como um capítulo feito de partes desconexas. Como explica Voegelin em sua introdução, os pormenores do período são bem conhecidos, embora a *gestalt* seja inapreensível. Pensadores ingleses, especialmente o Bispo Berkeley, do qual o termo *concreto* foi tomado, estavam procurando por ele porque ele lhes tinha escapado, parcialmente em consequência da desorientação que se seguiu às agitações associadas aos acontecimentos entre as revoluções Puritana e Gloriosa. Parcialmente também, a extrapolação da mecânica celeste de Newton para o reino ordinário da mecânica terrestre ajudou a completar o processo de afastamento e abstração das realidades concretas da existência.

Considerado simplesmente como uma discussão dos contornos da revolta apostática inglesa, este capítulo pertence às análises da "Nova Ordem" apresentadas no volume VII de *História das Ideias Políticas*. O tratamento temático de Newton continua a análise das vulgarizações empreendidas por Voltaire do grande filósofo natural começadas no capítulo 1 deste volume, mas também continua o tema do "fenomenalismo" que foi primeiro introduzido no capítulo 5 do volume V, "O Homem na História e na Natureza", e então posteriormente discutido no capítulo 1 da parte oito do volume VII. Para tornar mais complexas as matérias filológicas em torno do texto, longas seções de "A Procura Inglesa do Concreto" foram publicadas como artigo independente, "As Origens do Cientificismo".[28] A razão para a organização algo

---

[28] "The Origins of Scientism". *Social Research* 15, 1948, p. 462-94.

desconjuntada dos materiais está na ordem em que os vários capítulos foram escritos, reescritos, e então reorganizados como o manuscrito expandido da *História*. Porque o manuscrito não foi nunca preparado para publicação pelo autor, permanece fragmentada a sequência exata de tópicos.

Mesmo assim, "A Procura Inglesa do Concreto" contém uma lógica interna, também tomada de empréstimo do Bispo Berkeley, cuja "procura do concreto", disse Voegelin, "se distribuía pelos reinos do ser da matéria até Deus e pelas variedades de experiência da percepção sensível até a fé". Seguindo uma breve descrição da desordem social e política da Inglaterra do século XVIII, Voegelin apresentou sua análise do eclipse de Deus e a transformação do conhecimento pela fé numa atitude psicológica. Dessa forma, encontram-se esclarecidas as razões para os julgamentos severos que Voegelin fez de Locke.[29] Além disso, a discussão da percepção sensível dos fenômenos materiais dentro do contexto de hipóteses, abstrações e modelos matemáticos também se conforma com o procedimento de Berkeley. O significado do "cientificismo" newtoniano e dos argumentos reducionistas de Locke é que eles contribuíram para o empobrecimento da experiência humana e, portanto, se somaram à desordem espiritual prevalecente e a reforçaram.

Tentei manter uma mão editorial suave na preparação do manuscrito para publicação. O inglês de Voegelin ficou mais polido com a prática, e suas escorregadelas características de estilo, muitas das quais ligadas ao emprego idiomático de preposições, ficaram cada vez menos frequentes. Conferi também suas traduções com os textos originais e, onde disponíveis, com as versões inglesas publicadas. Em todos os casos deixei

---

[29] Ver, por exemplo, as cartas de Voegelin de 15 e 20 de abril de 1953, em *Faith and Political Philosophy: The Correspondence between Leo Strauss and Eric Voegelin*. Trad. e ed. Peter Emberley e Barry Cooper. University Park, Penn State University Press, 1993, p. 92-97. Ver adiante, p. 207-17, e *The Collected Works of Eric Voegelin*, vol. 25, *History of Political Ideas*, vol. VII, *The New Order and Last Orientation*. Ed. Jürgen Gebhardt e Thomas A. Hollweck. Columbia, University of Missouri Press, 1999, parte 7, cap. 6.

as traduções de Voegelin no lugar porque ele sabia o que queria que as versões inglesas dissessem.

Gostaria de agradecer à Earhart Foundation e ao Social Sciences and Humanities Research Council do Canadá pelo apoio financeiro contínuo de minha pesquisa sobre a ciência política de Voegelin. Ellis Sandoz tem sido uma fonte leal de inspiração e exortação, e Jane Lago, da editora, fez um trabalho esplêndido de editoração. Sou muito grato também a Carolyn Andres por ter digitado tão diligentemente milhares de palavras, tudo a bem da ciência.

Barry Cooper

SEXTA PARTE

REVOLUÇÃO

1. Apostasia

O século XVIII é tradicionalmente chamado o século do Iluminismo e da Revolução. As duas categorias têm seu mérito à medida que concentram a atenção em complexos políticos e intelectuais obviamente importantes. Seu mérito, a esse respeito, está para além de qualquer dúvida, assim como o mérito da designação alternativa: a Idade da Razão. Entretanto, têm pouco valor como categorias sistemáticas que visem a caracterizar adequadamente a substância dos sentimentos e ideias que se cristalizam nos vários complexos de Razão, Iluminismo e Revolução. Para esta realidade devemos empregar o termo *consciência de época*. O século XVIII é caracterizado fundamentalmente por uma nova consciência de época, pelo sentimento de que uma era chegou a seu fim e de que está sendo inaugurada uma nova era da civilização ocidental. Antes de entrarmos na análise das ideias propriamente ditas, devemos tentar uma breve caracterização do novo sentimento histórico e dos problemas de periodização por ele levantados.

§ 1. A rearticulação da era cristã

A consciência de época não é em si um novo fenômeno na história ocidental. Não se fez sentir repentinamente depois de 1700. Encontramo-la pela primeira vez no apogeu da Cristandade imperial, no século XIII. Sob o título "A Estrutura do *Saeculum*",[1] lidamos com o primeiro movimento de forças intramundanas e com sua tendência de rearticular a estrutura da era cristã. O movimento que, no século XVIII, tomou a forma do Iluminismo, e ainda está conosco hoje sob a forma das ideias milenaristas nacional-socialistas e comunistas, é uma continuação do movimento que começou no século XIII. É distinto, entretanto, das fases anteriores deste processo, por sua maior intensidade, por sua abrangência, que abarcou todos os aspectos da existência humana e, acima de tudo, por sua ampla eficácia social, que levou à ruptura final dos sentimentos medievais de uma comunidade ocidental e preparou o caminho para novos tipos de movimentos políticos cismáticos. Somente se nos dermos conta da continuidade do processo em que a consciência de época evolve de seus primeiros movimentos sectários e individuais para a intensidade e eficácia de movimentos de massa nacionais e supranacionais é que poderemos ter a perspectiva correta para uma periodização da história intelectual ocidental e poderemos compreender as categorias que têm de ser empregadas numa análise adequada de ideias políticas modernas. Por isso procederemos a um breve resumo das fases principais deste processo.

O problema central do século XIII, que continuaria no século XVIII, foi a rearticulação da era cristã. Examinamos o movimento de forças intramundanas na caracterologia de João de Salisbury, no espiritualismo de São Francisco, no *páthos* de governo de Frederico II, na fé intelectual de Sigério de Brabante, na ideia de uma ordem de ação intramundana desenvolvida pelos advogados lombardos, e no clímax de autointerpretação dessas forças como os sintomas de uma nova era na especulação de Joaquim de Fiore. A consciência

---

[1] *History of Political Ideas*, vol. II, *The Middle Ages to Aquinas*. Ed. Peter von Sivers. Columbia, University of Missouri Press, 1997, p. 105 ss. (*The Collected Works of Eric Voegelin*, vol. 20) [Em português: *História das Ideias Políticas*, vol. II, *A Idade Média até Tomás de Aquino*. Trad. Mendo Castro Henriques. São Paulo, É Realizações, 2012, p. 119 ss.]

de época foi vívida o bastante em Joaquim para cristalizar-se na ideia de um Terceiro Reinado do Espírito que seguiria os Reinados do Pai e do Filho. Esta ideia tendia a romper a concepção agostiniana do *saeculum* como um tempo de espera pela segunda vinda de Cristo à medida que contemplava uma nova era de significado na história sacra. A ideia foi tão forte a ponto de engendrar no círculo de Espirituais Franciscanos a crença num *corpus mysticum Francisci*,[2] mas, por fim, permaneceu ineficaz e não atingiu o nível de um movimento de massa que pudesse levar à transformação de instituições.

Depois de 1300, as novas forças intramundanas revelaram sua força numa hoste de movimentos sectários menores: na pré-Reforma inglesa e boêmia, no movimento do misticismo alemão, na reorganização da igreja e na tendência para a organização do estado absoluto e soberano. Um mundo de sentimentos, instituições e ideias estava crescendo e abrindo um rombo na estrutura da Cristandade imperial. Mas o arcabouço da igreja e do império não se rompeu ainda por dois séculos, até que, durante os séculos XVI e XVII, a igreja se partiu sob o impacto da Reforma, e quando, depois da Guerra dos Trinta Anos, a constituição do império se tornou o apêndice de um tratado internacional.

O tempo entre Joaquim de Fiore e Lutero, ou seja, o tempo desde os primeiros movimentos da consciência de época até o irrompimento dos movimentos de massa numa escala europeia, podemos caracterizá-lo como um período de incubação social. A ruptura verdadeira das instituições medievais, que ocorreu com a Reforma, criou os novos fatos sociais de uma pluralidade de igrejas assim como de uma pluralidade de estados soberanos. Este novo campo de fatos sociais tornou-se então o material com o qual o movimento de ideias tinha de lidar. Nas duas partes precedentes deste estudo, tratamos do período de confusão e resolução que se seguiu à insurreição. Analisamos o ritmo deste período desde a formação das frentes de luta na Reforma e Contrarreforma, através das guerras de intervenção,

---

[2] Corpo místico de Francisco. (N. T.)

até a estabilização das questões religiosas na ideia de tolerância e da questão temporal na ideia do estado soberano fechado. O resultado líquido deste período, podemos expressá-lo como a conscientização crescente de que a unidade institucional da humanidade cristã tinha irrevogavelmente entrado em colapso e que a pluralidade de instituições paroquiais que expressavam o campo diversificado de forças sociais intramundanas se tinha tornado um fato estabelecido. Com a Paz de Utrecht de 1713, o equilíbrio de poder fora aceito como a constituição política da humanidade ocidental; o resplendor crepuscular da tensão medieval entre o império e os estados que dele se separavam morreu com a grande renúncia feita pelos Habsburgos e pela França do desejo de dominar a Europa, controlando a Espanha.

A eliminação da igreja e do império como poderes públicos foi acompanhada de um crescimento de novas substâncias da comunidade que tendiam funcionalmente a tornar-se substitutos da substância dissolvente da humanidade cristã. No interior dos estados nacionais soberanos, a intensidade da consciência nacional crescia notavelmente. A Revolução Inglesa do século XVII revelou pela primeira vez a força do novo paroquialismo demoníaco. Revelou tanto a fé na nação como o povo escolhido quanto a afirmação universalista de que a civilização nacional paroquial representa a Civilização numa escala maior. Em escala internacional pudemos observar uma variedade de ideias que tentaram lidar com a nova situação: uma ideia de humanidade que assumia uma natureza de homem igual para todos, uma ideia de *Cristandade* como a unidade civilizacional ocidental, em oposição a civilizações não ocidentais, ideias concernentes a relações entre repúblicas cristãs, e ideias concernentes a relações intercivilizacionais. Por fim, a procura por uma natureza do homem para além da rivalidade de confissões expressou-se na tentativa de empregar a ideia estoica de natureza como a base para as especulações sobre o direito natural. A ideia de natureza desenvolvida nas ciências matematizadas do mundo externo influenciou a interpretação do homem, e a nova psicologia das paixões foi empregada para determinar a natureza genérica do homem.

A tendência para uma nova ordem de substâncias, portanto, teve uma amplitude e um impulso consideráveis. No entanto, não encontramos antes de 1700 uma interpretação abrangente do homem na sociedade e na história que leve em consideração os fatores constituintes da nova situação. Esses fatores incluem: o colapso da igreja como a instituição universal da humanidade cristã, a pluralidade de estados soberanos como as unidades políticas últimas, o descobrimento do Novo Mundo e a maior familiaridade com civilizações asiáticas, a ideia de uma natureza não cristã do homem como o fundamento da especulação sobre o direito e a ética, o demonismo das comunidades nacionais paroquiais, e a ideia das paixões como forças motivadoras do homem. Apenas depois de 1700 é que o efeito cumulativo desses vários fatores se fez sentir na consciência aguda de que, no conjunto, uma época tinha chegado a seu fim e que a nova situação exigia um esforço gigantesco de interpretação a fim de reconquistar, para a existência do homem na sociedade e na história, um sentido que pudesse substituir o sentido perdido da existência cristã.

Este problema é, na verdade, de tal magnitude que mesmo hoje frequentemente ainda não são reconhecidas todas as suas dimensões. Mas no século XVIII encontramos finalmente a primeira consciência clara de seus esboços e os primeiros esforços na formulação de uma nova compreensão. Podemos tratar melhor disso, talvez, estudando as razões que induziram Voltaire a escrever seu *Essai sur les Moeurs* [Ensaio acerca dos costumes] para sua anfitriã e amiga, a Marquesa du Châtelet-Lorraine.

§ 2. Bossuet e Voltaire

A Marquesa du Châtelet era uma mulher cujos encantos se igualavam a seus poderes intelectuais. Gozara dos prazeres da vida sob a Regência e agora, em seus anos maduros, estava participando ativamente do desenvolvimento das matemáticas e das ciências de sua época. Esta *Venus Newtonia*, como a chamou Frederico, o Grande, experimentou a necessidade de alargar seus horizontes para além das artes e das ciências naturais no campo da história e, para isso, estudou o *Discours sur l'Histoire Universelle* [Discurso acerca da História Universal]. A dama ilustre não se divertiu com o *Discours*. Refere-se Voltaire a duas de suas notas marginais. Numa página do capítulo de Bossuet sobre Israel, escreveu ela: "Pode-se falar muito deste povo na teologia, mas merece pouco espaço na história". E na seção sobre o Império Romano, escreveu ela: "Por que diz o autor que Roma engoliu todos os impérios do universo? A Rússia, sozinha, é maior do que todo o Império Romano".

a. A história universal de Bossuet

As duas notas tocam nos problemas cruciais do *Discours*. O tratado de Bossuet consiste num exame cronológico dos acontecimentos desde Adão até Carlos Magno (parte I), seguido por duas partes discursivas sobre o desenrolar da religião e dos impérios. A concepção da história e a organização dos materiais ainda são as de Santo Agostinho. O desenrolar da religião, apresentado na parte II, corresponde à história sacra da *Civitas Dei*, de Santo Agostinho; a revolução dos impérios, apresentada na parte III, à história profana de Orósio. Para Bossuet, no século XVII, assim como para Santo Agostinho, no século V, a universalidade da história está no guiamento providencial da humanidade em direção à religião verdadeira. A história de Israel, o aparecimento de Cristo e a história da igreja são a história significativa da humanidade, ao passo que a história profana e a ascensão e queda do império têm apenas a função de oferecer as tribulações educativas para Israel e a igreja, preparatórias para o triunfo final.[3] O *Discours*, publicado em

---

[3] "*Ainsi tous les grands empires que nous avons vu sur la terre ont concouru par divers moyens au bien de la religion et à la gloire de Dieu, comme Dieu même l'a déclaré par ses prophètes.*" Bossuet, *Discours sur l'Histoire Universelle*. In: *Oeuvres*

1681, mostrou que mesmo nessa época tardia uma interpretação universal da história tinha ainda de empregar o padrão patrístico, embora os relatos monográficos da história profana se tivessem desenvolvido ricamente, seguindo o exemplo dos humanistas do século XVI. A despeito, no entanto, das incursões da história profana nos relatos da história tradicional, nenhum historiador teria ousado desafiar a ideia cristã de universalidade diante dos sentimentos religiosos redespertados da Reforma e da Contrarreforma.[4]

b. História secularizada

As anotações da Marquesa du Châtelet desafiavam francamente a universalidade cristã por meio do apelo a um princípio profano de universalidade. A anotação sobre a importância relativa de Israel opunha a história à teologia. "História" é nesta observação um reino independente do plano providencial; seu significado e ordem, se é que tem algum, não podem ser obtidos do drama da queda e da salvação. O povo de Israel pode ter tido uma importância única no drama sacro, mas tem pouca importância num campo cuja estrutura é determinada pela ascensão e queda dos poderes políticos. Este aspecto da nota, entretanto, não seria ainda revolucionário; Bossuet poderia até concordar com a Marquesa sobre este ponto e insistir que precisamente por isso

---

Complètes de Bossuet. London, Regley, 1862, 4, p. 232. Doravante referido como *O.C.* com volume e número de página. A passagem está traduzida por Elborg Forster em Bossuet, *Discourse on Universal History*. Ed. Orest Ranum. Chicago, University of Chicago Press, 1976, p. 302: "Portanto, todos os grandes impérios que vimos nesta terra contribuíram de várias maneiras para o bem-estar da religião e a glória de Deus, assim como o próprio Deus nos disse por seus profetas".

[4] A única grande tentativa de uma história do mundo antes de 1700, de um ponto de vista humanista, é a *História do Mundo até o Ano da Salvação Humana de 1504*, de Sabélico (1435-1506). Um universalismo humanista incipiente se faz sentir, entretanto, apenas na extensão dos métodos de Bruni a uma matéria que normalmente foi tratada na história sacra. De outra maneira, nenhumas ideias construtivas são introduzidas. Ver nesta questão Eduard Fueter, *Geschichte der neueren Historiographie*. 3. ed. München/Berlin, Druck and Oldenbourg, 1936, p. 33 ss; sobre a ausência de qualquer tratamento não teológico do problema da história universal antes do século XVIII, ver p. 288 ss.

ele tratara de Israel na *Suite de la Religion* [Série da Religião] e não na parte III, na história dos impérios. A anotação se tornou revolucionária por sua implicação de que a história sacra, a "teologia", era sem importância, e a história profana tinha o monopólio em determinar a relevância de povos e acontecimentos. O centro da universalidade tinha sido transferido do nível sacro para o profano, e essa mudança implicava uma inversão dos termos: que a interpretação da história, no futuro, não seria subordinada ao drama religioso, mas que a Cristandade seria entendida como um acontecimento na história. Através dessa mudança no centro de interpretação, desapareceu o dualismo da história sacra e profana. A história profana é profana apenas à medida que a história sacra seja aceita como o quadro absoluto de referência; quando se abandona esta posição, ambas as histórias se fundem no nível da história secularizada. Por secularização pretendemos significar a atitude pela qual a história, incluindo os fenômenos da religião cristã, é concebida como uma corrente intramundana de acontecimentos humanos, ao passo que, ao mesmo tempo, se mantém a fé cristã numa ordem da história humana significativa e universal.

c. A relevância de Roma

A segunda anotação, sobre a importância relativa da Rússia e de Roma, foi tão revolucionária quanto a primeira, porque introduziu a categoria de quantidade como um padrão, que, a seu turno, desafiava a função de Roma como um fator constituinte da universalidade ocidental. A relevância de Roma nunca foi uma questão de seu tamanho. A civilização ocidental, tal qual emergiu da Idade Média, fundava-se sobre o equilíbrio único e precário entre os elementos das civilizações antigas que nela se fundiram: o racionalismo helênico, o espiritualismo subjetivo israelita e a ordem jurisdicional romana que governava as vontades privadas e os ofícios públicos. A *koiné* da civilização helênica, a universalidade do *imperium* romano e a catolicidade da igreja foram continuados numa nova base étnica na fusão imperial cristã da Idade Média. Reconhecemo-las em suas transformações do intelectualismo escolástico e das ordens temporal e espiritual da humanidade ocidental. A ligação entre os dois mundos, o antigo e o medieval, foi a igreja: no período romano a igreja transformou-se num império com sua civilização helênica, ao passo que, na Idade Média, a ordem temporal dos reinos bárbaros transformou-se na tradição espiritual e civilizacional da igreja. E a igreja pôde efetuar esta ligação entre os dois mundos porque manteve não apenas a sua própria catolicidade espiritual durante a Idade Média, mas também transmitiu o reclamo universal da ordem imperial romana, ao incorporar o imperador do Ocidente na figura de uma cabeça dual – temporal e espiritual – da humanidade cristã.

Um ataque à relevância de Roma era, portanto, um ataque à força da união das três vozes civilizacionais da Antiguidade, alcançada pela civilização ocidental medieval. Este contraponto estarrecedor de três civilizações com uma quarta recipiente é o traço característico pelo qual a civilização ocidental se distingue de todas as outras civilizações da humanidade. É a fonte da riqueza e amplitude pelas quais é objetivamente superior às outras civilizações. A combinação de espiritualismo e racionalismo é a fonte de seu dinamismo, e a fusão dos três universalismos da Antiguidade é a fonte do *páthos* imperial do europeanismo. Mas é também a fonte de um perigo a que nenhuma outra civilização está exposta da mesma maneira. O perigo é que as forças componentes sigam o seu próprio impulso se o milagre de seu equilíbrio for perturbado em qualquer ponto. Tais perturbações podem ser iniciadas externamente por mudanças históricas nas relações de poder. O fechamento do *cosmion* político, espiritual e civilizacional, assim como o mito de sua universalidade, pode dominar os sentimentos públicos por tanto tempo que a pluralidade de outros mundos não se imprime muito fortemente na mente. No período romano, o sentimento de universalidade aparentemente podia ser mantido por um esquecimento magnificente do Império Sassânida, e por um esquecimento ainda maior acerca das partes mais remotas do continente eurasiano e da África. Por toda a Idade Média o sentimento podia continuar a ser mantido contra o Islã pela expansão cruzada que colocou os muçulmanos na posição de um incômodo infiel temporário que, afinal, seria ultrapassado. Entretanto, com os avanços turco e mongol, com o descobrimento da América, com o conhecimento maior da China e da Índia, e com a emergência da Rússia, inevitavelmente um mal-estar tomou o sentimento da universalidade medieval. Se é que tinha algum sentido universal a existência da humanidade na história, ele teria de fundar-se em algo diferente do mito dado pelas instituições da igreja e do império, em estado de dissolução. A observação da Marquesa du Châtelet, é claro, não começou uma revolução; reconheceu, ao contrário, a existência de um revolução que tinha de fato acontecido. Uma mulher inteligente podia afirmar, com a inocência da criança que viu o imperador nu, o que os pensadores mais adiantados do século XVII ainda tremeriam de reconhecer.

d. A história universal de Voltaire

Voltaire foi receptivo às críticas da Marquesa. Ela reclamava que Bossuet em sua história universal não tinha se esquecido de nada, senão do universo, e Voltaire tentou, com seu *Essai,* suprir as partes faltantes. Reconhecia o valor dos *Discours* de Bossuet para a história da Antiguidade, embora não sem fazer intensas restrições pelas inexatidões e pelo favoritismo mostrado em relação a Israel. Restringiu sua tarefa à adição de estudos sobre a China, a Índia, a Pérsia e o Islã, e a uma continuação do *Discours*, do tempo de Carlos Magno até Luís XIII. O caráter suplementar do *Essai* implica que a universalidade em historiografia pode ser obtida pela completude, e, à medida que o *Essai* implica esta identificação, ele, na verdade, aumenta, em vez de resolver, o problema da universalidade. Pela completude pode-se compor uma enciclopédia, mas isso não alcança automaticamente uma unidade de sentido. É verdade que o *Essai* de

Voltaire em sua forma final tem a distinção de ser a primeira história universal,[5] no sentido de abarcar toda a humanidade, tal como era conhecida ao tempo de sua pesquisa. Mas é também verdade que revela a fraqueza de todas as histórias universais e *Weltgeschichten* desde Voltaire: a impossibilidade de encontrar um significado que pudesse substituir, na cena maior, o significado providencial da história ocidental sob a interpretação cristã. O significado, é claro, não pode ser encontrado porque a construção significativa da história de uma posição secular, intramundana, pressupõe que a história seja conhecida como um todo; já que a história é conhecida apenas pelo passado, todas as construções seculares não podem senão oferecer uma perspectiva do presente do autor. Mesmo a limitação de uma perspectiva finita, no entanto, pressuporia a existência empírica de uma estrutura reconhecível da história humana, mas tal estrutura, compreendendo as grandes civilizações da humanidade para além do Ocidente, não é reconhecível. A construção cristã de

---

[5] Sobre a história da publicação, estendendo-se de 1745 a 1753, e sobre as relações do *Essai sur les Moeurs et l'Esprit des Nations, et sur les Principaux Faits de l'Histoire, depuis Charlemagne jusqu'à Louis XIII* até às outras obras históricas de Voltaire, o *Siècle de Louis XIV* e o *Siècle de Louis XV*, ver a nota bibliográfica em *Geschichte der neueren Historiographie*, de Fueter, p. 349 ss. O *Essai* foi publicado em 1753 sob o título *Abrégé de l'Histoire Universelle*. A edição empregada por Voegelin é a das *Oeuvres Complètes de Voltaire* (1785), vols. 16-21. Sobre a motivação de Voltaire e a crítica da Marquesa du Châtelet, ver *Remarques pour Servir de Supplément à l'Essai*. In: *Oeuvres*, vol. 21, particularmente a *Première Remarque*. Sobre a visão de Voltaire acerca de Bossuet, ver ainda o *Avant-propos* ao *Essai*. In: *Oeuvres*, vol. 31, p. 13 ss. Voltaire viveu em Cirey, como hóspede da Marquesa du Châtelet, de 1734 a 1749. Houve várias edições das *Obras* de Voltaire desde a edição de 1753, que Voegelin empregou. Sempre surgem novos materiais e estão sendo publicados nos *Studies on Voltaire and the Eighteenth Century*. Os problemas filosóficos são fascinantes e formidáveis. Ver, por exemplo, Theodore Besterman, "Twenty Thousand Voltaire Letters", em seu *Editing Eighteenth-Century Texts*. Toronto, University of Toronto Press, 1969. A tradução inglesa mais recente é citada quando disponível, juntamente com a edição crítica francesa. As traduções de Voegelin são mantidas, exceto por correções menores onde se omitiram palavras. A edição de 1753 não estava disponível para o editor. Em seu lugar, empregamos a *Oeuvres Complètes de Voltaire, Nouvelle Édition*, 50 vols. Paris, Garnier, 1880-1882, ou o *Complete Works of Voltaire*, 135 vols. Genève, Institut et Musée Voltaire; Oxford, Voltaire Foundation, 1970-1977. As referências que Voegelin apresentou são suficientemente claras para que se possa determinar o texto nas edições posteriores.

tipo agostiniano pôde ser verdadeiramente universal porque abrangeu o "todo" da história numa antecipação da segunda vinda de Cristo como o fim da história. Quando este universalismo transcendental se desintegra sob o impacto de materiais profanos que não podem ser relacionados, ainda que de maneira tênue, ao curso da história sagrada, a universalidade de significado tem de degenerar-se num ideal de completude empírica.

§ 3. A reconstrução do significado histórico

O ideal da completude empírica, no entanto, não pode ocupar mais do que uma posição transitória no movimento das ideias. Tão logo se levanta a questão de por que alguém precisa saber, com qualquer grau de completude, o que se passou na existência da humanidade ao longo do tempo, a lojinha de curiosidades se revela sem sentido. O conhecimento enciclopédico, recolhido em livros, tem de ser mudado para a posição funcional de uma coleção de materiais que por fim poderiam tornar-se de importância para uma interpretação *relevante* da história. E quando os historiadores não entretêm a ideia de tal emprego último de suas inquirições, a pesquisa histórica passa a ser uma prática de ascetismo vocacional. Então, cessa de ter um significado para a história e se torna uma disciplina para a vida pessoal do historiador.

a. O esprit humain *como objeto da história*

O ideal da completude não é, na verdade, senão um fator incidental no *Essai sur les Moeurs*. Voltaire embarca numa reconstrução do significado histórico, e o padrão resultante de seus esforços se tornou o padrão de reconstrução secularista por mais de um século. O objeto do *Essai* é a "história do espírito humano e não o pormenor de fatos, que, de qualquer modo, normalmente são distorcidos". Não há nenhum sentido em explorar a história familiar de algum senhor feudal medieval que fez guerra contra o rei de França: "temos, em vez disso, de ver por que passos avançamos da rusticidade bárbara de seu tempo para a polidez do nosso".[6] A luta entre os poderes espiritual e temporal é o princípio-guia para a compreensão da história cristã ocidental. Mas esses poderes são poderes de "opinião". Quando as "opiniões" são purificadas, ou seja, quando as pessoas deixam de acreditar nas proposições de papas e imperadores, entramos num novo período de verdade e razão crescentes. A evolução da "opinião" é o princípio que permite ao historiador ordenar e selecionar os acontecimentos que são ilustrativos deste desenvolvimento significativo.

Qual é a causa desta mudança afortunada de opinião? Sobre este ponto o argumento é algo vago, como acontece tão frequentemente com Voltaire quando uma questão séria tem de ser respondida. Quando a história, diz Voltaire, é concebida nos termos há pouco indicados, podemos observar o espetáculo de erros e preconceitos que se seguem aos outros e que derrotam a verdade e a razão. Aos poucos, os homens se iluminarão com este quadro de seus sofrimentos e estupidezes; as sociedades retificarão suas ideias, e o homem começará a pensar. Obviamente Voltaire está cometendo uma petição de princípio. O quadro de erros e preconceitos é o quadro que ele está pintando pela primeira vez no *Essai*. A iluminação, no entanto, tem de começar em algum tempo anterior, pois agora já estamos no caminho do progresso. Para ser preciso, temos estado nesse movimento desde Henrique IV. Com Voltaire temos de deslizar graciosamente por este século e meio e pelo seu problema de causação a fim de chegar à conclusão de que agora, no *Essai*, o propósito não é reunir uma massa de fatos, mas fazer uma seleção que permitirá ao leitor julgar "a extinção, a renascença e o progresso do espírito humano

---

[6] Voltaire, "Remarques pour Servir de Supplément à l'Essai sur les Moeurs et l'Esprit des Nations". In: *Oeuvres*, vol. 24, *Mélanges*, III. Paris, Garnier, 1879, p. 547.

(*l'esprit humain*)", pois este é o único método apropriado para uma história geral.[7]

Essas observações de Voltaire tocam nas categorias principais que têm de ser empregadas na construção secular da história e contêm, por implicação, as regras que têm de ser observadas para seu emprego com sucesso. O *esprit humain* e suas mudanças se tornaram o objeto da história geral. O *pneuma* transcendental de Cristo é substituído pelo espírito intramundano do homem, e a mudança de coração, pela mudança de opinião. O *corpus mysticum Christi* [corpo místico de Cristo] deu lugar ao *corpus mysticum humanitatis* [corpo místico da humanidade]. O significado da história neste nível intramundano é interpretado como um análogo do significado cristão de uma forma tão próxima, que podemos traçar o paralelismo passo a passo. Em qualquer interpretação de uma história universal significativa, a presunção é de que o objeto estudado demonstra uma estrutura significativa que é constituída como um todo. No relato cristão, o todo é constituído pela ideia da Criação e da descendência da humanidade de Adão; na interpretação secular, o todo é invocado como uma totalidade do conhecimento empírico. O ideal de completude empírica, que apareceu como um substituto degenerado para a universalidade cristã, de importância não mais que transitória, torna-se o análogo secular da criação divina da humanidade se for juntado a uma nova interpretação do significado histórico.

b. História sacra intramundana

Como indicamos acima, já que a história humana não tem nenhuma estrutura de significado reconhecível, a interpretação tem de recorrer a um dispositivo interpretativo enganador. Aqui Voltaire estabeleceu o padrão: o historiador seleciona uma estrutura parcial de significado, declara-a total e arranja o resto dos materiais históricos mais ou menos elegantemente ao redor deste centro de significado preferido.

---

[7] Ibidem, p. 548.

A interpretação é derivada da divisão cristã em história profana e história sacra, com a diferença, no entanto, de que a nova história sacra não tem implicações transcendentais. A história parcial selecionada como sacra ganha seu *status* preferencial porque serve como a expressão de uma nova religiosidade intramundana. A operação é racionalmente insustentável, e as interpretações têm pouca duração porque têm de seguir de perto a mudança rápida dos sentimentos intramundanos dos séculos XVIII e XIX. No entanto, são de importância decisiva na história das ideias políticas porque são evocações autênticas de novas comunidades que tendem a tomar o lugar do *corpus mysticum* cristão.

Na análise da interpretação temos de distinguir entre as categorias de significado e os materiais históricos a que são aplicadas. As categorias de significado são, de novo, análogos cristãos. Voltaire falava de extinção, renascença e progresso do espírito humano. A extinção corresponde à Queda; a renascença, à Redenção; o progresso, ao Terceiro Reinado de perfeição espiritual. Os materiais componentes do sistema eram a Idade Média (extinção), a era da tolerância, começando com Henrique IV (renascença), e a própria era de Voltaire (progresso). A categorização não era análoga à agostiniana, com seu *saeculum senescens*, mas, ao contrário, à especulação trinitária de Joaquim de Fiore. Voltaire retomou a rearticulação da história no ponto onde os pensadores do século XIII tiveram de abandoná-la diante da resistência ortodoxa – com uma mudança fundamental na substância das reflexões, no entanto, no sentido de que o espírito do novo Terceiro Reinado não era o espírito da personalidade cristã autônoma, mas o espírito do intelectual autônomo. Embora a interpretação de Voltaire não tenha sido totalmente desenvolvida, pressagia claramente as interpretações posteriores de Saint-Simon e Comte com suas "leis" das três fases: a religiosa, a metafísica e a científico-positiva. Já que o conteúdo que entra nas categorias é uma variável independente, ele pressagia também a possibilidade de novos materiais poderem entrar no padrão categórico, como realmente aconteceu nas interpretações marxista e nacional-socialista.

c. A estrutura da história intramundana

Uma iluminação do tipo de interpretação secular criada por Voltaire permite a formulação de algumas poucas regras de interpretação das concepções histórico-políticas que surgiram na sua esteira. Em seu valor nominal, é inaceitável uma concepção histórica como a de Voltaire, Comte ou Marx. É insustentável sua afirmação de que oferece uma interpretação válida da história universal, ou – no século XIX – de uma "lei" sociológica. Em nossa análise dessas concepções temos de distinguir entre os seguintes níveis de interpretação. Em primeiro lugar, contêm uma "tese de generalidade", ou seja, que a sequência de fases evolucionárias, selecionada como a "história sacra", é o padrão geral da história da humanidade em que podem encaixar-se de maneira satisfatória quaisquer materiais empíricos. Embora esta "tese de generalidade" seja inevitavelmente falsa, pelas razões dadas acima, mantém sua importância como uma pista para o "modelo" particular que foi "generalizado". O "modelo" particular marca o segundo nível na interpretação em que temos de penetrar. A lei de Comte das três fases não é mais uma lei de história universal do que a concepção científica marxista de uma evolução que tende finalmente para o comunismo, ou as três fases de Voltaire do Iluminismo. A tese geral, entretanto, é baseada numa estrutura particular, mas ainda assim, significativa, da história que pode ter sido observada corretamente. Voltaire, por exemplo, viu corretamente que a luta entre os poderes espiritual e temporal foi decisiva para a Idade Média, e a análise de Comte da Idade Média foi uma grande façanha para seu tempo. Ambos os pensadores viram corretamente que com a ascensão do intelecto crítico autônomo, marcou-se uma época na história ocidental. Daí a interpretação modelo poder valer muito como análise empírica de uma fase particular da história, a despeito do fato de o modelo ser usado como uma "história sacra" secular. Em terceiro e último lugar, temos de penetrar para além do modelo, na direção dos sentimentos que causam sua transformação imaginativa num padrão geral de história. Neste nível, temos de observar a mudança da fé transcendental no espírito de Cristo até a fé intramundana de Voltaire no *esprit humain*. Temos de seguir mudanças adicionais da fé intramundana do *esprit* de Voltaire até a fé de Comte no intelecto organizador e engenheiro, até a fé marxista no proletário como o verdadeiro homem e o proletariado como o povo escolhido, e depois até as várias crenças em nações e raças escolhidas. Dos vários estratos da interpretação histórica, os níveis mais altos que contêm o "modelo" e a "tese de generalidade" não são mais do que uma superfície dogmática efêmera, por baixo da qual estão os movimentos básicos de sentimentos religiosos intramundanos, os quais descendem da deificação da razão e do intelecto para a deificação da base animal de existência. Se nos permitirem empregar com certa liberdade o termo de Schelling, poderemos designar este movimento básico de sentimentos religiosos como um processo teogônico.

§ 4. A continuidade dos problemas cristãos e intramundanos

A concepção trinitária de história secular está intimamente ligada à joaquítica. Esta relação, entretanto, quase nunca se tornou abertamente consciente, porque os criadores das várias interpretações históricas seculares interpretaram, na maioria dos casos, suas próprias ideias como constituindo uma ruptura com a Cristandade. Supuseram que a continuidade foi interrompida e que um novo começo se fez quando a Razão e a Ciência (sempre com letras maiúsculas) derrotaram o dogmatismo das igrejas. A análise precedente mostrou, entretanto, que o padrão trinitário da interpretação secular evolve numa analogia íntima com o padrão de Trinitarismo Cristão da história. Os "modelos" selecionados das histórias de Voltaire e de Comte têm, em virtude da "tese de generalidade", a mesma função no contexto secular que tem a "história sagrada" na concepção cristã. Temos agora de mostrar que não é acidental o paralelismo, mas que uma continuidade de problemas leva da concepção anterior à posterior. Temos de inquirir particularmente as operações intelectuais e as mudanças de sentimento que levaram ao "rompimento" da continuidade.

a. As variações da história intramundana

Uma chave para o problema da continuidade é oferecida pelo desenvolvimento da história secular depois de Voltaire. Por baixo da superfície de símbolos dogmáticos observamos o movimento de sentimentos religiosos intramundanos, pressionando para baixo a interpretação da história e da política, fazendo descer o espírito até a base animal de existência. Nem o "modelo" da "história sacra" secular, nem os símbolos dogmáticos no nível da "tese de generalidade" permanecem constantes. Mudam continuamente de acordo com o estrato da natureza humana que chama a atenção do tempo e, portanto, se torna o objeto do processo de deificação. A descida rápida da razão, passando pelo intelecto técnico e planejador, até chegar aos níveis econômico, psicológico e biológico da natureza humana como elementos dominantes na constituição de uma imagem do homem, está em forte contraste com a estabilidade imponente da antropologia cristã através de dezoito séculos. Uma vez que se vence a ancoragem transcendental, torna-se, assim parece, inevitável a descida da natureza racional para a animal. A instabilidade das "histórias sacras" intramundanas se torna o traço característico da nova era. As grandes interpretações dogmáticas depois de Voltaire dificilmente duraram mais do que a geração em que foram criadas. Onde se originou esta curiosa instabilidade de sentimentos? Quais são os antecedentes da desorientação religiosa que se expressa na criação frenética de novos deuses?

b. A Histoire des Variations des Églises Protestantes, *de Bossuet*

As respostas a essas perguntas foram dadas por Bossuet. A instabilidade das interpretações históricas seculares continua uma instabilidade que começa com os cismas da Reforma no século XVI. Bossuet observou os fenômenos da desorientação religiosa e da consequente instabilidade de sentimento e dogma, ao tempo quando esta rápida variação ainda acontecia dentro do quadro geral da doutrina cristã. Na *Histoire des Variations des Églises Protestantes* (1688), pesquisou as variantes protestantes do luteranismo, zuinglianismo e calvinismo. No prefácio à *Histoire* forneceu algumas sugestões quanto à dinâmica das heresias. A sucessão de variantes protestantes parecia-lhe comparável à sucessão de heresias no período cristão inicial, e, portanto, ele baseava sua própria visão do problema numa observação de Tertuliano quanto às variantes iniciais:

> Os heréticos, diz Tertuliano, mudam suas regras, ou seja, suas profissões de fé; cada um deles acredita ter o direito de mudar e modificar a tradição por sua própria luz (*esprit*), pois é por sua luz que o autor da seita formou a tradição; a heresia permanece fiel à sua natureza quando não cessa de inovar, e seu progresso é similar à sua origem. O que se permite a Valentino, permite-se aos valentinianos; os marcionitas têm o mesmo direito que Marcião; e os autores de uma heresia não têm maior direito de inovar do que seus seguidores sectários.[8]

A instabilidade é, pois, a consequência do rompimento inicial. Uma vez rompida a autoridade da tradição pelo inovador individual, o estilo de inovação individual determina o curso posterior das variantes. Ou, nas palavras de Crisóstomo: "Evita as novidades em teu discurso, pois as coisas não ficarão aí: uma novidade produz outra; e desviamo-nos sem fim, uma vez que tenhamos começado a desviar-nos".[9]

O próprio comportamento de Bossuet era o de um estadista eclesiástico. O percurso instável das heresias, e sua tendência de gerar novas heresias, é causado pela natureza do *esprit humain*, que não é capaz de cessar de desejar a doçura

---

[8] Bossuet, prefácio a *Histoire des Variations des Églises Protestantes*. In: *O.C.*, 4, p. 410.
[9] Citado por Bossuet, ibidem.

da novidade, depois de tê-la gostado. E é, além disso, causado pela diferença entre uma verdade perfeita revelada por Deus e a débil produção da mente humana. Este segundo argumento, entretanto, tem um sabor sociológico peculiar no contexto de Bossuet, pois Bossuet não se fiava muito do contraste entre a verdade da fé e a falsidade da heresia como na circunstância de que a verdade da fé deve ser encontrada na sabedoria coletiva da igreja e dos seus padres, ao passo que a inovação é uma fonte de falsidade porque é o produto de um indivíduo. O indivíduo não será capaz de antecipar claramente todas as implicações de uma inovação, e as inconveniências que aparecem numa segunda consideração compelirão correções e, daí, mais desvio da verdade. Os poderes intelectuais do indivíduo não podem substituir a sabedoria acumulada da coletividade.[10] Nessas reflexões Bossuet tocou num problema fundamental da função das ideias na história moderna: a impossibilidade de criar uma substância espiritual e um estilo intelectual para uma comunidade, sob a condição de competição livre entre intelectuais individuais. O problema ainda apareceu a ele sob a forma especial de tensão entre a autoridade da igreja e o individualismo dos reformadores. Esta forma especial, entretanto, não foi senão o primeiro exemplo de um fenômeno geral: o de que os materiais de comunidades estabelecidas, ou comunidades incipientes, foram continuamente dissolvidos e rompidos pela competição de novas fundamentações até que se alcançou a multiplicidade caótica de seitas, escolas, partidos, facções, movimentos, agrupamentos, associações e *Bunde*[11] que caracterizaram a situação social europeia antes do surto da violência de nossa época.[12] A continuidade do problema aparecerá mais claramente se

---

[10] Bossuet, ibidem, 4, p. 413. Para uma formulação moderna deste problema, ver o volume *Foi et "Mystiques" Humaines. Études Carmélitaines* 22, 1, abr. 1937. Ver neste volume particularmente Étienne de Greeff, "Le Drame Humain et la Psychologie des 'Mystiques' Humaines", p. 105-55. Uma cópia deste periódico está na biblioteca de Voegelin na Universidade de Erlangen.

[11] Ligas. (N. T.)

[12] Ver Karl Mannheim, *Man and Society in an Age of Reconstruction*. Trad. E. Shils. New York, Harcourt Brace and World, 1940, p. 40, e parte II, "Social Causes of the Contemporary Crisis in Culture", p. 79-114.

compararmos as observações de Bossuet com uma passagem de um estadista eclesiástico moderno que também tinha lidado com o problema da heresia. Encontrou os seguintes traços característicos dos heréticos:

> Uma atitude desdenhosa para com a teoria e uma inclinação para o ecletismo; desrespeito pela tradição de sua própria organização; ansiedade por "independência" pessoal a expensas de ansiedade pela verdade objetiva; nervosismo em vez de consistência; prontidão para pular de uma posição para outra; falta de compreensão do centralismo revolucionário e hostilidade a ele; e finalmente inclinação para substituir a disciplina partidária por ligações de grupos e relações pessoais.[13]

c. O Libre Examen

Já se disse de Bossuet que era galicano para ser católico, e católico para ser cristão.[14] Para ele, era inconcebível a Cristandade fora da igreja visível. Esta atitude não seria notável se fosse apenas uma manifestação de aderência católica ao *Symbolon* e ao dogma. Torna-se importante numa história das ideias políticas porque expressava a preocupação de Bossuet com a Cristandade tal como um fenômeno histórico. A igreja preserva e desenvolve a tradição cristã; se a autoridade da igreja for questionada, a continuidade vivente do cristianismo se quebrará. Não se deve questionar a tradição em nenhum ponto, pois qualquer questionamento inevitavelmente levaria ao questionamento final da Cristandade como um todo: que garantia temos da sacralidade da Escritura a não ser que a recebamos pela autoridade da igreja? Este era o argumento decisivo de Bossuet. Sua preocupação não era o conteúdo das heresias, mas o fato do cisma e de sua origem no *libre examen*. A inquirição crítica acerca da tradição e da Escritura tem de levar à desintegração da Cristandade. Que as fontes cristãs possam ser interpretadas de mais de uma maneira, Bossuet

---

[13] Leon Trotsky, *A Petty-Bourgeois Opposition in the Socialist Workers Party*, reeditado em Trotsky, *In Defense of Marxism*. New York, Pioneer, 1942, p. 43.

[14] G. Lanson, *Bossuet*. Paris, Lecène et Oudin, 1891, p. 365.

não o negava. Ao contrário, enfatizava o ponto, a fim de demonstrar aonde as variações de interpretação tinham levado a reforma protestante. Daí estava inclinado a acentuar as exigências da maioria contra o indivíduo rebelde: "Que orgulho é acreditar que um indivíduo pode compreender a palavra de Deus melhor do que todo o resto da igreja; nessa situação haverá tantas religiões quantas forem as cabeças".[15] Ele tinha uma concepção muito clara das consequências da independência baseada na autoridade da razão crítica. Não está tão temeroso do protestantismo como uma nova religião, mas do princípio da crítica histórica introduzido pela reversão a um significado original da Cristandade. Os historiadores católicos de seu tempo, Ellies Dupin e Richard Simon, que organizaram edições críticas e comentários da literatura patrística e do Velho e Novo Testamentos, induziram-no não menos a controvérsias e contramedidas do que os protestantes. Pior do que uma heresia protestante, que ao menos ainda leva a sério a Cristandade, era o indiferentismo da investigação histórica e filológica, porque a Cristandade como uma evocação divina na história seria exposta a atrofia e destruição se fosse submetida à crítica racional e à investigação psicológica como um mito.

> Sob o pretexto de que devemos admitir apenas o que podemos entender claramente – uma proposição que é muito verdadeira dentro de certos limites – todo mundo confere a si mesmo a liberdade de dizer: entendo isto, e não entendo aquilo; e, nesta base, aprova ou rejeita o que quiser; [...] sob este pretexto, introduz-se uma liberdade de julgamento que encoraja a pessoa a dizer o que quer que pensa, sem atender à tradição.[16]

No Protestantismo e na crítica histórica Bossuet viu primeiramente não um perigo para a Igreja Católica, mas um perigo para a Cristandade. No julgamento livre e na interpretação

---

[15] Bossuet, *Conférence avec M. Claude, Ministre de Charenton, sur la Matière de l'Église*. In: *O.C.*, 5, p. 347.
[16] Bossuet, *Lettres*. In: *Oeuvres Complètes*, 31 vols. Paris, Vivès, 1863-1867, 27, p. 221, citado em Lanson, *Bossuet*, p. 369.

independente viu pressagiada a dissolução racional do mistério cristão, o que ocorreu com o movimento do século XVIII em direção ao deísmo e ao ateísmo.[17]

d. *A Conférence avec M. Claude, de Bossuet*

O ponto decisivo de transição do protestantismo cismático para a historização da Cristandade foi tocado por acaso por Bossuet em seu colóquio religioso com M. Claude, o ministro huguenote de Charenton.[18] Bossuet reforçou a questão da autoridade da igreja, e Claude defendeu a necessidade de julgamento independente. Finalmente, Claude apresentou o exemplo da sinagoga que condenou Cristo e declarou que ele não era o Messias prometido pelos profetas. Defenderia Bossuet, neste caso, que o indivíduo que seguisse Cristo contra a decisão da sinagoga tinha agido erradamente? Neste caso obviamente o indivíduo, agindo independentemente, tinha feito de maneira correta o que Bossuet queria negar aos cristãos do futuro. Bossuet mostrou-se à altura do desafio. Apontou a seu oponente que este negava por implicação que Deus não tinha nenhuns outros meios externos (*moyen extérieur*) para dissipar as dúvidas do ignorante, senão a autoridade da igreja. A fim de defender este argumento, tem-se de supor que, à época, não havia nenhuma autoridade em que o fiel pudesse confiar. "Mas, cavalheiro, quem diria isso, quando o próprio Jesus Cristo estava na terra, ou seja, a própria Verdade, que apareceu visivelmente entre a humanidade?" Sua autoridade

---

[17] Ver, sobre esta questão, Lanson, *Bossuet*, cap. 7, particularmente p. 353-78. Para um relato das controvérsias de Bossuet com os historiadores católicos, ver Paul Hazard, *The European Mind, 1680-1715*. Trad. J. Lewis Day. Lond Hollis and Carter, 1953, p. 202-09.

[18] A ocasião para a conferência foi dada pelo desejo de Mlle. de Durras, a sobrinha de Turenne, de informar-se sobre as posições católica e protestante, preparatórias para sua conversão ao catolicismo. A conferência ocorreu em Paris, em 1678. Ver Bossuet, *O.C.*, 5, "Avertissement", p. 331-33. Marshal Turenne tinha sido convertido por Bossuet ao catolicismo. Ver *O.C.*, 1, p. 30. Ver também E. E. Raynolds, *Bossuet*. Garden City, Doubleday, 1963, p. 64; e W. J. Sparrow Simpson, *A Study of Bossuet*. London, S.R.C.K., 1937, cap. 4., "Bossuet's Conference with Claude".

certamente foi contestada, assim como acontece hoje à igreja; no entanto, a autoridade dele era infalível.[19]

De acordo com o relato de Bossuet, Claude ficou atrapalhado em encontrar uma resposta. No nível desta discussão, ele obviamente estava diante de um dilema: ou teria de negar a presença convincente da Verdade em Cristo, ou teria de atribuir aos fundadores das igrejas reformadas uma presença visível da Verdade. A primeira suposição teria feito da Encarnação uma opinião humana histórica acerca da natureza de Cristo da qual outros homens poderiam discordar. A segunda suposição teria pervertido o significado da Reforma e erigido os reformadores em figuras paracléticas. Claude não estava disposto a reconhecer nenhuma dessas suposições. Permaneceu no suspense peculiar do protestantismo inicial: de interpretar um passo, que como todo passo histórico é um passo para a frente, como um passo de volta às origens. O caráter de ir para a frente do passo, como sentido por Bossuet, se revelaria totalmente apenas nos séculos seguintes, quando, sob a pressão da crítica histórica e da teologia liberal, o protestantismo desenvolveu formas que eram "progressistas" ao ponto de a Cristandade ser diluída num código social ético e Cristo tornar-se um dos grandes professores da humanidade, juntamente com Confúcio, Einstein e outros cavalheiros. Por outro lado, as forças religiosas ativas expressaram sentimentos que levaram à evocação de novos reinos e novos líderes públicos. Observamos a hesitação de Voltaire a esse respeito: era um advogado do Iluminismo, mas não se declarava a Luz. Comte e Marx foram menos contidos a esse respeito. Os movimentos de massa posteriores evoluíram para novos *corpora mystica*[20] – fato que é velado apenas sutilmente pela herança de ideologia antirreligiosa deles.[21]

---

[19] Bossuet, *O.C.*, 5:348.

[20] Corpos místicos. (N. T.)

[21] Analisei o conflito entre os problemas cristãos e os intramundanos, e a continuidade entre eles, por ocasião do desenvolvimento francês, porque na França o conflito entre catolicismo, de um lado, e protestantismo e iluminismo, do outro, obrigou a uma consciência mais clara das questões do que o

§ 5. A dinâmica da secularização

a. A dissociação dos universalismos ocidentais

A análise precedente mostrou a continuidade do processo pelo qual a Cristandade se tornou historicizada e a história, secularizada. Temos agora um fundamento suficiente para umas poucas observações gerais concernentes à dinâmica do processo. O século XVIII tem de ser caracterizado como a época em que a dissociação dos três universalismos europeus alcançou o estágio de consciência crítica. O equilíbrio harmonioso de espírito, razão e *imperium* poderia ser mantido como uma ideia apenas enquanto a dissociação real não passasse de certo limite. O primeiro dos três fatores componentes a liberar-se da combinação foi o *imperium*. Com a fragmentação e particularização do *imperium* nos reinos nacionais, uma ordem substituta teve de ser encontrada para o mundo das unidades políticas ocidentais, e o vimos em formação com a ascensão do direito internacional durante o tempo de Grotius. O estabelecimento de uma esfera autônoma secularizada da política fora da unidade espiritual-temporal da humanidade cristã moveu a ordem espiritual para a posição da igreja no sentido moderno, ou seja, de uma organização religiosa distinta da organização do estado, politicamente autônoma. O segundo fator componente a abandonar a combinação foi a razão. A tendência tornou-se notável no nominalismo e no averroísmo da Idade Média. Recebeu seu apoio social de um número crescente de advogados, administradores reais, filósofos e cientistas de fora da ordem eclesiástica e alcançou o estágio de razão secular autônoma na ciência natural e no direito natural do século XVII.

---

desenvolvimento paralelo na Inglaterra, onde a posição católica praticamente não teve função no movimento de ideias. Na Inglaterra, a transição do racionalismo protestante para o deísmo secular foi gradual e acomodatícia. Nem as posições cristãs nem as posições seculares tinham protagonistas como Bossuet e Voltaire. Para a história inglesa, ver Sir Leslie Stephen, *History of English Thought in the Eighteenth Century* (1876), 3. ed., 1902; reedição: New York, Harcourt, Brace and World, 1962, com prefácio de Crane Brinton, 2 vols. Ver particularmente vol. 1, cap. 2, "The Starting-Point of Deism".

Essas mudanças deixaram a igreja face a face com o problema de sua própria espiritualidade. A ascendência do poder espiritual na Idade Média não era dependente apenas de sua espiritualidade, mas se baseava em igual grau em sua força como força civilizadora superior da humanidade cristã. Podia exercer esta função civilizadora em virtude da herança que adquiriu pelo compromisso com a civilização romano-helênica. Por volta do século XII tanto a função civilizadora quanto a herança que a tornou possível se tinham tornado fontes do tipo de atrito que inevitavelmente acompanha qualquer processo de dissociação. Quando, primeiro, a obra civilizadora da igreja tinha sido bem sucedida ao ponto de que as comunidades ocidentais em expansão nas cidades e os reinos podiam continuá-la por si próprias, a nova situação exigia uma retirada voluntária da igreja de sua posição material de poder econômico supremo – posição que podia ser justificada antes por seu desempenho realmente civilizador. Entretanto, a igreja não liquidou voluntariamente sua posição econômica e política. Quando, em segundo lugar, uma civilização secular independente começou a crescer, estava prestes a seguir-se um conflito entre os conteúdos desta nova civilização e a herança eclesiástica da Antiguidade. Esta nova situação exigia uma renúncia voluntária da parte da igreja dos elementos civilizacionais antigos que se mostraram incompatíveis com a nova civilização ocidental, assim como um novo compromisso civilizacional similar ao que a igreja primitiva concluiu com a civilização romano-helênica. E de novo a igreja se mostrou hesitante em ajustar-se adequadamente, ou a tempo.

b. As fases da dissociação

Essas necessidades e falhas de ajuste causaram atritos no processo de dissociação. As principais fases do processo, determinadas pelo tipo de atrito predominante, são aproximadamente três – descontando-se eventuais justaposições.

A primeira fase estendeu-se de 1300 a 1500. Durante esse tempo a dissociação do *imperium* alcançou seu estágio agudo.

A recusa da igreja em reduzir seu poder econômico e financeiro nos *imperia* particularizados levou ao anglicanismo do século XIV, ao galicanismo, do XV, e finalmente à Reforma e ao confisco geral da propriedade da igreja. Tanto quanto se possam acalentar proposições hipotéticas na história, estão provavelmente certos esses eruditos que acreditam que o cisma da Reforma poderia ter sido evitado pela igreja se ela tivesse reduzido judiciosamente as propriedades que, ao depois, lhe foram tomadas pela força.

A segunda fase estendeu-se de 1500 a 1700. Desenvolveram-se a astronomia e a física, e a concepção heliocêntrica do universo chocou-se com a cosmologia babilônica do Antigo Testamento. Foi a época das *causes célèbres* de Giordano Bruno e de Galileu. O rescaldo deste tipo de atrito alcançou o século XIX com a questão da evolução.

A terceira fase estende-se de 1700 até o presente. É a época da ciência histórica e da crítica mais elevada, juntamente com o choque de um tratamento crítico de textos sacros – da história da igreja e da história do dogma – com a interpretação eclesiástica da verdade da fé.

c. Primeira e segunda fases: destruição espiritual e reespiritualização

A sequência desses atritos, que invariavelmente culminaram na vitória das forças que se dissociam do composto medieval, deixou cicatrizes profundas na estrutura intelectual e espiritual do Ocidente. As aventuras de autonomia racional e política não deixaram como resíduo apenas uma igreja espiritual. Os atritos e as inadaptações deram causa a uma destruição espiritual profunda na esfera secular autônoma e prejudicaram gravemente a posição civilizacional da igreja. O primeiro tipo de atrito deu causa a uma expropriação de longo alcance da igreja. No entanto, o confisco da propriedade da igreja, sozinho, não teria posto em perigo a substância espiritual. As consequências decisivas da luta entre os poderes temporal e espiritual sobre esta questão, remontando até a Querela das Investiduras, foi a tensão política entre a igreja e o estado no curso da qual a instituição espiritual foi finalmente relegada a uma esfera privada, ao passo que as instituições políticas autônomas obtiveram um monopólio da esfera pública. Como vimos numa parte anterior deste estudo,[22] esta privatização do espírito deixou o campo aberto para uma reespiritualização, provinda de outras fontes, da esfera pública, na forma de nacionalismo, humanitarismo, economicismo liberal e socialista e biologismo. O crescimento de uma pluralidade de contraespíritos e contraigrejas em oposição às instituições espirituais tradicionais é a consequência mais funesta da falha da igreja em encontrar um compromisso com o novo mundo pluralístico da política.

A tensão que se origina dos problemas da primeira fase foi agravada pelo atrito causado pelo avanço da ciência. Esta segunda falha no ajustamento deixou a igreja, na opinião popular de hoje, com o estigma de obscurantismo e de uma força oposta à liberdade da pesquisa científica, mesmo depois de a Igreja ter feito as pazes com a ciência. De novo, o choque não apenas levou a ciência a um desenvolvimento autônomo, que em si não teria constituído um perigo para a substância espiritual da Cristandade. Mais funesta foi a devastação espiritual forjada pela convicção disseminada de que o tratamento racional-científico poderia ser um substituto para a integração espiritual da personalidade. Aceitar o credo cientificista teve um resultado similar ao estabelecimento de autonomia na esfera política, ou seja, na abertura do indivíduo para a reespiritualização, partindo de fontes não cristãs. No que diz respeito à igreja, o problema de liderança que estava presente, embora menos seriamente, mesmo na primeira fase, passou a dominar a terceira fase. A igreja estava perdendo sua liderança, não apenas a liderança do próprio processo civilizacional, mas também a liderança espiritual. A oposição fútil da igreja ao processo civilizacional

---

[22] Voegelin, *História das Ideias Políticas*, vol. II, *A Idade Média até Tomás de Aquino*. Trad. Mendo Castro Henriques. São Paulo, É Realizações, 2012, cap. 4-11.

engendrou uma oposição crescente entre os portadores desse novo processo contra a afirmação da igreja de ser a instituição que preserva com autoridade a tradição espiritual do Ocidente. Daí a inadequação e o atraso do compromisso civilizacional veio a ser de importância crescente como uma causa de descristianização e de reespiritualização não cristã.

d. Terceira fase: a autoridade da igreja e os símbolos cristãos

O problema mais grave para a substância espiritual da Cristandade surgiu na terceira fase, do conflito entre o simbolismo cristão e a crítica racional e histórica a ele aplicada. A linguagem simbólica em que a verdade da Cristandade está expressa provém de fontes hebraicas e helênicas. A linguagem mítica foi, ao tempo de seu emprego original, um instrumento preciso para expressar a irrupção da realidade transcendental, sua encarnação e sua operação no homem. Na época de Cristo e nos séculos da Cristandade inicial, esta linguagem não era um "mito", mas a terminologia exata para designar os fenômenos religiosos. Tornou-se um "mito" em consequência da penetração do mundo de um racionalismo que destrói os significados transcendentais de símbolos tomados do mundo dos sentidos. No curso desta "desdivinização" (*Entgötterung*) do mundo, símbolos sensoriais deixaram de ser transparentes para a realidade transcendental; tornaram-se opacos e já não eram revelatórios da imersão do mundo finito no transcendente. A Cristandade se tornou historicizada no sentido de que um universo de símbolos que pertenciam à era do mito passaram a ser vistos na perspectiva de categorias que pertencem a uma era de racionalismo. Nesta perspectiva, quando os símbolos e dogmas são vistos de fora como numa opacidade desencantada, "literal", adquirem a "irracionalidade" que os coloca em conflito com a lógica, com a biologia racional, com a história crítica, e assim por diante. Para um homem moderno, criado fora das tradições e instituições cristãs, é extremamente difícil reconquistar o significado original dos simbolismos antigos, sejam eles helênicos ou cristãos. É possível, entretanto, obter uma compreensão do problema pela observação dos simbolismos de perversões espirituais modernas, que estão bem além da esfera de crítica racional como os simbolismos antigos. Quem quer que já tenha tentado explicar para um marxista convicto que a ideia de uma sociedade comunista sem estado é uma escatologia derivada, e que o marxismo não é um socialismo "científico" – ou que tenha tentado explicar a um fanático da organização mundial que termos tais como *paz mundial, nações amantes da paz* ou *agressoras* não são conceitos de política empírica, mas símbolos de uma escatologia intramundana –, pode medir pela reação de sua vítima quão sem sentido deve ter parecido para um cristão logo no começo se alguém falasse contra a Encarnação, oferecendo razões biológicas.

Nesta situação histórica, a igreja mostrou sabedoria admirável no que diz respeito ao comportamento defensivo. Resistiu com firmeza a toda adulteração dos símbolos mediante interpretações racionais modernas que reduziriam o mistério do drama transcendental a uma psicologia de experiências humanas intramundanas. Nada poderia ter sido ganho pelas concessões a tal psicologia, e a substância espiritual preservada nos símbolos teria corrido perigo. Menos admirável, entretanto, foi a impotência da igreja em lidar ativamente com o problema. Indiscutivelmente existe um problema, e não pode ser resolvido, como os problemas da primeira e segunda fases puderam ser resolvidos, ou seja, por uma aceitação atrasada da nova situação. Não nos cabe oferecer uma solução. Mas certamente parte dela seria uma nova filosofia cristã da história e de símbolos míticos que tornaria inteligível, primeiro, a nova dimensão de significado que decorreu da existência histórica da Cristandade em razão de a igreja ter sobrevivido a duas civilizações. Em segundo lugar, tornaria inteligíveis as categorias do mito como uma linguagem objetiva para a expressão de uma irrupção transcendental. Mostraria que o mito é um instrumento mais adequado e exato de expressão do que qualquer sistema racional de símbolos.

O mito, portanto, não deve ser confundido, ao ser tomado literalmente, o que levaria a uma opacidade, nem reduzido a um nível experiencial de psicologia. Obviamente é uma tarefa que exigiria um novo Tomás em vez de um neotomista. O golpe de mestre de estadismo eclesiástico, a identificação de São Paulo das três forças comunitárias de seu tempo (a pagã, a hebraica e a cristã) com as três leis (lei natural, lei externa hebraica e lei cristã do coração) não foi trasladado para nosso tempo. A tradução paulina da tríade de forças em níveis progressivamente mais altos de espiritualidade deu sentido e inteligibilidade à situação histórica para seus contemporâneos. Se formularmos de modo algo drástico o sentimento mais profundo que causa as tensões espirituais pós-medievais do Ocidente, poderíamos dizer: os portadores da civilização ocidental não querem ser um apêndice sem sentido à história da Antiguidade. Ao contrário, querem entender sua existência civilizacional como significativa. Se a igreja não for capaz de ver a mão de Deus na história da humanidade, os homens não ficarão sossegados e satisfeitos, mas sairão em busca de deuses que tenham algum interesse em seus esforços civilizacionais. A igreja abandonou sua liderança espiritual à medida que deixou o homem pós-medieval sem orientação em seus esforços para encontrar significado numa civilização complexa que difere profundamente, em seus horizontes de razão, natureza e história, da civilização antiga que foi absorvida e penetrada pela igreja primitiva. Diante deste abandono do *magisterium*, é fútil os pensadores cristãos acusarem de *superbia*[23] o homem moderno, que se recusa a submeter-se à autoridade da igreja. Há sempre *superbia* suficiente no homem para tornar plausível a acusação, mas a reclamação desvia-se da questão real: que o homem em busca de autoridade pode encontrá-la na igreja, falha que não é dele. Da insatisfação em envolver-se num processo civilizacional sem significado surgem as tentativas de reconstrução de significado pela evocação de uma nova "história sacra", que começou com Voltaire. E com Voltaire começou também o ataque concertado aos símbolos cristãos e

---

[23] Soberba. (N. T.)

a tentativa de evocar uma imagem do homem no cosmos sob o guiamento da razão intramundana. Temos de voltar-nos a esse ataque eficacíssimo, que fez avançar o movimento apostático dentro de uma geração, desde o deísmo de Descartes e Locke até o ateísmo de Holbach e La Mettrie.

§ 6. O ataque de Voltaire

Voltaire não era um pensador sistemático. Não elaborou um sistema de conceitos e axiomas que servissem como base para um ataque aos símbolos cristãos e particularmente aos conceitos de uma antropologia cristã. Estava completamente em dia com as tendências de sua época, e seus ataques tomaram a forma de panfletos sobre perseguições, de artigos aforísticos, *aperçus*, brincadeiras maliciosas, chistes *à propos*, sarcasmos e sátiras. Os princípios dos ataques estavam implícitos na obra crítica e publicista, mas tiveram de ser retirados de uma pletora de peças literárias, e uma apresentação abrangente da posição de Voltaire teria de levar em conta praticamente toda a sua produção. A despeito de variações e matizes interessantes, é repetitiva boa parte da obra. Para a maioria das questões relevantes em nosso contexto, podemos penetrar o âmago da posição por meio dos artigos no *Dictionnaire Philosophique*.

A forma do ataque está intimamente relacionada a seu conteúdo. Não era necessária uma elaboração sistemática de problemas para Voltaire, porque estava suficientemente equipado de convicções. Inaugurou o tipo de homem que está no ápice de uma época que está no ápice da civilização humana. Examinou o horizonte da humanidade histórica e geograficamente. Possuía também conhecimentos esparsos, mas surpreendentemente sólidos, relacionados a física, filosofia, negócios públicos e mesmo questões religiosas. Desenvolveu suas faculdades intelectuais e morais até o ponto onde poderia tornar-se um modelo para os outros: se Voltaire não entendia Leibniz, o filósofo obviamente tinha escrito algo que ele próprio não entendia. Do ápice de sua razão e humanidade podia ver o mal no mundo que tinha sido causado pelo obscurantismo e pela malícia. Com o fogo da tolerância, atacaria a superstição e a perseguição, frequentemente com grande coragem e com risco pessoal. A completa consciência de sua superioridade, no entanto, não lhe danificava a humildade: diante dos mistérios da religião, reconhecia francamente que não os entendia e que, portanto, tinham de ser eliminados da cena pública. A luz da razão deveria cair em toda esquina da mente humana; e se cair numa substância que é bastante sólida para não dissolver-se em seus raios, o obstáculo deve ser destruído porque é um escândalo para o homem iluminado.

a. Os Éléments de Philosophie de Newton

Que é a razão? E quando o homem alcança o esclarecimento? A resposta a essas questões não pode ser simples. A razão de Voltaire não era uma ideia filosófica como a razão de Kant, em sua *Crítica*, mas um complexo de sentimentos e conhecimento coligidos de fontes muito diferentes. Podemos entender isso apenas pelo exame dos fatores constituintes. Um dos fatores mais importantes para nossos propósitos é a identificação de uma visão racional do mundo com a filosofia de Newton. Durante sua residência na Inglaterra, Voltaire ficou profundamente impressionado pela filosofia de Locke e pela física de Newton; estudou com muito cuidado a controvérsia entre Leibniz e Clarke, e escreveu mais tarde, depois de retornar à França, uma apresentação do sistema newtoniano para o público geral.[24] O livro *Éléments de Philosophie de Newton* não era tão pormenorizado no ataque quanto os artigos do *Dictionnaire Philosophique* e das *Questions sur l'Encyclopédie*, mas tornava mais claramente visível do que os outros trabalhos anteriores

---

[24] Voltaire, *Éléments de Philosophie de Newton* (1738). In: *Oeuvres*, vols. 38 e 39. A edição empregada aqui é a edição crítica, *The Complete Works of Voltaire*, vol. 15, *Éléments de la Philosophie de Newton*. Ed. Robert L. Walters e W. H. Barker. Oxford, Voltaire Foundation, 1992.

o fundamento do ataque. Daí uma análise dos *Éléments* ser a melhor introdução para a posição de Voltaire.

O problema levantado pelos *Éléments* pode ser sistematicamente formulado da seguinte forma: os símbolos doutrinários cristãos concernentes à alma humana, à realidade transcendental e às relações entre elas não são um corpo de proposições empiricamente verificáveis, para serem aceitas como verdades depois do devido exame. Recebem seu sentido como expressões do processo espiritual em que a alma reage com *caritas* à ajuda sobrenatural da *gratia*. A *fides caritate formata* é constituída nesta reação, que abre as possibilidades de se lançar, com auxílio do entendimento, de maneira compreensiva para o sobrenatural. A alma desenvolve as faculdades da *cognitio fidei*, o conhecimento pela fé, referente a matérias que não são acessíveis à razão natural.[25] Sem a efetividade deste processo espiritual, os teologúmenos e a antropologia se tornam cascas vazias. Se se perde a substância, a preocupação teológica profissional com elas tenderá a degenerar em controvérsias dúbias, assim católicas, como protestantes, do século XVII que tornaram a escolástica um expoente máximo de futilidade para a vasta maioria da humanidade ocidental. Quando não apenas se perde a substância, mas também quando o centro ativo da vida intelectual mudou para o plano do nosso conhecimento do mundo externo, então os símbolos expressivos da vida espiritual cristã adquirem a opacidade que discutimos acima. Os símbolos serão ou abandonados inteiramente porque se tornaram irrelevantes, ou, quando os sentimentos de tradição ainda estão errados, serão submetidos à simplificação racional, interpretação psicológica e justificação utilitária. Esta última posição – a combinação da opacidade dos símbolos com a reverência tradicional por eles – é a posição de Newton e Voltaire.

Quando agora nos voltamos para os próprios *Éléments*, temos de observar que desapareceu a vida espiritual da alma no sentido cristão, e com ela a *cognitio fidei*. O conhecimento

---

[25] Ver Santo Tomás de Aquino, *Summa contra Gentiles* III, caps. 151-52.

do mundo externo, particularmente na astronomia e na física, estabeleceu o padrão para o que pode ser considerado conhecimento. Daí a discussão concernente aos símbolos cristãos não poder abrir-se com a análise de um processo espiritual. Tem de abrir com uma fórmula que indique a aceitação de Deus como um fato biográfico na vida de Newton: "Newton estava intimamente persuadido da existência de um Deus". A fonte da persuasão permanecia, por enquanto, obscura, e o próximo passo era oferecer uma definição: "Ele entendia por essa palavra não apenas um ser onipotente, infinito, eterno e criador, mas um mestre que tinha estabelecido uma relação entre ele mesmo e suas criaturas". A definição então foi seguida pela "razão" para a hipótese de que havia uma relação pessoal entre Deus e sua criatura: "Sem essa relação, o conhecimento de Deus não é senão uma ideia estéril, convidando ao crime, pela esperança de imunidade, pois todo *raisonneur* nasce perverso".[26] Essas sentenças de abertura dos *Éléments* estabelecem o estilo para a nova atitude perante os símbolos cristãos. A existência de Deus tornou-se uma convicção humana que tem de ser preenchida com certo conteúdo a fim de se tornar útil. A relação pessoal entre Deus e sua criatura tinha de ser postulada porque, de outro modo, o violador não seria detido pelo medo da punição. Voltaire indicou a linha que leva a Cristandade do fogo e enxofre para o cálculo utilitário do prazer-dor. E a observação conclusiva ofereceu uma das profundidades ocasionais de Voltaire: que o homem que raciocina (o *raisonneur*) é perverso e precisa do medo de punição porque sua vida já não está orientada transcendentalmente pela graça e pelo amor.

b. *Deus e a alma*

Uma vez estabelecidos os princípios, o tratamento do subproblema é logicamente mais ou menos compulsório. A "convicção" da existência de Deus é devida ao raciocínio que tira da ordem do universo, como revelado na física, a

---

[26] *Éléments*, p. 195. Edições subsequentes declararam: "O conhecimento de Deus não é senão uma ideia estéril que deixa os homens sem moral nem virtude".

conclusão de que a "razão" deve ser persuadida da existência de um artífice que o criou. O *credo ut intelligam* cristão, que pressupõe a substância de fé, foi mudado para um *intelligo ut credam*. A existência de Deus se torna o objeto de uma hipótese com um alto grau de probabilidade. Além disso, a base da teologia cristã, a *analogia entis*, desapareceu, e com ela a possibilidade de especulação sobre os atributos de Deus. "A filosofia pode provar que há um Deus; mas é incapaz de ensinar o que ele é, ou o que ele faz."[27] O artigo sobre "Deus" no *Dictionnaire Philosophique* suplementa esta posição com argumentos pragmáticos concernentes à inutilidade da especulação metafísica: se sei que Deus é um Espírito, "seria eu mais justo? Seria um marido, pai, mestre, cidadão melhor?" "Não quero ser filósofo, quero ser homem".[28] A alma tem de compartilhar o fado de Deus. O processo espiritual, ou seja, a realidade experiencial designada pelo símbolo "alma", deixou de existir. Para Voltaire, não existe nenhuma *anima animi* agostiniana partindo da qual o homem se estenda através da *intentio*, para a realidade transcendente. A personalidade humana perdeu o centro espiritual integrante, com seus fenômenos de amor, fé, esperança, contrição, penitência, renovação e aquiescência. A única faculdade humana que é deixada é o pensamento (*le penser*). E por que temos de reconhecer uma alma a fim de explicar a função do pensamento? Não seria possível que o pensamento fosse uma função da matéria, como a gravitação? "Pode a razão dar-te luz suficiente para concluíres, sem ajuda sobrenatural, que tens uma alma?"[29]

---

[27] Ibidem, p. 197.

[28] Artigo *Dieu* em *Dictionnaire Philosophique*. A edição usada por Voegelin foi a reedição que a Flammarion fez da primeira edição de 1764. Os volumes que contêm o título *Dictionnaire Philosophique* nas *Oeuvres* de 1785 contêm o *Dictionnaire* original editado e fundido com os artigos da *Encyclopédie*, as *Lettres Philosophiques* e outras obras menores. Os editores frequentemente mutilaram o texto à sua discrição. A edição consultada aqui é *The Complete Works of Voltaire*, vol. 36, *Dictionnaire Philosophique*, vol. II. Ed. Christiane Mervaud et al. Oxford, Voltaire Foundation, 1994, p. 25-26. Edição em inglês: *Philosophical Dictionary*. Trad. Peter Gay. New York, Basic Books, 1962, 1, p. 239.

[29] *The Complete Works of Voltaire*, vol. 35, *Dictionnaire Philosophique*, vol. I. Ed. Christiane Mervaud et al. Oxford, Voltaire Foundation, 1994, p. 306; *Philosophical Dictionary*, 1, p. 64.

Não podemos experienciar uma alma, e, se tivéssemos uma, não poderíamos penetrar-lhe a essência, pois "Deus te deu o entendimento a fim de poderes conduzir-te bem, mas não para penetrares a essência das coisas que ele criou".[30] Dispõe-se da liberdade da alma da mesma maneira. Se a alma é livre para querer ou não, não sabemos e não interessa. Na prática agimos *como se* fôssemos livres.[31] Para além desse ponto a especulação não faz sentido porque, o que quer que pensemos, "as rodas que movem a máquina do universo são sempre as mesmas".[32]

c. O fundamento da ética

O obscurantismo espiritual de Voltaire tornou impossível para ele fundar uma filosofia moral na ideia da personalidade espiritualmente integrada. Os problemas de ética foram tratados sob o título de "religião natural": "Entendo por religião natural os princípios da moral que são comuns à espécie humana".[33] Tais regras comuns supostamente existiriam porque têm sua fonte na estrutura biológica do homem e servem ao propósito de tornar possível a vida em sociedade. A regra fundamental é, portanto, uma versão coletivizada da Regra de Ouro: deves agir para com os outros como gostarias que agissem contigo. A regra não foi fundada na suposição de uma pessoa espiritual ou no reconhecimento da pessoa espiritual no próximo, mas na utilidade para a sociedade da conduta de acordo com a regra. "Em cada sociedade chama-se de virtude o que é útil para a sociedade."[34] Voltaire negava expressamente a legitimidade de uma ética personalista:

---

[30] *Dictionnaire Philosophique*, 1, p. 317; *Philosophical Dictionary*, 1, p. 71. Ver também *Éléments*, parte 1, cap. 7, p. 233 ss, sobre as ideias de Newton.

[31] *Éléments*, p. 215-17.

[32] Ibidem, p. 218-20. Ver também "De la Liberté". In: *Dictionnaire Philosophique*, 2, p. 289-93; *Philosophical Dictionary*, 2, p. 350-53.

[33] *Éléments*, p. 219.

[34] Ibidem, p. 221.

O que significa para mim teres temperança? É uma regra de saúde que observas; passarás melhor com isso, e desejo-te sorte. Tens fé e esperança e desejo-te ainda mais sorte: vão assegurar-te a vida eterna. Tuas virtudes teologais são presentes do Céu; tuas virtudes cardeais são qualidades excelentes que te ajudam em tua conduta; mas não são virtudes ligadas a teus vizinhos. O prudente fará o bem a si mesmo, o virtuoso, aos outros.

O santo não é nem bom nem mal; não é nada para nós. "A virtude entre os homens é um comércio de boas ações; quem não tem parte neste comércio não deveria ser levado em consideração."[35]

Estas passagens fornecem talvez a mais clara intelecção de seu sentimento religioso intramundano, assim como as ideias de homem e de moralidade determinadas por esse sentimento. A constituição transcendental da humanidade pelo *pneuma* de Cristo foi substituída pela fé na constituição do mundo intramundano da humanidade pela "compaixão". Neste ponto Voltaire seguia Newton de perto: "Newton pensava que a disposição que temos de viver em sociedade é o fundamento da lei natural". A disposição para a compaixão no homem é tão geral quanto seus outros instintos. "Newton cultivou este sentimento de humanidade, e estendeu-o até aos animais." "Esta compaixão que ele tinha pelos animais transformou-se na caridade verdadeira com respeito ao homem. Na verdade, sem humanidade, a virtude que abrange todas as virtudes, um homem dificilmente merece o nome de filósofo."[36] Elementos de estoicismo e averroísmo entraram obviamente na crença de ser a humanidade um instinto biológico rarefeito que serve à existência da tribo animal.

O discurso tagarela de Voltaire, além disso, traía mais abertamente do que as formulações mais cuidadosamente formuladas de pensadores posteriores as relações entre tribalismo

---

[35] *Dictionnaire Philosophique*, 2, p. 581-83; *Philosophical Dictionary*, 2, p. 495-96.
[36] *Éléments*, p. 222.

humanitário e certos outros fenômenos. O ataque ao santo como uma pessoa prudente, que cuida de si e se esquece do vizinho é, em princípio, indistinto do ataque comunista e nacional-socialista à liberdade e façanhas do espírito, assim como à formação espiritual da personalidade, vista como um conjunto de *hobbies* privados socialmente inúteis e talvez até perigosos. A esfera do socialmente valioso torna-se restrita à aquisição de confortos animais e descobrimentos científicos que podem servir a este propósito.[37] Por trás da frase de que não conta um homem que não seja socialmente útil, neste sentido restrito, começam a desenhar-se o *terreur* virtuoso de Robespierre e os massacres cometidos por futuros humanitários cujos corações estão tão repletos de compaixão que eles querem chacinar metade da humanidade para fazer feliz a outra metade. A suposição complacente de que a compaixão caridosa é uma característica geral do homem abandona o cinismo

---

[37] Ver o louvor da Royal Society, fundada em 1660, a suas "invenções úteis e admiráveis" em *Lettres Philosophiques*, 1734, Lettre XXIV: "Sur les Académies". Ver particularmente a seguinte passagem nesta carta: "*Je suis bien loin d'inférer de là qu'il faille s'en tenir seulement à une pratique aveugle; mais il serait heureux que les physiciens et les géomètres joignissent, autant qu'il est possible, la pratique à la spéculation. Faut-il que ce qui fait le plus d'honneur à l'esprit humain soit souvent ce qui est le moins utile? Un homme, avec les quatre règles d'arithmétique, et du bon sens, devient un grand négociant, un Jacques Coeur, un Delmet, un Bernard; tandis qu'un pauvre algébriste passe sa vie à chercher dans les nombres des rapports et des propriétés étonnantes, mais sans usage, et qui ne lui apprendront pas ce que c'est que le change. Tous les arts son à peu près dans ce cas: il y a un point passé lequel les recherches ne sont plus que pour la curiosité. Ces vérités ingénieuses et inutiles ressemblent à des étoiles, qui, placées trop loin de nous, ne nous donnent, point de clarté*" (Estou muito longe de concluir dessas observações que é necessário estar contente com uma cega praticidade. Mas seria uma boa coisa se os físicos e os geômetras combinassem praticidade e especulação o mais frequentemente possível. Tem-se de conceder mais honra ao espírito humano em proporção à sua falta de utilidade? Um homem que saiba as quatro operações da aritmética e o senso comum pode tornar-se um próspero mercador, um Jacques Coeur, um Delmet, um Bernard, ao passo que um pobre algebrista pode gastar sua vida, examinando números para suas relações e propriedades surpreendentes, mas inúteis, e não aprender nada em troca de seus esforços. Cada arte é um pouco assim: há um ponto para além do qual a pesquisa se faz apenas por curiosidade. Essas verdades engenhosas e inúteis assemelham-se às estrelas que, estando colocadas muito longe de nós, não nos dão nenhuma luz). *Oeuvres*, vol. 22, *Mélanges*, I, p. 186. Voegelin identifica este texto como parte das *Lettres Anglais*. As *Lettres sur les Anglais* de Voltaire, ou *Lettres Anglais*, são mais frequentemente identificadas na presente discussão de Voltaire como *Lettres Philosophiques*.

cristão sadio que está a par da ascendência precária do espírito sobre as paixões e toma precauções. A identificação do bem com o socialmente útil pressagia a bondade compulsória do planejador assim como a ideia de justiça revolucionária com sua suposição de que o direito é o que serve ao proletariado, à nação, à raça escolhida.

d. O significado da Razão

No entanto, não devemos cair no erro de colocar os males do futuro na soleira de Voltaire. Pode-se curvar qualquer religião, seja ela transcendental ou intramundana, ao propósito da guerra e da perseguição, e Voltaire teria levantado a voz contra as perseguições religiosas intramundanas provavelmente de maneira tão veemente como contra as guerras cristãs de seu tempo. Retornemos agora aos problemas mais imediatos de Voltaire. Nossa análise terá esclarecido algo do significado da Razão. Razão é um símbolo que designa um complexo de sentimentos e ideias. O sentimento fundamental é a fé intramundana numa sociedade que encontra sua coerência através da compaixão e humanidade. Humanidade é uma disposição geral no homem, a qual surge de sua estrutura biológica. Negativamente, a atitude razoável é caracterizada pela ausência de experiências espirituais imediatas. Como consequência desta deficiência, a expressão simbólica de experiências espirituais se tornou opaca e é mal-entendida como se sua validade dependesse de sua resistência à crítica racional. O monopólio de orientação legítima no mundo é arrogado, em princípio, aos métodos da ciência natural. Os remanescentes da orientação cristã em direção ao transcendente têm de ser justificados, como a existência de Deus, à luz de uma hipótese baseada na ordem da natureza tal como revelada na física ou, como a crença na punição sobrenatural, em sua utilidade pragmática. A orientação e a integração espiritual da personalidade é desprezada como um problema, os princípios da ética são cortados de suas raízes espirituais, e as regras de conduta são determinadas pelo padrão de utilidade social.

e. Sectarismo filosófico

As implicações deste complexo designado pelo nome de Razão não podem ser inteiramente compreendidas, entretanto, a não ser que se leve em consideração a opinião de Voltaire concernente à sua função social. A despeito de Voltaire ter sido um publicista profissional, parece que se convenceu de que suas ideias eram relevantes apenas para um círculo social comparativamente pequeno e que não iriam, e talvez não devessem, penetrar na consciência das massas. A atitude de Voltaire tinha alguma semelhança com a de Averróis e os averroístas latinos: o cultivo da Razão deveria ser confinado a uma seita de intelectuais, ao passo que a sociedade como um todo, o povo, assim como os governantes, deveriam permanecer na fé ortodoxa.[38] Em sua conduta, entretanto, ele se distanciou do conselho averroísta de abstinência à medida que interveio com agressividade intensa nas discussões públicas que envolviam a fé ortodoxa. Sua intervenção nas questões de perseguição deu a sua obra uma ressonância pública a que ele, por princípio, renegava. Este suspense peculiar entre um sentimento esotérico e uma intervenção agressiva impregna toda a obra de Voltaire e torna frequentemente difícil de julgar se uma declaração particular em favor da religião revelada é um instrumento político para protegê-lo contra consequências desagradáveis ou um protesto sincero de seu respeito por uma esfera religiosa que ele considera necessária para o funcionamento ordeiro da sociedade. A eficácia pública na escala europeia tornou-se uma característica predominante da obra de Voltaire, mas não se devem perder de vista a tendência oculta de esoterismo nem, talvez, o sentimento original de esoterismo. O problema merece alguma atenção, pois no suspense de Voltaire temos de reconhecer uma fase tardia na evolução do intelectualismo intramundano,

---

[38] Ver particularmente o revelador *Troisième Entretien* do *Catéchisme Chinois* no *Dictionnaire Philosophique*, 1, p. 449-59; *Philosophical Dictionary*, 1, p. 132-37. Ver também as passagens concludentes sobre o artigo "Ame" em *Dictionnaire Philosophique*, 1, p. 317-19; *Philosophical Dictionary*, 1, p. 71-73.

do qual uma fase precoce é representada pelo sectarismo averroísta dos séculos XIII e XIV. Nas *Lettres Philosophiques* de 1734, Voltaire ainda expressava a opinião de que nenhum sentimento filosófico feriria a religião de um país. Os objetos da Razão e da Fé são diferentes, disse ele, e nenhum cristão deixará de respeitar os mistérios de sua religião porque estão em conflito com a razão. "Os filósofos nunca se transformarão numa seita religiosa."[39] Por quê? Porque não escrevem para o povo e porque não têm entusiasmo. "O número de homens que conhecem o nome de Locke é pequeno; apenas muito poucos deles leem, e os que leem preferem novelas a estudos filosóficos. O número dos que pensam é muito pequeno, e não têm nenhuma intenção de importunar o mundo."[40] No entanto, ele foi claro quanto ao caráter sectário do novo movimento filosófico. Na "Carta sobre o Socianismo", escreveu sobre a pequena seita inglesa, consistente em alguns clérigos e sábios que não chamavam a si mesmos arianos ou socinianos, mas que, no entanto, não concordavam com o credo atanasiano e colocavam o Pai acima do Filho. Qualquer que seja o nome dado a essas pessoas, houve um renascimento nítido do arianismo na Inglaterra, Holanda e Polônia. Newton se expressou favoravelmente a ele, "e o mais firme advogado da doutrina ariana é o famoso Clarke". A caracterização admiradora de Clarke parece refletir as próprias preferências de Voltaire: "Este homem é de uma virtude rígida e de um caráter doce, mais enamorado de suas crenças do que apaixonado em fazer prosélitos, ocupado exclusivamente com cálculos e demonstrações, cego e surdo a tudo o mais, uma verdadeira máquina raciocinante". O renascimento ariano, entretanto, escolheu mal sua hora, pois a época está preocupada com as disputas sectárias. A nova seita é muito pequena para obter a liberdade de assembleia pública, mas

---

[39] Deve-se ler esta passagem, ao invés, como "uma seita religiosa de sucesso". Que Voltaire considerava os filósofos, na verdade, como uma seita aparecerá em breve no texto.

[40] *Lettres Philosophiques* XIII, "Sur Locke". In: *Oeuvres*, vol. 22, *Mélanges* I, p. 124.

obtê-la-á se se tornar alguma vez mais numerosa. Ainda assim, não é a época de "ter sucesso com uma nova religião ou uma religião renascida".

> Não é um bom estado de coisas que Lutero, Calvino e Zuínglio, todos escritores que as pessoas não conseguem ler, tenham fundado seitas que dividem entre si a Europa, que o Maomé ignorante tenha dado uma religião para a Ásia e a África, e que Newton, Clarke, Locke, Leclerc, os maiores filósofos e as melhores penas de seu tempo, mal tenham conseguido reunir um pequeno grupo de seguidores.[41]

Essas passagens ilustram a ambiguidade da atitude de Voltaire. De um lado, os filósofos eram um pequeno grupo e não queriam importunar o público. De outro lado, ele esperava que eles tivessem encontros públicos quando suas seitas se tornassem mais numerosas. A comparação com os reformadores e Maomé não deixava quase nenhuma dúvida de que Voltaire olhava com certa inveja o sucesso de massa de outros movimentos religiosos. As observações também traem as fontes da ambiguidade: era limitada a compreensão de Voltaire de sua própria posição. Viu nas ideias dos filósofos um desvio da cristandade ortodoxa, e classificou-as em termos dogmáticos como uma heresia unitária, mas não reconheceu a nova religiosidade intramundana como a força por trás da inovação no dogma. Chegou a negar o entusiasmo sem o qual o movimento seria inexplicável. A velha fé estava perdida, e a nova fé ainda não tinha alcançado o nível de uma vontade consciente e responsável para reordenar o mundo do homem e da sociedade. Observamos antes uma nebulosidade na reconstrução de Voltaire do padrão histórico: o *esprit humain* avançou de algum modo da treva medieval para o iluminismo moderno, mas permaneceu obscura a força motivadora do avanço. Voltaire não se via como a substância espiritual por meio da qual a história avança. Não era um fundador espiritual revolucionário, mas permaneceu em suspense antes da revolução.

---

[41] *Lettres Philosophiques* VII, "Sur les Sociniens, ou Ariens, ou Anti-trinitaires". In: *Oeuvres*, vol. 22, *Mélanges*, 1, p. 100-02.

f. O reino entre os espíritos

O suspense antes da revolução é talvez o sentimento voltairiano mais íntimo. Deste centro podemos obter uma compreensão da conexão entre traços de personalidade que, de outro modo, pareceriam confusamente não relacionados. Temos de tomar cuidado, no caso de Voltaire, para não cairmos nos extremos do julgamento partidário. Voltaire não era nem neutro nem uma grande força positiva ou negativa. Pode-se, é claro, fazer uma lista longa de suas qualidades mais repreensíveis. Era deficiente em matéria espiritual e era vulgarmente irreverente. Sua série surpreendente de conhecimentos sólidos estava associada a uma ignorância igualmente surpreendente quanto às mais intricadas questões de filosofia e religião. Como resultado, seu julgamento era frequentemente superficial, embora apresentado com autoridade. Estabeleceu o estilo para a apresentação brilhantemente precisa de informações inexatas, assim como para a detração astuta do melhor homem pelos seus inferiores. Estava sempre pronto a sacrificar a solidez intelectual a um chiste engenhoso. Introduziu na cena europeia a convicção infeliz de que um bom escritor pode falar de tudo, que qualquer expressão infundada tem de ser considerada uma opinião de autoridade, e que a irresponsabilidade de pensamento é sinônimo de liberdade de pensamento. Em suma: ele fez mais do que ninguém para fazer a treva da razão iluminada descer sobre o mundo ocidental. Mas a soma de tudo isso não leva a uma força demoníaca para o mal. Se subtrairmos a vitalidade, as qualidades literárias e o temperamento intelectual de Voltaire, torna-se visível à distância o Homard de *Madame Bovary*, de Flaubert, ou os exasperantes Bouvard e Pecuchet, que têm de experimentar em tudo. Do lado positivo, estamos numa dificuldade similar. Aí encontramos as façanhas do poeta, mestre da prosa elegante, historiador, ensaísta, correspondente, repórter da Inglaterra, excelente popularizador da física newtoniana e publicista eficaz. Elas certamente fazem de Voltaire um dos maiores homens de letras, mas a série e qualidade do desempenho não podem nunca anestesiar nossa consciência do defeito último de substância.

Ainda assim, Voltaire não é enfadonho. Há nele uma qualidade que é louvada em tais termos como seu espírito de tolerância, seu senso comum, sua indignação contra o obscurantismo escolástico e a intolerância, seu ódio à opressão e perseguição, sua defesa da liberdade de opinião e pensamento. O louvor é merecido, na verdade. A força de Voltaire está na zona crepuscular de virtudes de procedimento que são peculiares a um homem que perdeu a velha fé a ponto de ver suas deficiências como alguém de fora e atacá-las sem compaixão. Não tinha substância suficiente da nova fé para criar uma nova lei como seu mestre, mas tinha o bastante para lutar com habilidade e coragem para seu estabelecimento. Esta posição intermediária é o solo para o estilo de crítica e ataque, de proselitismo e defesa, sarcasmo e sátira, que Voltaire desenvolveu à perfeição. É um reino não do espírito, mas entre os espíritos, onde o homem pode viver num momento na ilusão de que, descartando o velho espírito, pode libertar-se do mal que inevitavelmente surge da vida do espírito no mundo, e que o novo espírito criará um mundo sem mal. O protesto contra o mundo e o grito por luz são fúteis, se esperarmos encontrar a luz no mundo, mas mesmo esta futilidade e ilusão são ainda enobrecidas pelo *contemptus mundi*,[42] por um lampejo da luz e por um desejo sincero de livramento do mal. O sonho do filho-do-mundo, de um paraíso terrestre de compaixão e humanidade, é apenas uma sombra da cidade celestial, mas ainda assim é uma sombra lançada pela luz eterna.

g. *Compaixão*

E, finalmente, temos de considerar que Voltaire podia sonhar com um paraíso de compaixão e humanidade porque ele experimentara essas qualidades ativamente em sua pessoa. Por dúbia que possa parecer sua antropologia como uma façanha sistemática, não pode haver dúvida de que era sincera sua compaixão para com a criatura sofredora. As guerras religiosas dos séculos XVI e XVII, e as inúmeras perseguições aos

---

[42] Desprezo do mundo. (N. T.)

indivíduos, perpetradas pela Igreja Católica assim como pelas igrejas protestantes de todas as seitas, eram uma realidade persistente. "Apenas o ignorante zombará do som sagrado e pio que as palavras Religião Natural, Iluminismo, Tolerância e Humanidade tiveram para os homens daqueles dias. Então expressará um suspiro de alívio num mundo que estava a ponto de sucumbir à opressão das confissões."[43] A situação humana aparecerá talvez mais claramente se relatarmos um caso simples. Em 1596, um pobre artesão foi julgado em Amsterdã porque sua luta com a Bíblia, nas duas línguas originais, o tinha levado à crença de que Jesus era apenas homem. Peter van Hooft, o prefeito de Amsterdã, disse em sua defesa:

> Ouço que ele foi excomungado por causa de suas opiniões. A igreja deveria contentar-se com a excomunhão e não continuar o processo contra o pobre homem. É certo que um homem que frequentemente lhe visitava a casa, lhe viu a mulher e os filhos de joelhos, em oração antes das refeições. E isso prova que ele os criou no temor do Senhor de acordo com suas luzes. Acredito que a vida de um homem não deve depender das sutilezas de eruditos.[44]

Os elementos da situação não tinham mudado no tempo de Voltaire; quanto à questão do dogma, um Newton ou um Clarke poderiam estar no lugar do artesão. Aí vemos de um lado o pobre sujeito com seus problemas espirituais,

---

[43] Wilhelm Dilthey, "Das natürliche System der Geisteswissenschaften im 17. Jahrhundert". In: *Gesammelte Schriften*. Stuttgart, Teubner, 1914, 2, p. 95. Sobre o problema e a história das perseguições, ver W. F. H. Lecky, *History of the Rise and Influence of the Spirit of Rationalism in Europe*, 2 vols. Ed. rev. New York, Appleton, 1914, cap. 4, pt. 1, "The Antecedents of Persecution", pt. 2, "The History of Persecution". Como observa Lecky: "Na verdade, mesmo no final do século XVII, Bossuet foi capaz de dizer que o direito do magistrado civil de punir o erro religioso era um dos pontos em que ambas as igrejas concordavam; e acrescentava que conhecia apenas dois corpos de cristãos que o negavam. Eram eles os socinianos e os anabatistas" (2, p. 60).

[44] Dilthey, "Das natürliche System", p. 101; a fonte original é Geeraret Brandt, *Histoire Abrégée de Réformation des Pay-bas*, 3 vols. Trad. do holandês. Den Haag, Gosse, 1726, 1, p. 331 ss. Há também uma tradução em inglês de dois volumes e uma edição da obra original holandesa em 4 volumes: *The History of the Reformation and Other Ecclesiastical Transactions in and about the Low-countries*. London, Wood, 1720-21.

esforçando-se a ponto de estudar grego e hebraico, e chegando finalmente a uma visão cristológica herética. De outro lado: a máquina institucional da igreja e do estado com suas ameaças de excomunhão e de pena de morte. E então a reação de compaixão: não pode ser o propósito da cristandade perseguir tal homem, matá-lo e infligir miséria infinita em sua esposa e filhos. Os eclesiásticos que são responsáveis pela perseguição já não parecem defensores do espírito, mas intelectuais que oferecem sacrifícios humanos a sutilezas dogmáticas que deveriam ser de importância secundária quando comparadas com a substância da fé. A inabilidade discutida anteriormente de as igrejas lidarem com os problemas da história pós-medieval alcança o ponto de ruptura onde a compaixão se volta contra elas e ameaça jogar ao mar o espírito, juntamente com as excrescências degenerativas. A compaixão pela criatura sofredora que é esmagada aos pés por forças históricas para além do entendimento e controle é a grande qualidade positiva de Voltaire. E se sua compaixão tivesse sido menos apaixonada e mais espiritual, poder-se-ia quase reconhecer nele um toque franciscano: no século XIII a criação muda teve de ser descoberta e levada para a órbita da simpatia espiritual. No século XVIII o homem na sociedade e na história teve de ser reconhecido como parte da criação volitiva de Deus e ser aceito com compaixão. Pode-se considerar infortunado que as instituições do espírito tenham afundado tanto, ao tempo que Voltaire teve de dedicar-se à tarefa de agir com autoridade como o defensor do homem na sociedade histórica, mas não se pode negar que ele desempenhou com grandeza o papel de um *defensor humanitatis*[45] contra os profissionais da fé.

---

[45] Defensor da humanidade. (N. T.)

2. As nações cismáticas

§ 1. O vácuo da Razão

O movimento revolucionário do século XVIII rompeu com a ideia da unidade da humanidade no espírito de Cristo. No capítulo precedente acerca de apostasia traçamos a transição do universalismo transcendental cristão do espírito para o universalismo intramundano da razão, por ocasião do grande diálogo acerca de história universal entre Bossuet e Voltaire. Na obra de Voltaire, o sentimento intramundano encontrou sua expressão em duas suposições principais: primeiro, na suposição de uma moralidade de senso comum, motivada pelos sentimentos de humanidade e compaixão e guiada pela utilidade social como o critério de conduta correta; e, segundo, na suposição de que os métodos da ciência, que provaram seu valor na criação da física newtoniana, eram os únicos métodos conducentes a um conhecimento válido. O estabelecimento da moralidade e conhecimento no novo nível foi acompanhado da atrofia das experiências transcendentais cristãs. Consideramos também o obscurantismo espiritual de Voltaire, que se expressava negativamente na perda de conhecimento pela fé e positivamente no ataque aos símbolos de fé que se tinham tornado opacos, como consequência da perda da *cognitio fidei*.[1]

---

[1] Conhecimento da fé. (N. T.)

No que diz respeito à evocação da razão no nível geral dos princípios, é exaustiva a expressão dada aos sentimentos intramundanos por Voltaire. É claro, tiveram de ser consequências, tiveram de ser adicionados corolários, e problemas especiais tiveram de ser desenvolvidos. A aceitação nominal de símbolos religiosos opacos não podia durar, e era inevitável a evolução para o ateísmo dogmático na geração de Holbach e Helvétius. A negação do valor cognitivo das experiências espirituais só poderia produzir a negação das próprias experiências e o desenvolvimento de uma posição materialista. A atribuição de um monopólio ao método de ciência newtoniana levou, na análise da mente, à ideia de associação como o princípio que governa as ocorrências na alma, na analogia com o princípio de gravitação. A humanidade e a compaixão newtonianas deveriam desenvolver-se na teoria dos sentimentos morais e na ética da simpatia. E a utilidade social como regra de conduta correta foi desenvolvida sistematicamente no cálculo do prazer e da dor, na "aritmética moral" de Bentham, e na filosofia do radicalismo utilitário. Este universo de elaboração, no entanto, não faz mais do que corporificar a atitude que foi fixada em suas linhas gerais por Voltaire. Traz imensas consequências consigo, porque toma a atitude do iluminismo e razão em pormenores de uma antropologia filosófica e numa crítica de instituições. Mas acrescenta pouco ou nada à penetração dos problemas no nível geral de ideias.

Embora seja então de menor interesse o desenvolvimento teórico da posição de Voltaire, é significativa a revolta apostática como tal, porque fez nascer um movimento de ideias que moldou decisivamente a estrutura política do Ocidente. Com a abolição formal da Cristandade como a substância espiritual autorizadamente unificadora da humanidade, as substâncias de comunidades particulares puderam mover-se para o vácuo. Os corpos místicos das nações, que vinham crescendo desde a Alta Idade Média, atingiram por volta do século XVIII uma coerência e articulação consideráveis; e agora começaram, com eficácia crescente, a substituir o corpo místico de Cristo. Por séculos, o nacionalismo fora uma força na história ocidental, esforçando-se contra os laços enfraquecedores da igreja e do império, mas apenas agora pôde desenvolver-se como força espiritual, arrogando para si as afirmações do absoluto que antes eram as prerrogativas da Cristandade imperial. O movimento separatista, que encontra sua primeira expressão na fórmula do *imperator in regno suo*,[2] está agora consumado pela evocação do *imperium et ecclesia in natione*.[3]

§ 2. A irritação do paroquialismo

O sintoma superficial, mas momentoso, de ruptura do Ocidente em corpos político-religiosos cismáticos se encontra no desenvolvimento das amenidades padrões pelas quais os membros das principais nações europeias expressam sua repugnância pelas peculiaridades nacionais uns dos outros. Começando com o século XVIII, os estilos nacionais de expressão intelectual tornam-se suficientemente diferenciados para atrair atenção mutuamente desfavorável. Nas relações anglo-germânicas, encontramos os filósofos escoceses sendo sarcásticos com a "loucura metafísica" alemã, e podemos observar o crescimento de uma imagem de "obscuridade", "mistério" e "escuridão" no pensamento alemão. No século XIX, as reclamações começam a crescer quanto à *Filosofia do Direito*, de Hegel, que, para ser compreendida corretamente, exigiria uma "imersão" na metafísica de Hegel – uma exigência obviamente indecente. Na direção oposta, os alemães começam a desenvolver a imagem da "insipidez" inglesa, e encontramos tais sarcasmos como o "John Stuart Mill ou a Clareza Insultuosa", de Nietzsche. Nas relações anglo-francesas as queixas são da parte inglesa quanto ao radicalismo intelectual francês, sobre a inclinação de seguir uma ideia política até suas últimas consequências lógicas, sem respeito às tradições e ao senso comum, e sarcasmos sumários como os de Disraeli:

---

[2] O imperador em seu reino. (N. T.)

[3] O império e a igreja na nação. (N. T.)

"os direitos dos ingleses são quinhentos anos mais velhos do que os direitos do homem". Do lado francês, o estereótipo é formado das divagações dos ingleses, da inabilidade de os ingleses de compreenderem os princípios e alcançarem suas implicações, por seu oportunismo e seus hábitos de improvisação. Nas relações teuto-francesas, aparece do lado alemão a ideia de superficialidade francesa, de uma execução no plano formal a que não corresponde um peso de substância, de um racionalismo e ceticismo que não penetram a concretude do espírito, de uma certa frivolidade e – uma gema intraduzível – de *seelische Verschlampung* [desmazelo espiritual]. Do lado francês aparece a *fougue* [impetuosidade] alemã, as *brumes du Nord* [obscuridade nórdica], as queixas das divagações idiossincráticas e caprichosas, sobre grossura de pensamento que nunca é capaz de elevar-se até a *clarté* de exposição.

§ 3. O cosmion *cismático*

a. O fechamento espiritual do cosmion *nacional*

Tais gracejos são tão parcialmente verdadeiros quanto totalmente errados, como são sempre acusações desse tipo. No entanto, embora sejam inúteis como descrição de características nacionais, são de valor como sintomas da irritação causada pela ruptura da *koine*[4] ocidental. São a expressão intelectual da ascensão de estilos paroquiais de pensamento que se tornam crescentemente ininteligíveis uns aos outros. Esses estilos paroquiais têm pouco ou nada que ver com "os caracteres nacionais" que frequentemente são considerados constantes últimas e determinantes. São os resultados de séculos de diferenciação espiritual e intelectual nas várias regiões, e representam agregados de sentimentos e ideias que foram estabelecidos durante o curso de uma longa história. No século XVIII o processo alcança uma fase crítica porque então as comunidades nacionais e suas ideias evocativas se

---

[4] Comunidade. (N. T.)

tornam substituições ativas para a evocação cristã imperial que se desintegrava. Até esse ponto, o véu da evocação universal escondera o crescimento das nações de maneira suficiente para preservar a aparência de um processo ocidental geral que se desenrolava pelo meio das variações nacionais. Com a revolução apostática esta estrutura do processo muda fundamentalmente. Daí em diante, a evocação do *cosmion* nacional entrará em conflito aberto com a evocação enfraquecedora de uma humanidade cristã ocidental. As comunidades nacionais são agora capazes de fechar suas evocações particulares umas contra as outras; e as assim chamadas características nacionais emergentes são o resultado de um fechamento que toma a constelação de sentimentos e ideias em uma época crítica, o que varia de nação a nação, como a base fixa para um novo desenvolvimento evocativo. Os cortes transversais nacionalmente divergentes no tempo da revolução dominam a evolução posterior das ideias, e as unidades nacionais fechadas ficam cada vez mais afastadas, como consequência, até que as tensões culminem na catástrofe das Guerras Gerais.

b. O caso francês

Estamos ainda demasiado próximos da época do cisma nacional ocidental – de fato, estamos ainda envolvidos em sua liquidação – para termos obtido a perspectiva correta. Não temos conhecimento suficiente para vê-lo de maneira adequada nem em seu curso inteiro nem em seus pormenores. No entanto, os problemas dominantes se tornaram mais claramente discerníveis à luz dos acontecimentos do século XX. O fato que diferencia decisivamente as várias evocações revolucionárias é o estado e a condição da Cristandade nas várias nações ao tempo do cisma. Na oposição entre Bossuet e Voltaire, o rompimento apostático tomou a forma de uma transição do catolicismo para o universalismo da Razão. Este tipo de transição é peculiar à França; não é repetida nem na Inglaterra nem na Alemanha. E a característica de um movimento intelectual contra o catolicismo continua a ser a assinatura da evocação francesa da Razão por toda sua história. Somente na França encontramos a tentativa, durante a Revolução, de elevar o culto da Razão a uma religião universal em oposição explícita à cristandade. Até mesmo no meado do século XIX, o universalismo anticatólico da Razão, como consubstanciado na Revolução, inspirou o relato hagiográfico da Revolução feito por Michelet: "A Revolução não adotou nenhuma Igreja. Por quê? Porque era ela mesma uma Igreja". Este laivo de reação contra o catolicismo é de novo reconhecível em Saint-Simon e em Comte, em sua consciência da necessidade de um novo *pouvoir spirituel* depois da expiração do cristão. A França se tornou o país clássico das contraigrejas intelectuais: do voltairianismo e do positivismo, do humanitarismo romântico, e da religião da solidariedade sob a Terceira República.

c. O caso inglês

É inteiramente diversa a situação espiritual e intelectual inglesa. O ímpeto de anticatolicismo nasceu com o cisma anglicano e a revolução puritana. Ao tempo da revolução apostática, "o antipapismo" já era uma questão política resolvida. O anticatolicismo era um dado na situação da qual começou o contramovimento. Daí a transição inglesa não se mover da linha do catolicismo para a Razão. A tensão ocorre exatamente entre os polos da independência puritana e o individualismo secularizado. A Inglaterra não tinha nenhum guardião da velha tradição espiritual nem nenhuma expressão intelectual tal qual a de Bossuet. Na verdade, a igreja estabelecida cessara de contar como força espiritual por volta do século XVIII. No clima protestante de interpretação pessoal, idiossincrática, a transição da Cristandade para a fé intramundana ocorreu gradualmente e em passos quase imperceptíveis. Ficaram turvas as linhas entre a defesa da Cristandade, da parte de um bispo deísta liberal, e o respeito incidental atribuído à existência de Deus por um leigo religiosamente indiferente. A atmosfera não é favorável nem a um materialismo apaixonado nem a um melhoramento místico da razão. Um ateísmo dogmático dificilmente pode ser desenvolvido a um grau relevante se, de um lado, sua expressão é socialmente reprimida porque violaria decências públicas, e se, de outro lado, é moderada a urgência de sua expressão porque o teísmo é pouco mais do que um caso de respeitabilidade social. À luz de tais esforços tranquilizadores como a *Reasonableness of Christianity,* de Locke, ou *Christianity Not Mysterious,* de Toland, não podemos esperar o entusiasmo espiritual que produziria uma contrarreligião de razão ou sem-razão. Entre a força das formas sociais inglesas e a liberdade autoconfiante do indivíduo dentro dessas formas, a vida do espírito se move num crepúsculo constante de preservação e eutanásia.

d. O caso alemão

A situação alemã é complicada pela presença de três tensões de longa duração, e inter-relacionadas, que entram na história do período crítico como fatores determinantes. A primeira é a tensão entre catolicismo e protestantismo, ambos entrincheirados regionalmente nos principados mais importantes com tal força que nenhum pode formar a nação com a exclusão do outro. A segunda é a tensão entre a tradição imperial e a pluralidade de estados territoriais, de um lado, e a tendência para a unificação nacional e o fechamento, em analogia com as nações cismáticas do Ocidente, do outro. A terceira é a tensão entre o Oriente colonial e a velha civilização do Sul e do Ocidente, o que é resolvido precariamente no período crítico pela unificação nacional sob a liderança da Prússia.

Desta situação inicial deve-se esperar um desenvolvimento que diferirá amplamente do francês e do inglês. A ausência de instituições políticas nacionais e a divisão regional das religiões tornaram impossível uma revolução nacional da razão como na França. O complexo de razão-ateísmo-materialismo-utilitarismo permaneceu secundário na Alemanha até os anos de 1830. Somente depois da morte de Hegel é que o materialismo se torna de relevância apreciável, e somente depois do meado do século XIX é que os sentimentos antirreligiosos dogmáticos se tornam um componente de influência crescente nos movimentos políticos de massa. De novo, já que a Independência do tipo inglês está ausente do protestantismo alemão, as formas seculares correspondentes do individualismo não podiam tornar-se uma força na formação das instituições. A forma política parlamentar, que na Inglaterra é um credo sancionado pela revolução do século XVII, pôde tornar-se apenas uma técnica política na Alemanha, necessariamente para ser usada na época de democracia e unificação nacional, mas sem raízes profundas em sentimentos sedimentados historicamente como na Inglaterra. A principal linha de revolução alemã, paralela à Revolução Francesa e à ascensão do utilitarismo inglês, é a grande irrupção metafísica de Kant e Herder a Hegel e Schelling. O movimento tem suas raízes no luteranismo e na tradição mística alemã. Adquire as características de um contramovimento revolucionário por seu desenvolvimento da ideia do Logos cristão para além da ortodoxia na direção de um novo apocalipse. Em Hegel encontramos a especulação mística de Jacob Boehme traduzida em movimento dialético da Ideia que alcança sua realização autoconsciente nas formas políticas do presente; a Razão de Hegel é o Logos purificado especulativamente. Com Fichte e Schelling temos de observar a tentativa explícita de estabelecer uma Cristandade do Logos joanino como a Terceira Cristandade depois do catolicismo e do protestantismo. O caráter adogmático da especulação mística torna possível para os pensadores alemães transcender criticamente o dogmatismo das igrejas e, ao mesmo tempo, reconhecer a validade histórica relativa da igreja como uma fase transitória na evolução do espírito. Nesta peculiaridade de especulação mística originam-se os traços característicos da história intelectual alemã no século XIX: o duplo aspecto de historicismo como uma força conservadora, e ao mesmo tempo desintegradora e relativizadora, e a consciência, particularmente forte em Dilthey, de que as *Geisteswissenschaften* são uma forma final do protestantismo iluminado crítico.

Além disso, o caráter místico da irrupção metafísica determina a relação especificamente alemã entre o nível geral de filosofia política e o desenvolvimento de instituições. Não há paralelo na Alemanha com a relação francesa entre razão e revolução, ou com o relacionamento inglês entre individualismo secular e governo representativo. A especulação mística sobre a substância espiritual da sociedade não consegue penetrar as instituições de uma organização política [*polity*] nacional porque não existe tal organização política. Encontramos em vez disso um tratamento da pluralidade existente de instituições políticas que se move entre os polos da aceitação e da rejeição, tipicamente representados pelos extremos de Hegel e Marx. Num extremo, em Hegel, temos de observar a disposição de aceitar o estado constitucional territorial (que de nenhum modo é uma organização política [*polity*] nacional) como a manifestação objetiva da Ideia; e no outro extremo, em Marx, temos de observar a vontade revolucionária de rejeitar completamente a sociedade existente e criar uma nova comunidade internacional do homem puro misticamente, o proletário. Entre a aceitação de uma sociedade subnacional dentro do estado territorial e a rejeição supranacional da estrutura histórica do estado e da sociedade, que teria de incorporar-se numa organização política nacional, abre-se uma lacuna que foi preenchida temporariamente pela *realpolitik* da unificação nacional. A unificação, entretanto, não pôde produzir por si uma nação politicamente articulada. Em vez disso, foi necessário um acontecimento político de proporções revolucionárias, comparável à Revolução Inglesa do século XVII ou à Francesa, do século XVIII, a fim de solidificar e articular o material nacional. A ocasião se ofereceu em 1918, mas, como mostraram os acontecimentos, perdeu-se a oportunidade. Os partidos dos trabalhadores, que teriam de fornecer a força da revolução, ficaram paralisados pela herança antinacional e apolítica do marxismo num grau que os incapacitou como os portadores de uma revolução nacional. A revolução atrasada finalmente se realizou, em 1933, sustentada pela classe média de uma sociedade industrializada e levando a uma catástrofe assim nacional como internacional. O fato de a revolução de 1933 ter levado a uma catástrofe, por razões que analisamos num contexto posterior, não deve obscurecer a intelecção, no entanto, de que na lógica imanente do cisma ocidental em estados nacionais foi necessária uma revolução alemã, e que a maturação revolucionária da situação foi o fator abrangente que lhe determinou o sucesso inicial.

§ 4. A estrutura temporal do processo de encerramento

a. O problema do fechamento

Um exame dos três casos torna visível o problema comum assim como as diferenças individuais. Ao problema comum demos o nome de "fechamento", e mais especificamente temos de falar de fechamento espiritual a fim de distinguir esta fase do processo de encerramento do fechamento legal e institucional que leva à forma do estado soberano, independente do império. O significado do fechamento espiritual nós o definimos como a evocação de um *cosmion* cismático que se arroga as funções e exigências da Cristandade medieval imperial. Os problemas que surgem do fechamento virão, portanto, sob duas maneiras: o primeiro complexo de problemas contém a relação do novo *cosmion* com seu próprio passado pré-cismático. O segundo complexo de problemas diz respeito a relações entre a pluralidade de novas evocações. O segundo complexo é o da desintegração da sociedade ocidental e sua destruição nas Guerras Gerais. Teremos de lidar com isso em pormenor na última parte deste estudo, intitulada "A Crise". O primeiro complexo é esclarecido em parte pela análise precedente dos pontos de partida religiosos, que determinam os estilos dos vários processos de encerramento nacionais. Outro aspecto do primeiro complexo, no entanto, a estrutura temporal dos processos de encerramento, pode fazer-se visível apenas por uma comparação das diferenças nos vários processos naturais, e temos de acrescentar, portanto, algumas observações concernentes às relações temporais entre os elementos do *cosmion* fechado.

b. A estrutura temporal anglo-francesa

A primeira, e mais óbvia, linha de diferenciação tem de ser estabelecida entre os casos inglês e francês, de um lado, e o alemão, de outro. Nos casos inglês e francês, o crescimento do estado nacional unificado precede por séculos o fechamento espiritual. No caso alemão, a relação de tempo entre as duas fases é revertida. Em consequência, a instituição do estado nacional é um dado na Inglaterra e na França na abertura do período crítico, e o fechamento espiritual não é mais do que um acontecimento superveniente. A nação politicamente articulada pode ser tomada como certa. Na Alemanha, por outro lado, o fechamento espiritual precede parcialmente, e parcialmente corre paralela com a unificação nacional, e as duas fases exercem influências perturbadoras uma na outra. A despeito da unificação atual, a construção imperial-federal da área da Europa central permanece uma questão viva no século XX, e o julgamento histórico sobre a sabedoria de Bismarck em forçar a questão na direção do estado nacional, imitando os desenvolvimentos cismáticos inglês e francês, está ainda em suspense. Por volta de 1870 o valor do estado nacional como a forma política ocidental estável já se tinha tornado dúbio: a adição que Bismarck fez às séries dos Grandes Poderes Europeus foi acompanhada do *dictum* de Nietzsche: "Mais uma estupidez!".

c. A estrutura temporal franco-alemã

Outra linha diferenciadora tem de ser estabelecida entre a Inglaterra, de um lado, e a França e a Alemanha, de outro. Por causa de seu amálgama inglês peculiar de aristocracia e burguesia, a revolução do século XVII foi capaz de estabelecer as fundações do poder parlamentar da burguesia sem abolir a estrutura aristocrática da sociedade inglesa, ou mesmo uma monarquia cerimonial. A transição da república aristocrática para a república burguesa teve, portanto, na Inglaterra o caráter de uma evolução gradual, e a forma política, estabelecida já no século XVIII, tem-se mostrado, até o presente, suficientemente elástica para incorporar em seu padrão a articulação política da classe média baixa e dos trabalhadores. O estilo do *ancien régime* aristocrático permaneceu a forma política determinante. A Revolução de 1789, de um lado, quebrou a estrutura aristocrática da sociedade francesa. A nova forma de república burguesa, brotando do período revolucionário, não teve o ímpeto histórico da forma inglesa. E depois de 1848 começou o processo de atrito em cujo percurso a república burguesa foi despedaçada entre a tradição francesa pré-revolucionária conquistada, mas não exterminada, e as novas forças da democracia plebiscitária. Na Alemanha não encontramos nenhuma forma política nacional antiga com prestígio histórico que tivesse sido capaz de absorver o choque da democracia de massa. Nem os sobreviventes do *ancien régime* nos estados territoriais nem as forças da burguesia regional republicana se mostraram suficientemente fortes para formar instituições numa escala nacional, e a tarefa de criar uma forma política transferiu-se para as massas e suas lideranças, com os resultados catastróficos acima mencionados. Em consequência, temos de distinguir entre políticas cujas instituições se desenvolvem em continuidade com o *ancien régime* e as que formaram suas instituições ou por uma quebra revolucionária com a estrutura aristocrática da sociedade ou por mover-se inteiramente para além do âmbito aristocrático. A Inglaterra, a França e a Alemanha formam uma série de estabilidade decrescente das instituições políticas de acordo com sua distância da estrutura aristocrática da sociedade ocidental.

d. *Os resultados*

E, finalmente, temos de considerar que as diferenças na posição do tempo do processo de fechamento implicam diferenças de perspectiva intelectual que se fazem sentidas como determinantes no processo. O fechamento mais antigo, o inglês, preservou mais pertinazmente a ideia da personalidade humana integral, obtendo sua força de fontes tão variadas como a concepção aristocrático-feudal do homem livre, a concepção renascentista do indivíduo autônomo e a concepção protestante da alma espiritualmente independente. O fechamento francês, o seguinte no tempo, preservou a ideia da personalidade integral com tamanha força que a classificação convencional da França com a Inglaterra como os países do "humanismo político ocidental" é justificada. No entanto, na história intelectual francesa é notável a inclinação, mais fortemente do que na Inglaterra, de experimentar a ideia da Razão como a fonte legitimadora para impor a outros homens o que é razoável, estejam estes convencidos ou não dessa razoabilidade. E no fechamento mais tardio, o alemão, as interpretações biológicas e econômicas do homem na sociedade determinaram um sentimento coletivista de tal força que o valor da personalidade integral é, a um nível considerável, destruído.

3. Giambattista Vico – *La Scienza Nuova*

§ 1. A política italiana

No capítulo precedente, sobre as nações cismáticas, lidamos com as reações de várias sociedades nacionais ao problema da cristandade em desintegração, assim como com a diferenciação acentuada de "caracteres" nacionais na era da Revolução e Crise. A análise estendeu-se, entretanto, apenas aos exemplos inglês, francês e alemão; não incluiu o caso italiano. Isso é porque a história italiana das ideias políticas difere tão amplamente do desenvolvimento transalpino que não pode ser apresentada como uma solução variante para o mesmo problema fundamental. Em muitas ocasiões anteriores, tivemos de tocar na diferença entre as estruturas históricas italianas e do norte. A cultura política da cidade-estado, que no norte foi substituída pelo estado territorial, permaneceu a forma política italiana e resistiu à integração no estado nacional até o final do século XIX. Sob alguns aspectos este desenvolvimento é similar ao alemão, particularmente com respeito à integração tardia na forma do estado nacional. Desta similaridade provêm os paralelos alemão e italiano no ritmo das revoluções modernas. Permanece, no entanto, a diferença decisiva de que a cultura alemã das cidades-estados fora, em princípio, quebrada na Baixa Idade Média, de tal maneira que a pluralidade de estados, precedendo a unificação nacional do final do século XIX, consistiu em estados territoriais.

a. Cidade-estado e estado nacional

Esta diferença na cultura política causou tensões sérias entre a Itália e o norte, culminando na invasão estrangeira do final do século XV, e determinou as defasagens de tempo e as relações intricadas entre a as ideias políticas italianas e as do norte. A atmosfera de estufa das cidades-estados italianas, com suas revoluções políticas e econômicas, antecipou, por séculos, o desenvolvimento correspondente na escala transalpina do estado nacional. O racionalismo da organização financeira e burocrática da Cúria se tornou o incentivo para a racionalização dos estados nacionais do Ocidente, e a pluralidade de cidades-estados desenvolveu o princípio do equilíbrio de poder no cosmos da península antes de ser transferido para as relações entre os estados territoriais do norte. No final do século XV, as relações entre a Itália e o norte entraram numa fase crítica que vemos refletida na obra de Maquiavel. A organização interna dos estados nacionais francês e espanhol foi completada suficientemente para tornar-se eficaz na cena internacional. O poder militar superior dos grandes estados territoriais teve como consequência o fim do desenvolvimento italiano independente. Com o apelo milanês a Carlos VII, em 1494, começou o período de invasões e ocupações estrangeiras da Itália.

b. "Decadência" italiana

O período da invasão francesa até o Risorgimento normalmente é rotulado de "decadente". Embora o termo tenha sua justificação à vista do eclipse da Itália como um poder político, é inteiramente inadequado como descrição sumária das consequências altamente complicadas do desastre. Sem restrições, dificilmente se pode chamar decadente o período de Maquiavel, Guicciardini, Bruno, Campanella, Galileu, Vico e de uma hoste de pensadores políticos e historiadores menores como Boccalini, Paruta, Davila, Contarini, Sarpi, Pallacivino e Giannone. Acima de tudo, o rompimento italiano tem de ser entendido não como um fenômeno puramente interno, mas como um estado de desintegração e fraqueza que pode ser comparado e relacionado a outras nações europeias. Mesmo o aspecto italiano mais íntimo da fraqueza prolongada, a tensão entre a cultura política da cidade-estado e a tendência para a unificação nacional, não é um problema puramente autóctone, mas é causado pelo desenvolvimento setentrional do estado nacional como a unidade de poder de valor competitivo superior na política internacional. Apenas se fizermos a suposição muito injustificada de que o estado nacional é uma organização modelo a que todo povo tem de aspirar é que a falha italiana de obter tal forma na época crítica pode ser considerada uma fraqueza particular.

Um choque entre duas culturas políticas é um acontecimento sério. As instituições que cresceram por séculos não podem, da noite para o dia, ser adaptadas a novas demandas pela energia de indivíduos inteligentes solitários, de tal forma que quando Maquiavel evocou o Príncipe como o salvador que transformaria a Itália em outra França, ele supervalorizou as possibilidades de inteligência e talento isolados. É uma ocorrência rara na história o milagre japonês de uma solução, ao menos temporária, de um problema histórico ainda mais grave. Nenhuma das nações ocidentais mostrou até agora uma compreensão semelhante de seu destino político diante da extinção iminente. O choque entre as culturas políticas, além disso, foi agravado pela luta entre a Contrarreforma de um lado e a Reforma e a ciência secular, do outro. Este problema custou à França oito guerras civis durante o século XVI, a participação na Guerra dos Trinta Anos, a repressão interna dos protestantes no reinado de Luís XIV, e, finalmente, a Revolução, com seu rescaldo da guerra civil intermitente entre a esquerda e a direita. Na Itália, a imposição deste segundo problema no primeiro é suficiente para explicar as dificuldades do período sem recurso à categoria de decadência.

c. Municipalização e emigração

O resultado líquido destas tensões com relação aos problemas que são de nossa preocupação mais imediata pode ser caracterizado como a cessação da vida intelectual como a expressão de uma sociedade nacional italiana. Foi posta de cabeça para baixo a tendência do *Quattrocento* para uma vida intelectual nacional que, a despeito da competição política entre as cidades-estados, tinha sua base social nas inter-relações da aristocracia italiana. Durante este período crítico, a vida intelectual da nação mostrou uma tendência distinta para o que foi chamado municipalização. Certamente, diferenças regionais da cultura italiana correspondentes às esferas de influência das cidades-estados tinham sido fortemente desenvolvidas mais cedo, mas durante o século XV tornaram-se marcadas e enfatizadas, indicando uma retirada regional curiosa da vida nacional. Este é o período de diferenciação mais profunda entre as peculiaridades culturais venezianas, milanesas, romagnoles, toscanas, romanas e napolitanas. É o período da insistência florentina na variante toscana como o modelo da língua italiana, do contradesenvolvimento de uma linguagem literária veneziana na comédia e do novo recrudescimento da poesia patoá napolitana. A este processo de contração municipal corresponde um contramovimento de emigração italiana, tanto compulsória quanto voluntária. A contração política, assim como a pressão da Contrarreforma, levaram para fora do país indivíduos enérgicos. Homens como Socinis, que poderiam ter-se tornado reformadores italianos, tiveram de emigrar. É a época da influência dos Medici na França, a época em que, por um tempo, a França foi governada por um cardeal italiano, e quando os exércitos do império foram comandados por dúzias de *capitani* italianos. À época de Vico, seu contemporâneo mais jovem, Pietro Giannone, teve de abandonar Nápoles porque escrevera e publicara sua *Istoria Civile del Regno di Napoli* (1723), a primeira história moderna de instituições políticas.

§ 2. A obra de Vico

Tem de ser levada em consideração a estrutura peculiar da situação intelectual italiana, quando tratamos da obra de Giambattista Vico (1668-1744). A nova fundação de uma ciência da política e das ideias pelo pensador napolitano permaneceu quase desconhecida em seu tempo e exerceu pouca influência imediata. Desde o final do século XVIII, e através do século XIX, podem-se encontrar mais frequentemente traços da influência de Vico, mas estes se fundem com o desenvolvimento independente de ideias no norte, que, naquela época, seguia linhas similares às de Vico. Embora uma exploração cuidadosa dessas influências possa ainda apresentar resultados surpreendentes quanto a certos pormenores, parece duvidoso que a estatura histórica de Vico será algum dia determinada sensivelmente pela *influência* que exerceu na história ocidental das ideias políticas. Não há nenhuma justificação para as acusações que são algumas vezes lançadas contra homens como Spengler ou Toynbee porque não reconheceram suficientemente o grau em que suas ideias derivam da filosofia da história de Vico. Mesmo que Spengler e Toynbee tivessem lido Vico, não lhes teria sido necessário obter a ideia de crescimento e decadência das civilizações da *Scienza Nuova*, porque nos últimos duzentos anos tem havido um debate amplo e sonoro sobre esta questão, começando com a controvérsia do século XVIII sobre a queda do Império Romano. Apresentam-se, pois, estes problemas: onde se assenta a grandeza de Vico? O que impediu a eficácia de sua obra em seu tempo? E quais foram os obstáculos a seu reconhecimento posterior, obstáculos que apenas em nosso tempo estão sendo removidos por um corpo crescente de estudos monográficos?[1]

---

[1] Nos cinquenta anos desde que Voegelin escreveu este capítulo, "os estudos sobre Vico" cresceram enormemente. Um jornal anual, *New Vico Studies*, apresenta uma bibliografia regularmente atualizada. Ver também Molly Black Verene, *Vico: A Bibliography of Works in English from 1884 to 1994*. Bowling Green, Philosophy Documentation Center, 1994.

a. Estilo e maneira de expressão

Começando com os obstáculos periféricos, temos de dizer que *Scienza Nuova* não é uma leitura fácil; o tratado é escrito numa linguagem concisa, epigramática, rigidamente construída, que apresenta dificuldades até para italianos. O estilo idiossincrático, não discursivo, é certamente, em parte, um resultado da municipalização das letras italianas, previamente discutida; é dificilmente concebível que um pensador francês ou inglês de qualidade durante este período se tivesse expressado numa linguagem que é tão fortemente desviada de um padrão nacional de discurso intelectual. As dificuldades de estilo, porém, estão inseparavelmente entretecidas na maneira que Vico escolheu para a expressão de suas ideias. Sua obra é, em substância, uma filosofia da história, mas esta substância está intimamente embutida numa matriz de investigações filológicas, estudos de Homero, uma teoria da linguagem, uma teoria de estética, e estudos sobre direito romano e instituições. O acesso às ideias propriamente ditas é, além disso, dificultado por um aparato formidável de autoridades espúrias a quem Vico se refere a fim de legitimar suas ideias e por uma evidente ausência de referências às verdadeiras fontes, referências que permitiriam ao leitor colocar as ideias de Vico num universo conhecido de discurso e distinguir entre a tradição e o pensamento original. Ficará desapontado o leitor que espera encontrar na obra de Vico uma exposição direta e arrazoada das ideias do autor. Libertar as ideias de Vico do aparato filológico e jurídico, e colocá-las corretamente no desenvolvimento das ideias políticas ocidentais, exige trabalho crítico considerável e estudos colaterais subsidiários. Esta maneira de expressão é, em grande parte, uma consequência da estrutura do ambiente italiano e do lugar que Vico ocupa. O aparato filológico e histórico pertence ao estilo da *erudizione* italiana, acentuado em Vico por causa de sua posição de professor de retórica que tenta não ir além dos limites de seu "departamento". Além disso, no entanto, o aparato erudito formidável e particularmente as referências equivocadas a autoridades terão de ser explicados como precaução contra as atenções perigosas da Inquisição. E, finalmente, não devemos negligenciar o problema apresentado pela própria matéria. O estilo prevalecente de uma historiografia crítica incipiente era ainda de coligir materiais; era, portanto, uma nova empresa o desenvolver um método de interpretação filosófica. Desembaraçar completamente os princípios do novo método dos materiais que eram seu primeiro campo de aplicação era uma tarefa para gerações futuras. Mal podemos culpar o gênio que concebeu a ideia de uma nova ciência por não ter-lhe dado uma forma sistemática definitiva, a qual ainda não foi conquistada até hoje, dois séculos depois de sua concepção.

b. A interpretação secularista

A tarefa de desembaraçar os princípios do método de Vico dos materiais a que se aplicam cria um novo problema que é apto a confundir o historiador. Ao desembaraçar os princípios de Vico dos materiais, pode-se ir muito longe e descartar como irrelevantes problemas que pertencem à teoria viquiana propriamente. Este é um perigo que nem sempre foi evitado nas interpretações de Vico por seus compatriotas napolitanos famosos: Benedetto Croce e Giovanni Gentile. Como toda teoria de política e história bem construída, a viquiana tem por centro uma antropologia filosófica. Tendo estabelecido esta teoria central, Vico interpreta o curso da história como um desenrolar no tempo da potencialidade da mente humana. As várias atualizações da mente na sociedade recebem seu significado na história como fases inteligíveis no desenrolar de uma potencialidade. A antropologia filosófica e o desenrolar da mente num processo temporal da comunidade são as partes inseparáveis da teoria de Vico. Por mais que possamos rejeitar o aparato filológico como obsoleto ou irrelevante, e por mais livremente que possamos reconhecer que a construção histórica concreta é superada pelo avanço da ciência histórica, as ideias da antropologia e do desenrolar inteligível da mente na história são o centro irredutível da teoria. No entanto, assim Croce como Gentile estão inclinados a descartar a filosofia da história como de valor duvidoso e a reduzir a façanha de Vico à sua antropologia filosófica. Os sentimentos que inspiram esta interpretação restritiva são dignos, no entanto, de alguma atenção porque a monografia de Croce sobre Vico se tornou o ponto de partida para o interesse renovado no pensador italiano e exerceu influência considerável através de sua tradução inglesa, e porque, além disso, esses sentimentos de Croce e Gentile são os mesmos que impediram a influência de Vico já no século XVIII.

Croce e Gentile têm receios sobre as interpretações históricas de Vico porque são progressistas secularistas. Nem gostam da ideia de um *corso* de história que termina num barbarismo de reflexão pior do que o barbarismo primitivo inicial, nem estão dispostos a aceitar a preocupação de Vico de manter sua interpretação de história profana dentro dos limites da Cristandade ou de reconhecer o problema da história sacra. O resultado desses sentimentos é uma avaliação curiosa da obra de Vico. A filosofia da história, que não agrada os progressistas, é deixada para trás, e a Nova Ciência se torna uma "*Nuova filosofia dello spirito e iniziale metafisica della mente*" (nova filosofia do espírito e metafísica inicial da mente).[2] Esta visão em si não seria mais do que um equívoco concernente à importância relativa das partes da teoria de Vico. Mas suas críticas progressistas vão além e repreendem precisamente aqueles aspectos da teoria onde o gênio instintivo de Vico se mostra mais esplendidamente. Criticam-no por não ter tirado explicitamente conclusões desta concepção de história com relação ao retorno eterno dos *corsi* – embora o mérito de Vico esteja precisamente no bom senso com que evita a armadilha do eterno retorno, confina-se aos *corsi* empiricamente observáveis, e deixa aberta a questão de *corsi* futuros. Criticam-no porque, em sua análise dos *ricorsi*, indica que nossa civilização passou seu *akme* e está-se aproximando da fase de barbarismo, e, no entanto, Vico não se expressa com o que seus críticos acham que seja o pessimismo apropriado concernente ao futuro da

---

[2] Benedetto Croce, *La Filosofia di Giambattista Vico*. 2. ed. Bari, Laterza, 1922, p. 150. Edição em inglês: *The Philosophy of Giambattista Vico*. Trad. R. G. Collingwood. New York, Russel and Russell, 1964, p. 135.

civilização ocidental – embora o mérito de Vico esteja em ter tido o bom senso de reconhecer que os *corsi* não são tudo na história, que a Cristandade é um novo fator que pode influenciar o *corso* da nossa civilização, e que, por causa da introdução deste novo fator, o padrão do *corso* romano não pode ser empregado como base para predições quanto ao nosso próprio *corso* (o erro de Spengler). Eles o criticam porque não levou a metafísica do espírito na história até suas consequências panteístas – embora seja mérito de Vico ter evitado os impasses de gnose e de uma filosofia romântica de existência trágica que mancham a façanha de Schelling. Criticam-no por ter excluído a história dos hebreus da lei dos *corsi* – embora dificilmente possa ser chamado uma grande façanha de Vico o ter reconhecido até o que os mais obtusos descobriram: que a história dos hebreus apresenta um problema sem paralelo. E criticam-no, finalmente, porque excluiu a Cristandade e confinou os *corsi* à interpretação da história profana – embora seja crédito de Vico ter visto que as grandes irrupções da realidade transcendental não cabem nos padrões que podem ser construídos quanto aos cursos históricos das civilizações humanas.

Os progressistas compensam esta crítica adversa enfatizando as qualidades da *filosofia dello spirito*. Certamente não temos nenhumas objeções aos louvores concedidos a esta parte da teoria de Vico, mas as comparações com outros filósofos, incidentais para a avaliação, distorcem as qualidades peculiares do pensador italiano tanto quanto as críticas. Assim Croce como Gentile estão obcecados com o desejo de erigir Vico como o filósofo italiano que se compara, em seu nível, com Kant e Hegel. De fato, Jacobi já observara que Vico encontrou soluções para certos problemas epistemológicos que mesmo em sua formulação "antecipam" Kant. Certamente, há um núcleo apreciável de verdade na fórmula exagerada de que, com o hegelianismo italiano de Croce e Gentile, Vico retornou à Itália. No entanto, tais comparações podem passar da medida, e é doloroso ver a ideia dos *corsi* rebaixada a um mecanismo literário quando Croce apresenta a história das ideias deste último com um *ricorso delle idee di Vico*, começando com o movimento especulativo desde Kant a Hegel[3] – não tanto porque a comparação distorce a posição histórica de Kant e Hegel, mas porque o mau uso da ideia dos *corsi* revela uma superficialidade lamentável no tratamento de Vico.

Contratempos desse tipo são causados em parte pela rivalidade nacionalista. Vico, o italiano, tem de estar no mesmo nível que os filósofos alemães a quem Croce e Gentile têm na mais alta estima. Mas em seu zelo para exaltar um italiano que, através de sua filosofia do espírito, é rival de Kant e Hegel, os advogados da própria glória nacional parece que não consideram a possibilidade de Vico ter uma grandeza própria onde os filósofos alemães não podem rivalizá-lo – e essa grandeza está na própria filosofia da história que seus compatriotas denigrem. Vico dificilmente pode igualar-se a Kant como um epistemólogo, ou igualar-se a Hegel como lógico do espírito, mas como filósofo da história ele os ultrapassa a ambos porque sua consciência cristã dos problemas do espírito o protegeu do descarrilamento gnóstico de encontrar o significado da história exaurido pela estrutura humanamente inteligível da história profana. E a esse respeito, como dissemos, ele ultrapassa até Schelling, com quem, como filósofo do mito na história, Vico tem relações muito mais íntimas do que com Kant ou Hegel. Entretanto, a afinidade entre Schelling e Vico não é enfatizada nos estudos de Croce e Gentile porque a obra de Schelling é menos conhecida dos pensadores progressistas.

c. O caráter meditativo da obra

Dificuldades para a interpretação surgem por último do caráter meditativo e íntimo da obra de Vico. A *Scienza Nuova* não é um tratado simples, sistemático, que possa sustentar-se em si mesmo; é um processo de pensamento que começou por volta de 1708, numa época em que Vico tinha alcançado os quarenta anos. Seu desenvolvimento preencheu os anos remanescentes de sua vida até sua morte em 1744, o ano em que a obra foi publicada

---

[3] Croce, *Philosophy of Giambattista Vico*, cap. 20.

em sua última forma, a assim chamada "Terceira" *Scienza Nuova*. Neste período de 36 anos, ele desenvolveu suas ideias concernentes a uma filosofia do espírito na história, por meio de um processo de meditação para o qual as várias obras publicadas são as precipitações. O mesmo complexo geral de problemas é retrabalhado com clareza crescente quanto à ideia principal, mas as últimas precipitações não invalidam as anteriores. Precisamente porque as últimas formulações refletem o estágio que o processo alcançou naquele momento, para serem completamente entendidas, pressupõem as anteriores como os passos que levaram à forma final. Por razões técnicas de apresentação literária, é útil, como fizeram os historiados de Vico, distinguir entre a primeira, segunda e terceira fases de seu pensamento, mas o significado dessas fases não é exaurido por seu caráter de passos sucessivos no esclarecimento de uma ideia. Contêm também elementos que devem ser considerados como partes simultâneas de um sistema. A interpenetração de simultaneidade sistemática com esclarecimento sucessivo neste longo processo esticado é talvez o obstáculo mais sério para uma análise adequada do pensamento de Vico. Ainda não foi compreendido de maneira completamente satisfatória por nenhuma apresentação.

d. *As fases da meditação*

As fases deste processo são marcadas pelas obras maiores de Vico. A primeira é a *De Antiquissima Italorum Sapientia* de 1710. A obra foi planejada em três livros: da metafísica, da física e da moral. Apenas o primeiro desses livros foi publicado. A descrição mais adequada desta obra é dada por seu subtítulo, *Liber Metaphysicus*, e vamos referir-nos a ele por seu título mais breve. Na forma de uma exploração do significado de certos termos latinos antigos, o livro é uma polêmica contra Descartes e estabeleceu os princípios de uma nova filosofia da mente, em oposição ao cientificismo cartesiano. A segunda fase é marcada por dois livros, *De Universi Juris Uno Principio et Fine Uno*, de 1720, e *De Constantia Jurisprudentis*, de 1721. São considerados partes de uma obra a que Vico se refere como o tratado *Diritto Universale*. Na obra anterior a polêmica foi dirigida contra Descartes; agora é dirigida contra as teorias de direito natural de Grotius, Selden e Pufendorf. Da recém-obtida posição metafísica, Vico explora as instituições do direito romano. Mostra, com um imenso aparato filológico, que no exemplo dos romanos as origens das instituições políticas diferem consideravelmente das imaginadas pelos teóricos do direito natural, e desenvolve o curso das instituições romanas como necessariamente resultante da estrutura da mente. Esta nova jurisprudência assume o caráter de uma ciência *universal* à medida que é a ciência sistemática de coisas divinas e humanas, ou seja, à medida que mostra a sabedoria divina, operando pela mente de homens decaídos, guiando o curso histórico de um povo. A segunda das duas obras, a *De Constantia Jurisprudentis*, é subdividida em duas partes, a *De Constantia Philosophiae* e a *De Constantia Philologiae*. Esta última parte contém pela primeira vez o nome "Nova Ciência". Seu capítulo de abertura é intitulado *Nova Scientia Tentatur*, e define a nova ciência como uma filologia que explora as origens das coisas, ao explorar-lhes a origem dos nomes, pois os nomes são criados para significar coisas, e as coisas da sociedade, as instituições religiosas e legais, significadas pelos nomes, decorrem da mente do homem. A filologia é o instrumento para a compreensão das origens e do significado das instituições: "daí a república obterá grande benefício da interpretação da linguagem antiga da religião e das leis". A terceira fase é marcada pela "Primeira" *Scienza Nuova*, de 1725, intitulada *Principi di una Scienza Nuova Intorno alla Natura delle Nazioni*. O curso romano da história, que foi explorado empiricamente na obra precedente, é agora erigido num curso típico da história de um povo, tornando-se uma *storia eterna ideale* com que se conformam as histórias de todas as nações. A história ulterior da obra consiste em emendas e acréscimos, dos quais a edição de 1730 é contada como a "Segunda", e a forma final, mais elaborada, de 1744, como "Terceira" *Scienza Nuova*.[4]

---

[4] Todas as referências às obras de Vico neste capítulo, a não se dizer o contrário, são da edição da *Opere*, de Fausto Niolini, Benedetto Croce e Giovanni

§ 3. A ideia de uma nova ciência

Descrevemos, em primeiro lugar, a situação política italiana à época de Vico, e então a estrutura peculiar de sua obra e algumas das dificuldades que oferece ao intérprete. Ao procedermos agora à análise da teoria de Vico em si, o leitor deve ficar atento a que não é nossa tarefa apresentar o vasto cosmos do pensamento de Vico em toda a sua expansão, incluindo as teorias de linguagem, de estética, do mito e assim por diante. Devemos discutir apenas aqueles aspectos da obra que nos

---

Gentile, 8 vols. (Bari, Laterza, 1911-1941). Da literatura mais antiga, ver Giuseppe Ferrari, *La Mente di Giambattista Vico* (Milano, Società Tipog. de' Classici Italiani, 1837). No que diz respeito à interpretação de Vico, foi ultrapassada pelas obras posteriores, mais críticas, mas vale ainda a pena ler como um produto do *Risorgimento*, e dá uma boa impressão do lugar de Vico como um tesouro no cofre nacional da glória espiritual italiana. A edição francesa de 1839, cujo título Ferrari mudou para o grito de vitória *Vico et l'Italie* (Paris, Éveilard, 1839), transmite esta impressão até mais fortemente. Da literatura moderna o guia autorizado para a compreensão de Vico é ainda *La Filosofia di Giambattista Vico*, de Benedetto Croce. O leitor deve atentar, no entanto, para a tendência secularista e progressista discutida no texto. Para uma exploração completa de problemas especiais, os *Studi Vichiani* (2. ed., Firenze, Monnier, 1927), de Giovanni Gentile, são inestimáveis. Sua *The History of Political Philosophy* (Manchester, Manchester University Press, 1925) deve também ser mencionada, e o belo estudo de H. P. Adams, *The Life and Writings of Giambattista Vico* (London, Allen and Unwin, 1935). Não se deve negligenciar de maneira nenhuma a literatura sobre Vico que surgiu durante o período fascista. O *Politischer Aktivismus und sozialer Mythos, Giambattista Vico und di Lehre des Faschismus*, de Walter Witzenmann (Berlin, Junker und Dünnhaupt, 1935), certamente distorce a figura de Vico acentuando os elementos de seu pensamento que poderiam ser desenvolvidos numa filosofia de existência de ativista; mas, incidental a esta distorção, são explorados aspectos da obra de Vico que não receberam a mesma atenção dos idealistas e progressistas. Finalmente, devemos mencionar a tradução em inglês da *The Autobiography of Giambattista Vico*, de M. H. Fisch e T. G. Bergin (Ithaca, Cornell University Press, 1944). Este livro contém uma introdução valiosa, e as seções sobre a influência de Vico na Inglaterra e nos Estados Unidos e na tradição marxista são particularmente úteis já que contêm materiais que não podem ser encontrados em outra parte. [Em 1963 foi publicada uma versão revista. Quando disponíveis, são também citadas traduções de Vico. Para a *Scienza Nuova* é necessário apenas citar os números dos parágrafos da margem, que são idênticos na tradução *The New Science of Giambattista Vico*, tradução completa da Terceira Edição (1744) com o acréscimo da "Prática da Nova Ciência", trad. Thomas Goddard Bergin e Max Harold Fisch (Ithaca, Cornell University Press, 1968). Como indicado na introdução do editor, mantiveram-se as traduções de Voegelin.]

permitirão esclarecer a posição de Vico numa história geral de ideias políticas. Esta análise de doutrinas específicas, entretanto, tem de ser precedida por algumas breves observações sobre a ideia de uma Nova Ciência em geral.

a. Ambivalência e pathos

O título de *Scienza Nuova*, que Vico deu à forma final de sua obra, foi influenciado pela *Novum Organum*, de Bacon, assim como pelo *Dialoghi delle Scienze Nuove*, de Galileu. A filiação do nome indica certa ambivalência na ideia de Vico. A *Scienza Nuova* é uma verdadeira ciência da substância em oposição a uma ciência de fenômenos físicos, ao passo que, ao mesmo tempo, é uma ciência da política em emulação da imponente nova ciência da natureza. Esta ambivalência é também um fator na relação de Vico com Descartes. Em sua *Autobiografia* Vico dramatiza sua vida intelectual pelo contraste entre os nove anos de reclusão em Vatolla (como tutor na família Rocca) e seu retorno a Nápoles, em 1695, num ambiente dominado intelectualmente pela filosofia de Descartes. Os biógrafos de Vico sugeriram corretamente que a reclusão em Vatolla não foi ininterrupta, e que muitas estadas em Nápoles devem ter familiarizado Vico muito bem com o cartesianismo antes de seu retorno permanente à cidade, e que o ano de seu retorno não marca uma época no sentido de que uma mente que tinha crescido até sua máxima estatura na solidão agora emergisse como a protagonista numa luta contra o cartesianismo. A atitude anticartesiana se tornou articulada mais de uma década depois do retorno, embora a ênfase nos nove anos em Vatolla seja um tanto reminiscente dos nove anos que Descartes passou na solidão da Holanda, ao fim da qual emergiu com seu *Discours de la Méthode*. Esta ambivalência pode ser sentida na depreciação da verdade da física, de um lado, e no arrogar da verdadeira *certezza* para a Nova Ciência, do outro. Além disso, ela permeia o ataque à meditação cartesiana, com seu ponto de certeza na *res cogitans*, e na contrameditação filológica com sua *constantia in Deo*. A despeito do elemento de trivialidade que parece entrar na tensão, ele não deve ser tomado futilmente nem ser considerado meramente uma rivalidade pessoal.

A projeção da tensão no passado ocorre numa época em que Vico tinha completado sua "Primeira" *Scienza Nuova*, e reflete o *pathos* de sua façanha. Nessa época, a façanha real tinha colocado Vico para além de uma mera rivalidade com Descartes e para além da tentativa meramente competitiva de criar uma ciência da política em emulação com a física. Vico tornara-se consciente do peso de sua façanha na cena europeia, e a oposição a Descartes tornara-se um fator menor em sua contraposição consciente e orgulhosa ao desenvolvimento intelectual transalpino como um todo, ou seja, ao cientificismo dos cartesianos assim como à especulação protestante sobre o direito natural, representada por Grotius, Selden e Pufendorf. Da *Scienza Nuova*, Vico diz ao mesmo tempo em sua *Autobiografia* que "por sua obra, para a glória da religião católica, Vico granjeou para nossa Itália a vantagem de que ela já não precisa invejar à Holanda, à Inglaterra e à Alemanha protestantes os seus três príncipes da ciência, e que em nossa época, no seio da verdadeira igreja, foram descobertos os princípios da sabedoria gentia de coisas humanas e divinas".[5]

b. Reversão do movimento apostático

São inseparáveis os elementos italianos e católicos no *pathos* de Vico. Algo aconteceu na Itália que contrabalança as façanhas transalpinas na ciência, e esse algo é animado pelo espírito católico de Vico. O que é esse algo? Podemos expressá-lo brevemente como a intelecção do movimento apostático ocidental e da sua reversão. Desenvolvendo as implicações desta breve fórmula, teríamos de dizer que Vico tinha uma intelecção perfeita da húbris do homem desorientado que está obcecado por seu *amor sui*. Ele teve essa intelecção da mesma maneira que Hobbes e Pascal (cujo *Pensées* ele

---

[5] *Autobiografia*. In: *Opere*, V, p. 53; *Autobiography*, p. 173.

menciona ocasionalmente como *lumi sparsi* de um protesto cristão),[6] mas nesta época a húbris tinha ganhado um corpo social e literário de tal monta que tornou possível a um intelecto disciplinado discernir o desastre. Vico foi capaz de sentir as consequências do cientificismo do movimento cartesiano e da especulação política protestante que se tornaram completamente visíveis apenas em seu próprio tempo de vida e no século seguinte, ou seja, a psicologia sensualista que surgiu na esteira de Locke, no obscurantismo espiritual de Voltaire, na ética utilitária, na filosofia progressiva da história, e no colapso da razão, seguido do romantismo, pela nova gnose, pela filosofia de existência trágica e pelo materialismo econômico. Seu gênio não teve de esperar pelo decurso do iluminismo e da revolução para ver o rescaldo da crise, e seu catolicismo inquebrantável, combinado com o sentimento italiano de resistência contra a narrativa transalpina de sucesso, deu a ele força para empreender a elaboração persistente de sua visão.[7]

Essas últimas observações devem esclarecer a questão do assim chamado anacronismo do pensamento de Vico. É bem verdade que a *Scienza Nuova* é uma tentativa de restaurar a ordem do espírito que, no mesmo nível de intelecção

---

[6] *Autobiografia*. In: *Opere*, V, p. 19; *Autobiography*, p. 130.

[7] A consciência da crise religiosa e suas consequências para uma crise social encontra expressão em numerosas passagens na obra de Vico. Uma afirmação concisa de sua visão está contida numa carta de 8 de novembro de 1724, a monsenhor Filippo Maria Monti. Ao discutir os princípios de direito público, diz Vico: "*Quindi i princípi di tal dritto si vanno a ritrovare dentro quelli della sacra storia, che anche per umana credenza è la più antica di tutte che a noi son giunte, anche la favolosa dei greci; e quivi umanamente si stabiliscono con la dottrina platonica che serve alla Provvidenza, e si difendono contro il fato degli stoici, il caso degli ipicurei, e si confermano contro Obbes, Spinoza, Bayle et ultimamente Lock, i quali tutti, conquelle stesse loro dottrine con le quali oppugnano le massimi civili cattoliche, se dimostrano andar essi a distruggere, quanto è per loro, tutta l'umana società*" (Então os princípios de tal direito [público] podem ser encontrados nos [princípios] da história sacra, que, de acordo com a crença humana, é a mais antiga de todas aquelas que chegaram até nós, incluindo a história fabulosa dos gregos, e [aqui] estão em harmonia com a doutrina de Platão, que apoia a ideia da providência; e defendem-se contra a doutrina do fado dos estoicos, e a doutrina do acaso dos epicuristas; e dão sanção contra Hobbes, Espinosa, Bayle e finalmente Locke, todos os quais, com suas doutrinas similares, se opõem aos princípios civis católicos, e, tanto quanto esteja neles fazer, se mostram capazes de destruir toda a sociedade humana). "*Carteggio*, XXVI. In: *Opere*, V, p. 168.

e de força metafísica, não encontramos no Norte antes da *Weltalter*, de Schelling, de 1812. Esta diferença de tempo de aproximadamente um século, no entanto, já não justifica o emprego do termo *anacronismo* do que o desenvolvimento político italiano peculiar justifica o emprego do termo *decadência*. Assim como uma decadência política italiana só pode ser construída sob a suposição de um povo ser obrigado a desenvolver um estado nacional num tempo certo, o aparecimento de Vico só pode ser construído como um anacronismo se supusermos que um povo e seus pensadores são obrigados a percorrer o curso inteiro do iluminismo e da revolução antes de se lhes permitir perceber que algo está errado. A diferença de tempo entre o aparecimento de Vico e o movimento geral europeu pela restauração espiritual é do mesmo tipo que as diferenças de tempo na formação das nações cismáticas e em suas revoluções. É simplesmente um sintoma do grau em que a unidade da civilização ocidental já se encontrava destruída no começo do século XVIII. As diferenças de opinião são tão profundas que o desenvolvimento intelectual nos vários corpos cismáticos pode mostrar diferenças de tempo de um século.

§ 4. Os passos da meditação

A discussão da teoria de Vico tem de começar com a famosa fórmula *verum esse ipsum factum*. Cronologicamente, a fórmula marca o começo da longa meditação, visto que ocorre no *Liber Metaphysicus* I.1.[8] Além disso, está embutido num argumento que mostra de maneira perfeita os passos típicos do procedimento meditativo de Vico. Daí tenhamos de apresentar primeiro o próprio argumento, seguindo o texto de perto, e então procederemos à interpretação dos passos meditativos sucessivos.

---

[8] *Liber Metaphysicus*, cap. I.1. In: *Opere*, I; traduzido por Leon Pompa em *Vico: Selected Writings*. Cambridge, Cambridge University Press, 1982, p. 50-52.

a. Verum Est Factum

O argumento do *Liber Metaphysicus* I.1 é o seguinte: Para os "latini", os termos *verum* e *factum* parecem ter sido intercambiáveis. Isso aparece do emprego sinonímico dos termos "compreender" (*intelligere*), "ler perfeitamente" (*perfecte legere*) e "saber claramente" (*aperte cognoscere*). O termo *cogitare*, por outro lado, era de menos dignidade, não significando mais do que simplesmente "pensar" ou "acreditar". Já que palavras são símbolos de ideias, e ideias, símbolos de coisas, segue-se que ler significa colecionar os elementos de escritura a fim de compor palavras, e compreender significa coletar os elementos de coisas a fim de compor uma ideia perfeita. Estar na posse perfeita e compreensiva de uma ideia significa estar na posse perfeita da própria coisa. A compreensão perfeita pode ser obtida apenas pela identidade de fato e ideia.

Desta intelecção seguem as distinções de conhecimento divino e humano. Deus é o *primum verum* porque ele é o *primus Factor*. Já que conhecimento (*scire*) consiste na composição de coisas, a mente do homem é capaz apenas de pensar (*cogitare*), ao passo que a compreensão ([*intelligentia*]) verdadeira é reservada a Deus. Deus lê perfeitamente as coisas, porque ele as contém e ordena. O homem, com sua mente finita, pode apenas pensar nelas, porque o homem apenas participa na razão, mas não a possui.

Esta doutrina dos "latini", entretanto, exige uma emenda a fim de ser aceitável para o pensador cristão. Os antigos filósofos da Itália podiam identificar *verum* e *factum* porque supunham que o mundo existisse incriado desde a eternidade, e porque, em consequência, seu Deus operava sempre *ad extra* num mundo existente. Isso é inaceitável na teologia cristã porque o mundo é criado *ex nihilo*. Daí o cristão tem de distinguir entre o *verum creatum* e o *verum increatum*; apenas o *verum creatum* é idêntico ao *factum*. O *verum increatum* não é *factum*, mas *genitum*. A Escritura Sagrada, portanto, chama a Sabedoria de Deus o *Verbum*. Na Palavra a verdade e a compreensão dos elementos de todos os mundos possíveis são idênticos, e nesta cognição na onipotência divina consiste esta palavra mais exata e real, que "como é conhecida desde a eternidade pelo Pai, é desde a eternidade nascida dele".

b. A origem filológica

Apresentei este argumento fundamental de Vico em toda a sua extensão porque revela o estilo constante da especulação de Vico, assim como as ideias que a balizam ao longo de todo o seu decurso. A especulação começa com uma referência ao uso sinonímico de certos termos pelos latinos. Esta abertura implica o primeiro princípio da especulação de Vico. O homem não é um indivíduo isolado que pode obter a verdade pela análise de sua mente à maneira da meditação cartesiana (como Vico a entendeu). O homem existe na história. A linguagem do mito, ou da poesia, e das instituições civis, conforme lançada pelo homem numa criação irrefletida no curso da existência histórica na comunidade, é a fonte de autoridade para a compreensão da mente do homem e de seu lugar no cosmos. O tratamento reflexivo cartesiano leva ao quadro falso do homem como um ser racional que entra na sociedade por meio de um contrato. Não podemos construir a história projetando no passado as simbolizações reflexivas de nosso tempo. Ao contrário, temos de corrigir nosso quadro falso do homem racional, recorrendo à história como o campo de expressões simbólicas em que a natureza não refletida da mente humana é acessível a nós em sua imediatidade. A especulação do filósofo não pode utilizar o instrumento da meditação reflexiva, mas deve começar dos símbolos irrefletidos dados na história e elevar-se à penetração especulativa de seu significado.

c. A conjectura no nível pagão

O segundo passo na argumentação é a penetração especulativa dos símbolos de linguagem. A identidade de significado nos termos *intelligere, perfecte legere* e *aperte cognoscere* se torna a base para uma conjectura *(hinc coniicere datur)* de que *verum* e *factum* têm de ser termos "conversíveis" para os latinos. Desta conjectura Vico obtém o princípio epistemológico que permanece constante por toda a sua obra, embora os últimos tratados desenvolvam isso para além da forma que recebeu no *Liber Metaphysicus*. A compreensão verdadeira só é possível se o conhecedor do objeto é idêntico a seu criador. Isso é possível apenas para Deus. O homem pode tocar a criação apenas de fora, através de suas *cogitationes*. No entanto, há diferenças no tocante à certeza entre as várias ciências humanas. As mais certas são as ciências que procedem analogicamente à criação divina, produzindo o seu objeto ao mesmo tempo que o compreendem. Essas são as ciências matemáticas que procedem das definições feitas pelo próprio matemático até os teoremas delas obtidos. A certeza decresce à medida que as ciências deixam este nível de abstração e mergulham na matéria. As ciências podem, portanto, ser arranjadas numa ordem de certeza das matemáticas, através da mecânica e da física, até a moral. As ciências morais são as menos certas porque os movimentos da alma estão mais profundamente enterrados na matéria. Esta é a epistemologia do *Liber Metaphysicus*; é dirigida contra a reivindicação da certeza para os resultados de sua ciência, e particularmente contra o *cogito* cartesiano como o ponto de certeza na meditação. A obra posterior de Vico retém a ordem das ciências do mundo externo, mas muda-a fundamentalmente com relação às ciências morais. Nas fases posteriores da *Nova Ciência* o reino da mente na história torna-se o campo da *certezza* verdadeira na ciência porque na história o homem é o criador assim como o cientista. Na ciência histórica o homem compreende o produto de sua criação.

d. O nível cristão

O terceiro passo vai para além da especulação com base nos materiais latinos e leva o argumento ao contexto da metafísica cristã. Este terceiro passo de novo é um elemento constante na meditação de Vico, e os princípios desenvolvidos nesta ocasião pertencem às ideias dominantes permanentes em sua filosofia da história. Lamentavelmente, é com frequência desprezado pelos intérpretes secularistas; ou, se não é desprezado, é descartado como irrelevante, ou um desvio da direção principal de seu pensamento. Este comportamento, que é inadmissível na ciência, tornou-se a fonte principal de equívocos concernentes à teoria de Vico. Por isso devemos enfatizar com cuidado particular a importância deste terceiro passo. A fórmula *verum esse ipsum factum*, que resulta da especulação sobre os materiais filológicos, é normalmente citada como a fórmula de Vico, sem outras emendas. Na verdade, já vimos que o próprio Vico não aceita a fórmula sem emenda. Ao contrário, caracteriza-a como um resultado, no nível da *ethnici philosophi* dos filósofos pagãos. O pensador cristão tem de restringir a identificação de *factum* com *verum* ao *verum creatum*; o *verum increatum* não é *factum* de maneira nenhuma, é *genitum*.

A distinção tem consequências importantes para a filosofia da história. Primeiro de tudo, estabelece uma linha clara entre uma filosofia cristã da história e uma panteísta ou gnóstica. A distinção do *verum creatum* e *increatum* preserva a tensão cristã entre a existência transcendental de Deus e o mundo criado. Deus criou o mundo por sua Sabedoria, Deus revelou-se ao mundo pelo Logos, Deus guia o mundo pela Graça e Providência – mas Deus não é a *anima mundi*, sua existência não é absorvida no mundo. Deus não é absorvido no mundo como um todo, e menos ainda em qualquer parte dele, e particularmente não na história. A razão no homem mantém a marca da *ratio aeterna* (para empregar um termo de Santo Tomás), mas não é a própria *ratio aeterna*. A preservação da tensão torna ontologicamente impossível uma construção da história como um processo em que o Logos divino chega à sua realização autorreflexiva; e torna epistemologicamente impossível uma filosofia da história gnóstica de acordo com a qual o significado da história pode ser penetrado inteiramente pela mente do homem porque na consciência reflexiva, espiritual, do pensador a identidade da mente humana com o Logos histórico é obtida. Este é o ponto decisivo de diferença entre Vico e Hegel.

Da filosofia da história de Hegel poderia ser dito, com muito mais justificação do que da de Vico, que é baseada no princípio *verum esse ipsum factum*. Pois Hegel expressou em duas famosas proposições um princípio que abole a tensão entre Deus e o mundo. Ele na verdade propôs ontologicamente que o Logos se tornou realidade (*Was vernünftig ist, das ist wirklich*); e epistemologicamente disse que a realidade contém o Logos e, daí é inteligível (*und was wirklich ist, das ist vernünftig*). Vico não concordaria com essas proposições. Para ele, o Logos não é absorvido no *factum* da criação; foi criado desde a eternidade e pode ser revelado à criação.[9] A distinção de *genitum* e *factum* permite a ele, no que diz respeito à filosofia da história, distinguir entre história profana (ou história gentílica), que é uma ciência do *verum creatum*, e história sacra, que se funda na autoridade do Logos revelado. Apenas a história que toma seu curso no *factum* de criação pode ser objeto da Nova Ciência. A história sacra, em que o Logos é revelado para além do *factum creatum*, não pode ser penetrada pelos poderes da mente humana. Da posição de Vico, todas as filosofias da história que fundem a história sacra e a profana numa linha intramundana de significado histórico serão igualmente repreensíveis, seja uma filosofia progressista que exaure o significado da história pelo progresso da razão, uma gnose protestante do tipo de Hegel ou Schelling, a forma tardia desta gnose em Dilthey, ou um materialismo dialético de tipo marxista.

Além disso, este estrato na especulação de Vico torna sem sentido todas as tentativas de forçá-lo ao papel de autoridade de uma filosofia ativista de existência de tipo fascista – como foi feito. A tentativa ativista de criar um *verum* através do *factum* da ação política não pode reivindicar a autoridade de Vico nem no nível "pagão" da identificação do *verum* e do *factum*, porque o processo da história é irrefletido e para além de um planejamento consciente. A ação política do ativista cria certamente um *factum* histórico, mas o *verum* que ele contém não é a intenção do ator. É um *verum* para

---

[9] *Liber Metaphysicus* I.2.133; *Vico: Selected Writings*, p. 52-53.

além de sua antevisão, e muito possivelmente diferirá profundamente de suas expectativas. A razão reflexiva em ação não produz razão na história. Ao contrário, de acordo com as observações de Vico, ela produz barbarismo. Ainda menos, é claro, é a atitude ativista compatível com os requisitos cristãos de Vico: ter o *verbum genitum* do líder revelado à criação e, ao mesmo tempo, tê-lo impresso como um *verum creatum* no *factum* da história é uma *imitatio Dei* fascinante, assim como um exercício intricado de teologia. Mas certamente não tem nada que ver com Vico.

e. Neoplatonismo

Não terá escapado ao leitor que o ponto obscuro neste método meditativo está na transição dos materiais filológicos para a conjectura especulativa. Certas questões impõem-se: Os materiais realmente se prestam à conjectura? E, se sim, não são igualmente possíveis outras interpretações especulativas? E são os materiais os únicos determinantes que levam aos resultados especulativos? Onde está a segunda premissa que permite a Vico tirar conclusões de seus materiais que ele na verdade tira? Em suma: não temos de procurar uma fonte do pensamento de Vico para além dos materiais de filologia e para além da metafísica cristã?

Tais questões são inteiramente justificadas. Não há dúvida da obscuridade de Vico, e temos de enfatizar de novo que não é peculiar ao argumento sob discussão. Ao contrário, esta obscuridade é um dos problemas constantes no pensamento de Vico. Ao longo de sua obra, os resultados a que ele chegou apontam para um motivo de pensamento para além da filologia e da cristandade. E há, é claro, tal fonte: é a tradição especulativa em que se move o pensador. Permanece obscuro porque Vico é reticente sobre isso. Mencionamos antes que ele não coloca suas ideias num universo de discurso e que, como consequência, suas ideias parecem surgir de nenhures. A causa desta reticência é a natureza da tradição especulativa que Vico continuou. Estamo-nos referindo à tradição dos neoplatônicos italianos, e teria sido pouco prudente da parte dele enfatizar esta ancestralidade herética. Sobre esta questão, entretanto, estamos agora suficientemente informados por Croce em seu *Le Fonti della Gnoseologia Vichiana* e por Gentile em seu *Studi Vichiani*. A tradição neoplatônica simplesmente tem de ser inserida como mais um determinante no processo especulativo. Apenas por meio do contato com esta tradição é que os materiais filológicos implicam o resultado da *Nova Ciência*. Esta tradição é a premissa faltante que sempre tem de ser pressuposta no argumento que leva às conclusões de Vico.

§ 5. O continuum *das ideias ocidentais*

Para além de sua função sistemática no pensamento de Vico, esta parte da *Scienza Nuova* é, em dois aspectos, relevante para os propósitos deste estudo. Primeiro, permite-nos colocar o pensador mais claramente na tradição de Marsilio Ficino, de Cardano e Giordano Bruno, assim como do espanhol Sánchez. Em consequência, a *Nova Ciência* perde muito da aparência que induz à visão da obra de Vico como um "anacronismo". Sem este pano de fundo, visto apenas na perspectiva do futuro, Vico é a figura isolada, o gênio solitário que antecipa em um século a revolta contra o iluminismo e a razão. Colocada na tradição neoplatônica, sua obra está mais intimamente ligada à história intelectual italiana. Tem ainda o caráter de uma revolta, mas a revolta tem o impulso de um passado; ela reafirma uma posição mais antiga, que precede o cientificismo e a especulação protestante sobre o direito natural, e representa a tentativa de empregar instrumentos intelectuais que tinham sido desenvolvidos antes da irrupção do cartesianismo para lidar com os novos problemas.

Segundo, é importante a conexão com a tradição italiana porque lança nova luz sobre a estrutura geral da história ocidental das ideias. Falando de modo geral, estamos ainda acostumados a compreender estas estruturas de acordo com as categorias desenvolvidas nos séculos XVII e XVIII. A era de Descartes e Newton surge como a grande época: o que está antes dela é uma pré-história intelectual, e o que vem depois é a época realmente moderna da ciência matematizada e do método crítico. Se este padrão for aceito, os portadores do grande contramovimento ao Iluminismo têm de aparecer como pensadores que não foram capazes de livrar-se dos grilhões de um passado que tinha desaparecido. Têm de aparecer como reacionários, como pessimistas, como homens que lutam contra a corrente de progresso, mas que seriam varridos da história. Se forem de estatura suficiente, ou serão desconsiderados, como o foi Schelling, ou desenfreadamente mal compreendidos, como Nietzsche. Esta interpretação é inadmissível numa história crítica das ideias porque dá à época da ciência matematizada e da razão uma autoridade específica e interpreta outros períodos e movimentos orientando-os em direção ao período autorizado.

Interpretações amplamente diversas serão necessárias se prestarmos a devida atenção ao próprio *continuum* de ideias e não aceitarmos como obrigatória para o historiador a autointerpretação de um período particular. Schelling, por exemplo, era de opinião que o período de Descartes a Hegel era uma enorme aberração da mente humana e que apenas em sua própria época, depois de a aberração ter percorrido seu curso, é que era possível retomar de novo a consideração dos problemas do espírito aproximadamente no mesmo ponto onde tinha sido deixada por Giordano Bruno. Esta interpretação de Schelling, embora não seja uma resposta exaustiva ao problema apresentado pela época clássica da filosofia moderna, tem ao menos o mérito de apontar para um *continuum* de ideias ocidentais que compreende em sua gama mais vasta a época da física e da razão como uma irrupção efêmera. No presente contexto não podemos descer a minúcias desta questão; para uma exposição completa do problema o leitor deve dirigir-se ao capítulo anterior sobre "O Homem na História e na Natureza" e à "Parte Oitava: Última Orientação",[10] subsequente. Não obstante, temos de ser claros em princípio acerca deste problema estrutural da história ocidental. Na Europa transalpina temos de observar uma continuidade de ideias em que a situação intelectual de 1800 é ligada, depois de uma interrupção de dois séculos, com a situação de 1600. Schelling retomou a especulação de Bruno sobre a substância do universo através desta vasta brecha e desenvolveu, nesta base restaurada, sua filosofia da história e da política. Sob as condições italianas peculiares, por outro lado, a brecha não é tão vasta. Aqui, a filosofia neoplatônica era parte da tradição nacional, ao passo que o cartesianismo e a especulação política protestante carregavam o estigma de desenvolvimentos intelectuais "estrangeiros". Daí na cena europeia em geral a obra de Vico pôde tornar-se a marca equidistante numa linha que liga Bruno e Schelling.

§ 6. O modelo da natureza

A questão da tradição neoplatônica se torna aguda por ocasião da especulação de Vico sobre a substância do *creatum*. Seu argumento é dirigido contra as reivindicações dos cartesianos no que diz respeito ao valor da nova ciência da física como uma nova filosofia da natureza. É, em princípio, o argumento de Bruno contra a ciência dos "acidentes dos acidentes", com sua insistência na necessidade de uma nova filosofia da substância que tem de substituir as especulações de tipo alquimista. No *Liber Metaphysicus* este argumento culmina na teoria do ponto metafísico e do *conatus* como origens

---

[10] Ver *History of Political Ideas*, vol. V, *Religion and the Rise of Modernity*. Ed. James Wiser. Columbia, University of Missouri Press, 1998, cap. 5 (*The Collected Works of Eric Voegelin*, vol. 23) e *History of Political Ideas*, vol. VII, *The New Order and Last Orientation*. Eds. Jürgen Gebhardt e Thomas A. Hollweck. Columbia, University of Missouri Press, 1999. (*The Collected Works of Eric Voegelin*, vol. 25). [Em português: *História das Ideias Políticas*, vol. V, *Religião e a Ascensão da Modernidade*. Trad. Elpídio Mário Dantas Fonseca. São Paulo, É Realizações, 2016.]

substanciais da extensão fenomênica e do movimento; nas últimas fases da obra de Vico, a posição é estendida à filosofia da mente na história.[11]

a. O ponto metafísico e o conatus

De novo o argumento começa com referências filológicas ao significado idêntico dos termos *essentia, vis* e *potestas*, e de novo segue até uma conjectura: que os filósofos antigos da Itália consideravam a essência de todas as coisas *virtutes* eternas e infinitas. Então a conjectura alarga-se em corolários. Por causa da eternidade e da infinitude das *virtutes*, as pessoas as chamaram "deuses imortais". Os sábios, entretanto, atribuíram-nas à mais alta divindade.[12] Tendo passado da fase politeísta para a metafísica, Vico supõe que os antigos filósofos consideravam a metafísica a verdadeira ciência porque lida com as *virtutes* eternas dos fenômenos. Essas *virtutes* são o *conatus*[13] como a *virtus* de movimento, e o ponto metafísico como a *virtus* eterna de extensão. "Como corpo e movimento são a matéria característica da física, então *conatus* e *virtus extensionis* são a matéria característica da metafísica." Para além do movimento e da extensão fenomênicos estão suas *virtutes* divinas. Mas em Deus o movimento não é movimento, e a extensão não é extensão. A *virtus* do movimento está parada em Deus, o autor do *conatus*, e o ponto metafísico, a *prima materia*, é a mente mais pura, mas não extensiva, em Deus, o criador da matéria.

---

[11] *Liber Metaphysicus* IV.152-59. Para uma discussão exaustiva dos problemas da substância e dos fenômenos na especulação moderna, ver o capítulo sobre "Fenomenalismo" no vol. VII, *The New Order and Last Orientation*, parte oitava.

[12] *Liber Metaphysicus* IV.1. O leitor notará neste passo a teoria implícita de níveis de consciência que são distinguidos pelo grau de racionalidade. Na filosofia desenvolvida da história, esta teoria assume uma forma que em substância é a mesma da lei de Turgot e de Comte das três fases.

[13] *Conatus* significa literalmente empenho ou esforço. É empregado tecnicamente por Hobbes e Espinosa assim como por Vico. No emprego de Vico, simboliza tanto a participação pelos humanos na ordem divina quanto a assistência divina de que os humanos precisam para se elevarem do *status* de *stulti*, tolos, para *sapiens*. Ver a discussão em Gino Bedani, *Vico Revisited: Orthodoxy, Naturalism and Science in the "Scienza Nuova"*. Oxford Berg, 1989, p. 267-74. Ver também *Scienza Nuova*, n. 340, 504, 1098.

É óbvio o caráter neoplatônico desta especulação. Torna-se evidente para além de qualquer dúvida por uma passagem na *Autobiografia* onde Vico coloca em oposição uns aos outros os tratamentos aristotélico e platônico do problema. A especulação de Aristóteles leva a um princípio material do qual as formas particulares são desenhadas, e isto "faz de Deus um oleiro que trabalha nas coisas fora de si mesmo". A especulação platônica leva a um princípio metafísico, à "ideia eterna que produz e cria a própria matéria, como um espírito seminal que em si forma o óvulo".[14] A assim chamada especulação platônica dificilmente é platônica. É uma mistura de elementos neoplatônicos e estoicos, e encontra sua ascendência no Renascimento. Não precisamos descer aos pormenores destas fontes. Os estudos previamente mencionados de Croce e Gentile trazem amplas referências a *Theologia platonica* e *In parmenidem*, de Ficino, a *De acarnis aeternitatis*, de Cardano, a *Quod nihit acitur*, de Sánchez, e a *De la causa*, de Bruno. O ponto importante é que a revolta contra o cientificismo começa com a renovação da filosofia pré-cartesiana da natureza. Ao quebrar a rede de fenômenos da ciência matematizada, Vico recria o modelo de um processo substantivo. Por trás do véu dos fenômenos encontra-se a realidade da natureza, por trás da extensão e do movimento encontram-se o princípio inextensivo da extensão e o princípio não movido do movimento. Esses princípios, as *virtutes*, estão em Deus, o *Factor* da natureza, a existência eterna e infinita em quem o conhecimento e o poder da criação são um. É a natureza que serve de modelo para o processo substantivo, que ainda não é a mente humana na história, mas obviamente o modelo pode ser transferido, e é isto que faz Vico nas últimas fases de sua meditação.

b. *A função sistemática do modelo*

Entretanto, com a transferência, não se tornou irrelevante o modelo da natureza; não se pode concentrar numa interpretação de Vico na forma final da *Scienza Nuova* e esperar compreender

---

[14] *Autobiografia*. In: *Opere*, V, p. 11 ss; *Autobiography*, p. 121.

o problema peculiar da Nova Ciência, ao passo que lhe negligencia as origens. O equilíbrio do pensamento de Vico seria destruído e os elementos componentes ruiriam em doutrinas conflitantes. Esta é a dificuldade previamente discutida que surge da simultaneidade sistemática das fases sucessivas. Na verdade, o pensamento de Vico desmoronou nas interpretações igualmente inadmissíveis da *Scienza Nuova* como uma metafísica do espírito e como uma teoria cíclica da história. Tais interpretações errôneas são inevitáveis se a função sistemática do modelo neoplatônico da natureza não receber a atenção devida. Tomado em si mesmo, o neoplatonismo da filosofia da natureza está tão intimamente relacionado com a *anima mundi* de Bruno que se torna completamente incompatível com o cristianismo ortodoxo do pensamento de Vico. E de novo, se transferirmos o neoplatonismo diretamente para a história, chegaremos a uma construção intramundana da história como uma repetição perpétua de ciclos. O elemento de cristianismo ortodoxo, no entanto, está presente, e de sua presença segue-se, para uma interpretação crítica, que o elemento neoplatônico não deve ser completamente levado às suas consequências finais. Esta incompatibilidade dos elementos neoplatônicos e cristãos (dos quais, como vimos, Vico está muito a par) tem de ser interpretada geneticamente de tal maneira que a intenção sistemática surja claramente para além dos conflitos que resultam da gênese do sistema. Acerca desta intenção sistemática não pode haver dúvida: uma série de fatos entraram na cena histórica e precipitaram uma crise no sentido de que os instrumentos intelectuais tradicionais se tornaram inadequados para lidar com a nova situação. Esses novos fatos eram: (1) o avanço da ciência matematizada; (2) a evocação de uma nova ideia de homem no século XVII, particularmente em especulações políticas protestantes; e (3) o alargamento do horizonte histórico. A Nova Ciência é uma análise da crise assim como uma tentativa sistemática de sua solução. A crise de Vico é uma fase inicial da mesma crise cujas fases posteriores testemunhamos no nosso tempo, e a tentativa de Vico para uma solução é do mais intenso interesse para nós, porque é uma tentativa em que ainda hoje estamos ocupados.

c. O ataque ao fenomenalismo

Se interpretarmos a meditação de Vico como uma tentativa de lidar com a crise, torna-se imediatamente clara a função sistemática do modelo da natureza. Na ciência da política, a crise tomara a forma de uma transferência do ideal da ciência matematizada para os problemas do homem na sociedade. Era impossível uma ciência da política à medida que uma ciência da substância procurava o ideal de uma ciência dos fenômenos. O estabelecimento de uma ciência da política pressupunha (e ainda pressupõe) sob essas circunstâncias um ataque crítico ao ideal de uma ciência dos fenômenos; apenas quando o ideal metódico da física é criticamente destruído é que começa a ciência da política. Este propósito Vico o atinge pela criação de seu modelo neoplatônico de natureza. Que se tenha tornado neoplatônico é determinado pela posição histórica de Vico. Hoje empregaríamos um tratamento diferente, mas, por mais que construamos o modelo na especulação, o problema de uma ciência dos fenômenos tem de ser removido antes de atacarmos o problema de uma ciência da política. Este propósito sistemático na solução da crise é, pois, o ponto que tem de ser enfatizado, não a forma neoplatônica mais ou menos acidental que a tentativa assumiu em sua execução.

d. O ataque ao cogito

Da mesma maneira, o ataque, intimamente relacionado, ao *cogito ergo sum* cartesiano tem de ser entendido funcionalmente. Há um pouco mais nas *Meditações* de Descartes do que poderia parecer na crítica de Vico; mas, de novo, o que interessa é o ponto do ataque: que o *cogito* não é um ponto de certeza, em que a substância do homem seria dada em sua imediatidade, porque o *cogito* pertence ao reino dos fenômenos. O *cogitare* é um "pensar sobre" reflexivo. Não é uma evocação criativa irrefletida de símbolos que expressam um estrato mais profundo da substância humana. Na meditação reflexiva de Descartes, Vico vê um sintoma do "barbarismo de reflexão", que é a assinatura da crise. Sua procura de uma contraposição no mundo criativo do mito, da poesia e das instituições é, em substância, o tratamento de Schelling do problema, ou seja, a procura de uma filosofia do inconsciente. Em sua execução, esta intenção sistemática de Vico de novo mostra certas imperfeições que são uma consequência de sua posição histórica, mas a intenção em si é clara na transferência do modelo da natureza para a mente na história. O processo da mente, assim como o processo da natureza, tem uma estrutura profunda que alcança, da superfície do *creatum*, a profundeza das *virtutes*. A transferência do modelo neoplatônico é o remédio de Vico contra a transferência ilegítima do ideal da física para a ciência da política. As *virtutes* da natureza se tornam nesta transferência as *aeterni veri semina* que operam (*conantur*) contra a corrupção do *amor sui*; e por causa de sua força (*vis*), são chamadas *virtus*.[15] Mesmo na terminologia *semina*, *conatus* e *virtus*, o modelo é seguido na descrição daquele estrato na substância humana que dá direção ao curso da mente na história.

e. A transferência do modelo para a história

O terceiro fato na precipitação da crise é o alargamento do horizonte histórico. Já discutimos este problema amplamente no capítulo sobre apostasia, e vimos como Voltaire tentou resolvê-lo pela evocação da história secular, em que a história profana é dotada de um significado de história sacra. A história secular neste sentido implica a fusão da natureza e da graça na ideia de uma história intramundana em que a ascensão e queda do império é ao mesmo tempo um processo de salvação. Vico lida com este problema pela transferência do modelo da natureza para o processo da história. A unidade histórica a que ele transfere o modelo não é a humanidade como um todo; é um "povo". Cada unidade deste tipo segue o seu percurso na história de acordo com a "natureza" de uma comunidade humana. Tais percursos podem correr paralelos, ou podem seguir-se um ao outro no tempo. Por essa transferência do modelo à comunidade finita de um povo, Vico

---

[15] *De Uno Universi Juris Principio*, 34 e 36. In: *Opere*, II-1, p. 49-50.

resolve a dificuldade que causa o colapso das construções intramundanas, sejam elas voltairianas, ou comtianas, ou marxistas. Não é compelido a encontrar o significado da história na ascensão e queda empírica das nações, mas ainda assim obteve o instrumento interpretação de um campo pluralista de fenômenos históricos. Permanece sacro o significado derradeiro da história humana, mas ao mesmo tempo a história profana deixa de ser um liame dúbio de acontecimentos sem sentido. A China e a Rússia podem ter suas trajetórias de história cheias de sentido e inteligíveis, assim como Roma ou a França, porque a "natureza" da comunidade se tornou a fonte de seu significado na história. Daí a função da transferência ser a articulação do campo alargado da história pela construção de linhas finitas de significado, e ser à luz desta função que temos de interpretar o modelo neoplatônico da natureza. *Não* é de maneira nenhuma o propósito do modelo substituir o significado sacro cristão por um novo significado intramundano da história. Com uma consciência clara de seu método, Vico tenta estabelecer uma *storia ideale*, ou seja, um trajeto de história *típico* que possa ser observado *empiricamente* como o trajeto seguido pelas nações em sua história. Se há um significado universal que transcende os trajetos finitos, simultâneos e sucessivos é uma questão para além da ciência empírica. Até onde o elemento neoplatônico implicaria um logos intelectualmente penetrável na história, comparável à *Vernunft* de Hegel, isso novamente deve ser considerado acidental, e não pode ser interpretado como a intenção sistemática da posição filosófica de Vico.

§ 7. O mondo civile

a. A ciência da história

O neoplatonismo do modelo da natureza está em conflito com a metafísica cristã de Vico. Daí a transferência do modelo para o reino, como história, não ser um caso simples.

A história não deve ser entendida como um processo com um significado imanente autossuficiente. Os *corsi* dos povos acontecem num mundo criado e estes *corsi* finitos são, portanto, relacionados ao *factum* abrangente da criação. O homem na história é criado, e é criado à imagem de Deus. Desta doutrina fundamental seguem-se dois princípios para a ciência da história. O primeiro é o princípio ontológico: que o processo da mente humana na história é parte do processo da criação divina. O segundo é o princípio epistemológico: que a operação da mente humana na história pode ser compreendida como um análogo da operação de Deus em sua criação. Uma ciência completa do processo histórico tem de consistir, portanto, em três partes: (1) uma primeira parte que lida com as *Origens* (que todas as coisas procedem de Deus); (2) uma segunda parte, que lida com o *Círculo* (que todas as coisas retornam a Deus); (3) uma última parte, que lida com a *Constância* (que todas as coisas permanecem na verdade de Deus). Este análogo da criação é empregado, na verdade, por Vico para a organização da matéria em seu *Diritto Universale*. O plano, entretanto, é obscurecido de algum modo na execução porque a estrutura externa da obra não corresponde exatamente à organização interna. Externamente, a obra é organizada em *De uno universi juris principio et fine uno*, e em mais dois estudos reduzidos, unidos no *De Constantia Jurisprudentis*. Internamente, as *Origens* preenchem as primeiras duas páginas do *De Uno*, e a parte do *Círculo* preenche o resto do livro, começando na terceira página. A parte sobre a *Constância*, finalmente, está contida no *De Constantia*.[16]

No *Proloquium*, Vico narra como a ideia da transferência ocorreu a ele ao ler uma citação de Varro na *Civitas Dei* de Santo Agostinho: se ele (Varro) tivesse o poder de dar ao povo romano uma religião, ele escolheria um Deus de acordo com a *formula naturae*, ou seja, um Deus infinito incorpóreo, não

---

[16] A divisão da ciência da história nas três partes é estabelecida em *De uno universi juris*, "De Opera Proloquium", sec. 28. In: *Opere*, II-1, p. 34-35. Todas as referências ao *Diritto Universale* são desta edição. O *De Uno* forma o vol. II-1 desta edição e o *De Constantia* forma o vol. II-2.

ídolos finitos inumeráveis. Ao ler esta passagem, ocorreu a Vico num estalo que a fórmula da natureza é válida não apenas para a teologia, mas também que as instituições legais na história podem ser concebidas como uma *formula*, ou *idea veri*, o que é transparente para a verdade de Deus (*quae verum nobis exhibit Deum*).[17] É transparente para a verdade de Deus no sentido duplo indicado previamente: como um análogo finito a Deus em sua criação, e como uma parte desta criação mesma. Da primeira transparência segue-se o grande princípio da *Scienza Nuova*: "Na noite densa de sombras, pelas quais no começo se esconde de nossos olhos a mais remota antiguidade, aparece a luz eterna, que nunca nos reprova, dessa verdade para além da dúvida: que este mundo da história é muito provavelmente feito pelo homem, e daí podemos encontrar, devemos encontrar, seus princípios nas modificações de nossa própria mente humana".[18] O homem é o criador do *mondo civile* como Deus é o criador do *mondo naturale*, mas esta criação humana é conhecida por nós de "dentro", ao passo que a natureza pode ser conhecida apenas por seus fenômenos. "Portanto, não podemos admirar-nos o bastante de que todos os filósofos se tenham esforçado seriamente para procurar obter a ciência deste *mondo naturale*, da qual apenas Deus, já que ele a fez, é que tem a ciência; e que tenham negligenciado meditar neste *mondo delle nazioni*, ou *mondo civile*, cuja ciência os homens podem perseguir, já que o fizeram."[19]

b. A antropologia de Vico

O *mondo civile*, então, é uma criação inteligível, produzida pelo homem e acessível à ciência. Este princípio, entretanto, não deve ser tomado isoladamente, como fizeram tão frequentemente os intérpretes de Vico. O princípio é de interesse absorvente para Vico porque o análogo humano da criação

---

[17] "Proloquium", sec. 24. In: *Opere*, II-1, p. 33.
[18] "Terceira" *Scienza Nuova*. In: *Opere*, IV-1, p. 117. Citado doravante como *Scienza Nuova* pelo número do parágrafo.
[19] *Scienza Nuova*, n. 331.

divina é, ao mesmo tempo, parte da criação divina. Ou seja, nos princípios da criação humana, os próprios princípios de criação divina se tornam visíveis. Esta relação ôntica entre as duas criações é a matéria do *Diritto universale*. Vico abre a discussão sistemática com a caracterização agostiniana de Deus como o *Posse, Nosse, Velle infinitum*[20] (§ 2). A fonte parece ser a *Civitas Dei* XI, 24-28. Em particular, o fraseio do número 26 sugere a fórmula viquiana; a fórmula em si, entretanto, não se encontra em Agostinho. O leitor deve comparar o texto agostiniano com a definição viquiana. A comparação é muito iluminadora como indicação do tratamento imaginativo que Vico dá a suas fontes. O homem tem as mesmas características, mas ele consiste em mente e corpo. Já que a mente é espiritual e não pode ser circunscrita por limites corpóreos e já que o corpo é uma limitação corpórea, o homem é *nosse, velle, posse finitum quod tendit ad Infinitum*[21] (§ 10). O ser infinito, entretanto, é Deus. O homem, portanto, tende a retornar a Deus, assim como dele procedeu (§ 11). Isto, entretanto, é absolutamente verdadeiro apenas para a natureza integral do homem antes da Queda. Se o homem tivesse permanecido neste estado pré-lapsário, a vida humana teria consistido na *humana beatitudo* (§ 20) de seguir, na *heroica sapientia* (§ 19), sua tendência para a união com a verdade eterna de Deus (§ 16). A natureza humana, entretanto, foi corrompida pela Queda, com a consequência de que o *velle* humano está em oposição com o *nosse* humano (§ 21); esta vontade em revolta é chamada *cupidez* (§ 22), e a cupidez alimenta o *amor sui* (§ 23). As satisfações da cupidez estão no campo do útil corporalmente (§ 24). Daí o homem no estado de queda ser dominado por interesses utilitários (§ 31).

Se a antropologia de Vico tivesse de parar neste ponto, teríamos alcançado o problema do homem desorientado, como apresentado em si mesmo a Pascal e Hobbes. O homem dominado por seu *amor sui* é o objeto da nova psicologia do século

---

[20] Poder, conhecer, querer o infinito. (N. T.)

[21] Saber, querer, poder o finito que tende ao Infinito. (N. T.)

XVII, e neste modelo de homem desorientado é construída a teoria política que deixa a estrutura da sociedade surgir dos interesses utilitários do indivíduo singular. Mas Vico não para no nível utilitário. Ele liga o processo humano ao processo da criação divina pela presença permanente da Providência na história (§§ 6 e 8). O "princípio de toda a humanidade" é que o homem não pode nunca perder completamente de vista a Deus. Se a luz de Deus não for refletida nas coisas que dele procedem, ao menos ainda é discernível alguma refração de seus raios. Mesmo quando o homem se ilude, ele ainda o faz sob a imagem da verdade (§ 33). As sementes da verdade eterna não estão totalmente mortas no homem corrupto, e pela Graça de Deus podem operar (*conantur*) contra a corrupção da natureza (§ 34). A razão no homem é a fagulha de verdade (§ 35), e, à medida que é uma força, é chamada de virtude (§ 36). Esta força, a *vis veri*, ou *ratio*, é chamada virtude quando luta contra a cupidez na alma individual. É chamada justiça quando dirige e equilibra os interesses utilitários de uma multiplicidade de homens. A justiça neste sentido é o *unum universi juris principium, unusque finis*[22] (§ 43). Este princípio de uma *aequum utile*, medido por uma razão que participa na verdade eterna (§ 44), pode tornar-se o princípio ordenador entre os homens porque o homem é capaz de comunicação. O homem é por natureza feito para comunicar com outros homens seus interesses utilitários (§ 45). Essas utilidades do corpo não são em si mesmas nem boas nem más. Apenas sua desigualdade social é desonesta (*turpis*), ao passo que sua igualdade constitui a *honestas*. Este princípio de honestidade de equilíbrio é eterno em sua origem e não pode ser derivado das utilidades superficiais do corpo. Daí não poder a justiça derivar do interesse, ou ser por ele causada. O interesse utilitário é a *ocasião* da justiça, não sua *causa*, "um ponto que Grotius não viu". A utilidade nunca foi o princípio do direito ou da sociedade humana, nem o foi a necessidade, ou o medo, ou a vontade, como acreditavam Epicuro, Maquiavel, Hobbes, Espinosa e Bayle. A utilidade foi a ocasião em que os homens,

---

[22] O princípio do universo do direito, e o fim único. (N. T.)

que por sua natureza são sociais, foram induzidos a atualizar sua natureza social. *Usus* e *necessitas* foram as ocasiões pelas quais a Divina Providência, ao empregar a pressão das circunstâncias (*rebus ipsis dictantibus*), levou o homem corrupto à percepção da justiça e ao cultivo da sociedade (§ 46).

c. A autonomia do espírito

Não temos de apresentar um comentário desenvolvido para esta parte da teoria de Vico. É óbvia a importância da nova posição se listarmos apenas as principais implicações desses parágrafos. A psicologia do homem desorientado é rejeitada como base para a ciência política: mesmo se o homem for desorientado, e mesmo se empiricamente vivermos num estado de sociedade onde são predominantes as características do *amor sui*, isto não é motivo para perder nossa cabeça e adotar uma nova antropologia filosófica que erige uma doença espiritual numa norma humana. O espírito retém sua autonomia em face da defecção empírica, e retém esta autonomia porque o homem, na linguagem viquiana da Revelação, é a imagem de Deus, por mais que possa estar em revolta, ou, na linguagem da metafísica, porque, pela sua *ratio*, o homem é ligado à realidade transcendental infinita. Nesta posição, Vico não vai muito além de uma metafísica cristã do tipo tomista. Ele desenvolve, entretanto, um corolário, que é da mais alta importância para o método da história, quando insiste que o homem, mesmo quando se engana, tem de fazê-lo à imagem de alguma verdade. Deste corolário, que é inspirado por Santo Agostinho, segue o princípio de interpretação para a história das ideias: a estrutura do espírito não pode ser abolida por uma revolta contra o espírito. A própria revolta tem de assumir a estrutura do espírito. No capítulo sobre apostasia, por exemplo, vimos que o obscurantismo espiritual de Voltaire não pode produzir uma filosofia não espiritual da história. Quando o problema de uma história sacra é rejeitado em sua forma cristã, a alternativa resultante não é uma ciência empírica da história universal, mas uma nova história sacra de tipo progressista. A revolta não pode levar a um "iluminismo". Só pode levar a uma metafísica diletante com as mesmas formas estruturais contra as quais a revolta é dirigida. Este princípio da identidade da estrutura espiritual em todas as modificações do espírito, exatamente na revolta contra ele, é a base de uma *história* das ideias entendida como uma linha inteligível de significação no tempo. Sem este princípio, as várias manifestações da mente seriam acontecimentos desconexos no tempo externo.

Vico, além disso, lida com sucesso com os problemas da base somática do espírito na história. Os interesses utilitários, as necessidades, são reconhecidos devidamente como o poder motriz da história. Mas este poder motriz não é transformado na causa da estrutura da história. O cálculo utilitário de prazeres e dores é rejeitado antes mesmo de ser concebido por Helvétius e Bentham, da mesma maneira que se dá cabo do materialismo econômico futuro por meio da distinção entre *causa* e *ocasião*. As necessidades não são mais do que ocasiões para a realização da ordem espiritual. Não são as suas determinantes. A "superestrutura" no sentido marxista tomará um caminho próprio, mesmo se este caminho, em sua realização, for ocasionado pelos interesses materiais. Se interpretamos esta relação entre interesses materiais e espirituais como a operação da Divina Providência, como faz Vico, ou empregamos a fórmula de Hegel da *List der Vernunft*,[23] isto dependerá de nossa posição geral metafísica. Qualquer que seja a maneira como a interpretamos, uma ordem reconhecível do espírito, que inexplicavelmente sobe acima do jogo das ocasiões materiais, é um fato básico da história. Em suma, Vico

---

[23] Ou "astúcia da razão", expressão cunhada por Hegel no contexto de sua *Introdução à Filosofia da História*, fazendo referência à atuação misteriosa do espírito (*Geist*) ou da razão (*Vernunft*) ao longo da história, alcançando resultados por meio de processos múltiplos que unem as contingências e as paixões humanas (principalmente as dos grandes homens, de significância histórico-mundial), na busca pelo *Geist* de sua própria autorrealização, a saber, a concretização da liberdade. Voegelin, como já expressou em algumas passagens deste volume, desconfia do que interpreta como o caráter gnóstico do tratamento hegeliano da razão e do sentido da história. (N. R. T.)

restabelece o princípio da ciência histórica muito antes de sua separação pelo utilitarismo e pelo materialismo econômico ter sequer seguido seu curso.

d. O recursus

Com base nesta antropologia, Vico desenvolve no *Diritto universale* a teoria do *recursus*. Este *recursus* não é idêntico ao *ricorso* da *Scienza Nuova* posterior. O *recursus* é o curso da história, movendo-se no Círculo que procede de Deus e retorna a Deus; o *ricorso* é o curso histórico das nações depois da migração que segue no tempo o curso das nações da antiguidade. Embora na superfície ambos os conceitos não tenham nada que ver um com o outro, existe, no entanto, uma relação sutil entre eles que discutiremos em breve.

O *recursus* do *Diritto universale*, ou seja, o curso cíclico da história romana, mostra em princípio a sequência de fases que encontramos na *Scienza Nuova* erigidos na *storia eterna ideale*. O curso da própria história é precedido da existência solitária do homem decaído (§ 98), o *stato ferino* da *Scienza Nuova*. Deste estado selvagem e hipotético emergem os núcleos sociais, as *gentes*, pela agregação de certos elementos materiais e espirituais.

O núcleo material é a família como uma unidade sexual e econômica, consistente no paterfamilias, sua esposa e seus filhos (§§ 100-03). Estes centros familiares crescem ainda mais pela integração de uma clientela na sua unidade, ou seja, pessoas que não são suficientemente fortes para manter um *status* independente, mas que gozam, em retribuição a seus serviços, da proteção da *gens* (§ 104). Tais *nuclei* pressupõem, para sua existência, um princípio de ordem que fixa e santifica as relações sociais entre marido e esposa, pais e filhos, a ordem da hereditariedade, etc. Este princípio de ordem é provido pelo despertar da reverência religiosa e pela criação dos *falsi Dei* dos pagãos, que são os símbolos da santidade das relações sociais. Então as instituições legais são ao mesmo tempo instituições religiosas. Esta é a origem material e espiritual da unidade social primitiva, da *gens* (§ 104). Toda a história subsequente é o curso dos acontecimentos que fluem da estrutura da *gens*. Para Vico, a história é, por conseguinte, o curso da história *gentílica*.

As fases da história política verdadeiramente começam com a formação da república gentílica pela qual os cabeças das *gentes* encontram a ameaça de uma clientela em revolta. A república é organizada como a *ordo* das *gentes*, com um *rex* que é eleito em reconhecimento de seu carisma pessoal. Os povos não gentílicos são a *plebs*. Na luta entre patrícios e plebeus (a *contese eroiche* da *Scienza Nuova*), estes finalmente conseguem *status* legal e religioso, e a república aristocrática passa para o estado da república democrática. Com a inabilidade crescente dos plebeus para preservar a ordem da república, o poder passa para um indivíduo único, o *princeps*, primeiro de tipo real, depois de tipo tirânico. O ciclo é completado, do *rex* dos patrícios até o monarca do período da desintegração social (§§ 104, 152, 153). Além disso, no período de desintegração testemunhamos a ascensão da Cristandade. Os deuses das *gentes* e os deuses da república democrática dão lugar a uma ideia monoteísta de Deus, e da mesma forma à ideia de uma república da humanidade, pelas influências da sabedoria estoica, pela dispersão dos judeus e a propagação de seu monoteísmo, e, finalmente, pelo crescimento da própria Cristandade e sua adoção como a religião do império. Então o círculo divino se fecha com o círculo político: a história gentílica começou com o lampejo de intelecção religiosa que criou os deuses das *gentes* e termina com a Cristandade.

§ 8. Recursus e ricorso

Obviamente, esta teoria do ciclo é inconclusiva como uma filosofia da história. O que acontece depois de a história gentílica ter retornado a Deus na Cristandade? Repetir-se-á o mesmo ciclo com as novas comunidades? Trará uma nova religião, comparável em sua função à Cristandade, de novo um retorno a Deus? Será repetida esta sequência sem fim? Este é o ponto onde a teoria do *recursus* é ligada à teoria do *ricorso*. A fim de compreender este ponto crucial na filosofia da história de Vico, passemos pelas sucessivas formulações que ele dedicou ao problema.

a. *O problema no* Diritto universale

No *Diritto universale* encontramos (§ 219) uma comparação interessante do curso da humanidade na história com as fases da vida humana. *Pueri* são dominados pelo seu desejo e agem com violência; *adolescentes* abundam na imaginação; *viri* julgam as coisas com razão madura; *senes*, com sabedoria ponderada. No *genus humanum* encontramos uma série de fases correspondentes. Por causa de seu vício original, o *genus* começou de um estado fraco e solitário. No começo, teve de crescer de uma maneira fácil, por liberdade desenfreada. Então, pela imaginação, teve de encontrar as coisas necessárias, úteis e agradáveis da vida – "esta foi a Era dos Poetas". E, finalmente, a razão e a sabedoria tiveram de ser cultivadas – "esta é a era onde os filósofos ensinaram os deveres da vida humana".

A passagem é sobrecarregada de significado. No primeiro estrato de significado podemos discernir a divisão do *corso* nas Eras Poética e Humana, que é a forma final da teoria na *Scienza Nuova*. Num segundo estrato descobrimos que a caracterização das eras é ligada à antropologia de Vico. O *velle, nosse, posse*, que caracteriza a mente do homem, está distendido na história numa era do *velle* predominante, seguida por uma era do *nosse* predominante. E, finalmente, somos lembrados das eras agostinianas que se estendem da infância à senescência.

A combinação desses três significados parece ser a chave para a compreensão do problema de Vico. O primeiro e o segundo estratos de significação ligam a teoria do curso finito de um povo – de sua evocação mítica à desintegração do mito – a uma antropologia filosófica. O terceiro, o significado agostiniano, introduz como sujeito do curso o *genus humanum*. Se a teoria do *corso* não fosse mais do que a teoria do curso de um povo, da evocação à desintegração, então tais cursos poderiam seguir-se uns aos outros no tempo, sem limitação de números. Se o *corso*, porém, tem um significado universal para o *genus humanum*, então o problema agostiniano da história sacra não pode ser totalmente dissociado dele. Consideremos agora as formulações posteriores a fim de esclarecer esta questão aberta.

b. O problema na "Primeira" Scienza Nuova

Na "Primeira" *Scienza nuova* o problema do *corso* é conduzido na direção do curso finito de um povo. O curso é agora claramente compreendido como o movimento do mito à razão. Começa com a *sapienza volgare*, que se cristaliza nas instituições religiosas e legais, e se move em direção à penetração reflexiva deste estoque de sabedoria nas ciências das coisas divinas e humanas, ou seja, na metafísica, nas matemáticas, na física, e nas ciências humanas da moral, da economia e da política. Quando a penetração reflexiva é completada, alcança-se o *akme* do curso; o *akme* é o estado perfeito da nação, quando as artes e as ciências, que têm sua origem na religião e no direito, servem todas à religião e ao direito. Quando passou o *akme* deste equilíbrio perfeito entre mito e razão, a reflexão começa a voltar-se contra suas origens – pelo desvio, como nos estoicos e epicureus, pela indiferença, como nos céticos, ou pela revolta, como nos ateus. Esta é a fase durante a qual as nações decaem. Perdem sua religião e seu direito, e desde que perderam sua personalidade civilizacional, tornam-se incapazes de governar-se. E então, pela lei eterna da Providência, que quer preservar a humanidade, retornamos à lei natural da era heroica porque não pode haver igualdade razoável entre fracos e fortes independentes.[24]

---

[24] *La Scienza Nuova Prima* II.68. In: *Opere*, III, p. 142.

c. O problema na "Terceira" Scienza Nuova

O relato da "Primeira" *Scienza Nuova* tem o toque forte de uma crítica da época. Não é apenas uma descrição da decadência romana, mas também uma descrição da própria época de Vico. O *corso*, então, parece repetir-se. Estamos ultrapassando o *akme*, e estamos sendo arrastados para o barbarismo da reflexão, que pode ser suplantado apenas por um novo barbarismo de heróis. O segundo *corso* não parece ser o último. Talvez se siga um terceiro? O pêndulo do pensamento de Vico oscilou muito na direção da pressuposição de *corsi* indefinidamente repetidos. Na "Terceira" *Scienza nuova*, entretanto, descobrimos que mudaram as ênfases. É certo, o paralelo entre os *corsi* antigo e moderno é enfatizado ainda mais fortemente do que na obra anterior, e todo um livro (o quinto) é dedicado à elaboração, em pormenor, do paralelo. No entanto: "Mostramos ao mesmo tempo como o Todo-Poderoso fez os conselhos de sua Providência servir o decreto inefável de sua Graça". Os "conselhos da Providência", como vimos, guiam a história gentílica, ao passo que os decretos da Graça dizem respeito à história sacra. Como se pode fazer que as duas ordens apoiem uma à outra? A resposta de Vico:

> Quando Deus, por seus caminhos sobrenaturais, tinha esclarecido e estabelecido a verdade da religião cristã (pela virtude dos mártires contra o poder romano, e pela doutrina dos Padres e pelos milagres dos Santos contra a sabedoria dos gregos), e quando as nações armadas surgiram de todas as partes para combater a verdadeira divindade de seu Autor, então Deus permitiu que nascesse uma nova ordem humana entre as nações de tal maneira que, de acordo com a ordem natural das próprias coisas humanas, esta religião fosse firmemente estabelecida.[25]

d. Vico e Santo Agostinho

De acordo com esta formulação final, o *ricorso* não é simplesmente outro *corso* que seguir ainda por outros *in infinitum*.

---

[25] *Scienza Nuova*, livro V, n. 1046-47, 397.

É um segundo *corso*, e tem a função definida de assegurar a existência histórica da Cristandade. Os significados gentílicos e sagrados se fundem neste segundo *corso* à medida que a Cristandade revelada se tornou o mito das *gentes* da Idade Média. O *ricorso* segue o mesmo padrão de uma *storia ideale* que o *corso*, mas o mito pagão é suplantado pela Cristandade. Enquanto o segundo curso segue o padrão típico, é promulgado num nível mais alto de consciência espiritual.

Podemos ver agora de que maneira o *recursus* do *Diritto universale* é ligado ao *ricorso* da *Scienza nuova*. O paralelo, na obra anterior, com a periodização que Santo Agostinho faz da história prova que não foi acidental, porque o ciclo divino de Vico da história antiga termina com a senescência da humanidade no império romano. Esta era viquiana de senescência corresponde ao *saeculum senescens* agostiniano. O *recursus* da história gentílica, então, brota do último período da história agostiniana. Por esta teoria do *ricorso*, entretanto, Vico não abole a periodização de Santo Agostinho, porque o resultado do *recursus*, ou seja, o retorno a Deus na cristandade, é preservado. O *ricorso* está-se desenrolando no novo nível obtido pelo *recursus*. Tem precisamente a função de servir como a subestrutura humana, natural, para a preservação deste nível. Daí, visto da perspectiva da filosofia agostiniana da história, o *ricorso* é a estrutura natural do *saeculum senescens*, embora, visto na perspectiva da filosofia de Vico da história, o *ricorso* seja o instrumento da Providência para a perpetuação histórica do *recursus*.

A teoria dos *corsi*, então, é mais do que uma tentativa de descrever empiricamente o curso típico de civilizações, da evocação à dissolução. Em vez disso, é uma tentativa de dar uma nova solução ao problema da história universal no sentido agostiniano. Por volta do século XVIII, como vimos, a interpretação agostiniana tinha-se tornado insatisfatória sob vários aspectos. Inevitavelmente, por causa de sua posição no tempo, Agostinho não poderia ter dado uma interpretação do curso da civilização ocidental da época da migração em diante. Além disso, ele concentrara o significado da história inteiramente dentro da história sacra, e, em consequência, abandonara a ascensão e queda do império na história profana com pouca significação para além de uma lição prática sobre o orgulho e a humilhação. Como resultado destas duas insuficiências, finalmente, a era cristã tinha de ser entendida como um tempo de espera pela segunda vinda de Cristo, e então como falta de um significado civilizacional profano próprio.

Mesmo na Alta Idade Média, teve-se por insatisfatória tal interpretação. O primeiro ataque do problema foi o de Joaquim de Fiore, pela evocação do Terceiro Reinado do Espírito. Com a predição de uma figura semelhante a Cristo, o *dux*, que inauguraria um período posterior de significado espiritual, esta tentativa de Joaquim foi, em substância, uma revisão da história sacra. A tentativa revelou-se um fracasso assim na prática como na teoria. Foi um fracasso na prática porque não aparecem salvadores a pedido dos sistemas especulativos, e foi um desastre na teoria porque tentou resolver o problema do significado profano no nível do significado sacro – que é o domínio não do filósofo, mas de Deus. Entretanto, o problema de Vico está contido na especulação de Joaquim porque a tentativa de resolver o problema do significado histórico por uma reconstrução da história sacra implica o reconhecimento de que a Cristandade foi gravada na estrutura da história e que uma solução do problema é impossível, sem considerar este fio de significado que se tornou um fato histórico. Isto, entretanto, é precisamente a implicação da teoria de Vico do *ricorso*. As hesitações de Vico, e sua reticência quanto ao curso futuro da história ocidental, são o resultado da intelecção de que o significado do segundo curso vai além de ser uma repetição do primeiro e que, portanto, predições concernentes à história ocidental não podem ser baseadas em nosso conhecimento do curso da história antiga. O desenrolar do *ricorso* no nível ganho pelo *recursus* significa que a estrutura da história profana foi atingida pela historicidade da Cristandade.

Embora o problema viquiano esteja implicado na especulação de Joaquim, certamente não é resolvido por ela. Ao contrário, a transposição do problema para o nível da história sacra pressagia a possibilidade de uma solução no nível da história profana. Por que deveria o problema da história sacra não ser descartado totalmente e o significado da história ser encontrado na ascensão e queda intramundanas das nações e civilizações? Esta é a possibilidade que, depois de muitas interpretações parciais e experimentais, foi por fim concretizada na filosofia da história de Spengler. A concretização desta possibilidade significa o retorno à interpretação pagã, pré-cristã, da história. O valor da interpretação de Spengler está em sua clareza admiravelmente anticristã: revela cruamente o que acontece conosco se o problema da história sacra é simplesmente desprezado. A abolição da humanidade como sujeito da história, e sua substituição pela pluralidade de culturas, é certamente inaceitável para o cristão. Mas também deve fazer surgir, e fez surgir, a ira particular de movimentos intelectuais anticristãos que ao mesmo tempo estão prontos para apresentar um novo significado intramundano à história – ou seja, os progressistas, os comunistas, e os nacional-socialistas. O blefe de anticristandade é convocado quando a interpretação antiespiritual, profana, da história é aplicada inflexivelmente, não apenas ao Verbo que se tornou carne, mas também à carne que quer tornar-se um Verbo em rivalidade com o *verbum genitum*.

As posições extremas de Joaquim e Spengler focalizam mais claramente o problema que os filósofos do século XVIII tentaram resolver. Podemos expressá-lo brevemente como a procura por uma fórmula que harmonizaria sistematicamente o significado universalista da história sagrada cristã com o significado finito da ascensão e queda profanas das civilizações. As interpretações do tipo voltairiano e progressista posterior resolveram o problema pela transferência do significado sacro para a fase mais recente da civilização ocidental. Discutimos esta solução secularista no capítulo sobre apostasia, e a discutiremos mais amplamente no capítulo sobre o positivismo.[26] Vico resolve o problema integrando o *ricorso* "gentílico" no *saeculum senescens* da história sagrada de Agostinho. Obviamente, a construção viquiana é superior como teoria empírica da história, porque não tem de desprezar ou privar de seu caráter único os grandes acontecimentos espirituais da história humana. Entretanto, a construção secularista contém um elemento empírico importante que não é suficientemente enfatizado na solução de Vico, ou seja, a intelecção de que a história sagrada se tornou, na verdade, *história* e está inseparavelmente misturada ao curso da história profana na civilização ocidental. Este elemento não está faltando de todo em Vico, como vimos, porque o *ricorso* é distinguido do *corso*, devido ao fato de que a Cristandade se tornou o "mito" das *gentes*. Ainda assim, o caráter repetitivo do *ricorso* é tão fortemente enfatizado que a hesitação previamente mencionada e as reticências de Vico quanto ao curso futuro da civilização ocidental têm de ser consideradas um sintoma de seu embaraço diante do conflito teórico entre o ciclo profano e a linha reta sagrada. O *ricorso* tem de ter um *recursus*, e aonde o *recurso* nos leva senão a um novo Cristo?

Este é o problema aberto na construção de Vico. Permaneceu um problema aberto até hoje – mesmo no *Estudo da História*, de Toynbee – pela mesma razão que Vico tinha de deixá-lo aberto. Esta razão é a tentação de generalizar com base em materiais históricos muito limitados. Vico chega a esse impasse porque constrói sua *storia ideale* com base em um único exemplo de um curso de civilização, ou seja, o curso dos romanos. E o modelo da história greco-romana com seu curso impressionante do reinado heroico até o império, e do panteão pagão até a Cristandade, ainda exerce sua influência na construção histórica, embora nosso conhecimento amplamente alargado nos tenha ensinado que o problema dos *corsi*

---

[26] *History of Political Ideas*, vol. VIII, *Crisis and the Apocalypse of Man*. Ed. David Walsh. Columbia, University of Missouri Press, 1999, cap. 2. (*The Collected Works of Eric Voegelin*, vol. 26)

não pode ser exaurido pela construção de um padrão que serviria a todas as civilizações.

Se tomarmos na devida consideração a estrutura da história oriental, o problema dos *corsi* apresenta-se a uma luz algo diferente. Pois apenas a história ocidental mostra a incisão profunda que desencadeia claramente a civilização greco-romana contra a civilização ocidental na nova base étnica fornecida pela Grande Migração. Na história chinesa, por exemplo, o problema da sucessão de *corsi* é tão obscuro que falamos tradicionalmente apenas de uma civilização chinesa, embora de fato Toynbee mostrasse que a sociedade chinesa passara os cursos inteiros de duas civilizações, que ele distingue como Sínica e o Extremo Oriente. E o caso chinês é ainda comparativamente claro porque a incisão entre as duas civilizações é bem marcada pelo interregno no final do império Han e a refundação da civilização pelos invasores bárbaros, ajudados pelo budismo Mahayana. No caso da história babilônica, por exemplo, o problema dos *corsi* é ainda mais obscuro. De novo Toynbee pensa poder distinguir dois cursos, que ele chama civilizações suméria e babilônica, separadas pelo governo cassita na Babilônia. Mas, embora haja um interregno bem marcado e embora etnicamente o império neobabilônico seja construído no amálgama dos povos da cidade-estado com os invasores nômades caldeus, está assinaladamente ausente um novo elemento de coesão espiritual comparável ao budismo Mahayana na segunda civilização chinesa, ou ao catolicismo no Ocidente medieval. A civilização babilônica é construída nas mesmas fundações religiosas que a suméria precedente.

A comparação com a estrutura da história ocidental mostra que os cursos civilizacionais não têm necessariamente as qualidades dramáticas do romano. No caso chinês, não encontramos o deslocamento geográfico violento, que de uma maneira física, externa, faz começar o Ocidente da civilização greco-romana. Nem o budismo Mahayana desaloja o etos confuciano de organização governamental da mesma maneira que a Cristandade suplantou o estoicismo romano. A significação dos bárbaros foi suficientemente profunda para preservar uma continuidade cultural que é apta a obscurecer o fato de que o interregno depois do império Han foi seguido por um segundo curso político que culminou num novo período de império à época da conquista mongol. E no caso babilônico não encontramos sequer a religião mais alta que desencadeia o segundo curso ocidental contra o primeiro. À luz desta comparação, o problema do *corso* exige uma redefinição. A regularidade dos cursos (que na verdade pode ser observada, embora mesmo o estudo de Toynbee exija muitas correções nos pormenores) é confinada ao *stratum* na história que, por falta de termo melhor, podemos chamar dinâmicas da história pragmática. A regularidade repetitiva dos cursos não se estende à história do mito que dá coerência sacramental a uma sociedade civilizacional e suas subdivisões, nem tampouco se estende à evolução do espírito na história da humanidade.

O conceito de Vico do *corso* gentílico é viciado metodologicamente pela mistura do curso da história pragmática romana com o segmento da evolução espiritual da humanidade que preenche o curso da civilização greco-romana. Certamente, cada civilização tem seu mito. Daí podermos aceitar como substancialmente corretas as intelecções do gênio de Vico de que a *akme* de uma civilização é atingida quando o mito é penetrado pela especulação racional e de que uma civilização declina com a exaustão racional e a dissolução de seu mito. Mas que um mito, e através dele uma comunidade civilizacional, seja evocado de algum modo, que tenha um conteúdo espiritual específico, e que pelo crescimento simultâneo e sucessivo e decadência de civilizações a humanidade tenha uma história espiritual – tudo isso são problemas que transcendem as regularidades imanentes de um curso civilizacional. Na verdade, esses problemas pertencem a uma filosofia do processo teogônico. Daí na busca pelas regularidades históricas é inadmissível metodologicamente incluir a estrutura mítica de uma civilização específica na construção de um curso civilizacional típico.

Vico cometeu este pecado metodológico quando generalizou o *corso* romano para a *storia ideale*, e agravou o erro, assim como o complicou, quando transigiu com a história sacra no sentido agostiniano. A história sacra de Santo Agostinho é em si uma tentativa muito legítima de dar expressão sistemática a uma fase decisiva na história espiritual da humanidade com base no conhecimento histórico de seu tempo. A história de Israel e da Cristandade é, na verdade, tal fase bem circunscrita. Houve muitos povos nômades e muitos estados-templos na Ásia Menor, mas apenas em um caso é que foi realizada historicamente a evolução espiritual que foi transmitida sucessivamente pela religiosidade hebraica, israelita e judaica. E houve mais de uma religião mais alta, mas apenas em um caso o sofrimento representativo do Logos pela culpa do homem foi realizado historicamente. Mesmo hoje, quando o avanço da ciência nos permite colocar a história de Israel e da Cristandade num contexto maior do que o agostiniano, nenhuma objeção crítica pode ser, em princípio, levantada contra o projeto de isolar teoreticamente esta evolução da consciência religiosa como o acontecimento mais importante na história espiritual da humanidade ou desencadeá-lo contra os *corsi* profanos das civilizações. As dificuldades da posição agostiniana, e consequentemente as de Vico, não surgem do isolamento teorético de uma história espiritual como distinta da história pragmática. Ao contrário, surgem do fato de que o isolamento não foi levado longe o bastante. Assim como na ideia de Vico da história gentílica o problema do *corso* pragmático típico é obscurecido porque é insuficientemente separado dos problemas peculiares do mito pagão, na ideia de Santo Agostinho da história sacra os problemas do espírito são obscurecidos porque estão insuficientemente separados do curso pragmático da história hebraica e romana. A fenda metodológica na construção agostiniana se faz mais dolorosamente sentida no ponto mesmo onde Vico liga o *recursus* com o *ricorso*, ou seja, na ideia do *saeculum senescens*. Na ideia do *saeculum senescens*, uma fase da história espiritual se misturou com a subestrutura pragmática. Espiritualmente é a idade entre a primeira e a segunda vindas de Cristo; pragmaticamente, é a idade do esperar pelo fim da civilização humana sem um significado próprio. A idade é senescente, não porque haja algum senescente quanto ao espírito, mas porque o curso da civilização romana se arrasta para seu fim e porque falhou a tentativa de fazer do povo do Império Romano o portador do espírito de Cristo na história. O pessimismo agostiniano é justificado à medida que implica a intelecção de que o espírito pode existir historicamente apenas pela incorporação numa comunidade; é injustificado à medida que reflete o sentimento de que o fim do mundo histórico veio quando uma civilização completou seu curso pragmático. As possibilidades de existência social na história não são exauridas pelas organizações de poder que se sucederam uma à outra tipicamente num *corso* pragmático. Ao contrário, o espírito pode formar seus próprios corpos sociais para além da ordem dos *corsi*, e a igreja sobreviveu, na verdade, às organizações políticas do mundo greco-romano e se tornou a crisálida (Toynbee) de uma nova civilização – ou seja, da civilização ocidental.

 Ao combinar seu *corso* gentílico com a história sacra agostiniana, Vico sobrecarregou duplamente sua construção com o modelo romano. O *recursus* de seu *corso* é modelado na coincidência do curso pragmático romano com a fase da história espiritual que culmina na Cristandade, e pela adoção da história sacra ele sobrecarregou o *ricorso* com o ânimo de uma *Götterdämmerung*, que se origina da experiência agostiniana do saque de Roma pelos visigodos. Essas insuficiências, entretanto, não devem induzir a uma condenação precipitada da obra de Vico. Suas qualidades devem ser avaliadas em comparação com as interpretações alternativas principais: a contração medieval joaquimita do significado da história no interior do movimento do espírito, a abolição spengleriana da história espiritual da humanidade, a húbris secularista de interpretar a história como um processo de autossalvação humana, a interpretação "interna" gnóstica da história como um processo em que o Logos chega à sua realização autorreflexiva num presente sem um futuro. Colocado nesta companhia, o gênio de Vico nos impressiona por causa de sua mestria das dimensões empíricas do problema, das irrupções transcendentais do espírito que determinam o significado da história para o *genus humanum*, pela vida do espírito num *corso* civilizacional, até as dinâmicas da história pragmática, que carregam o espírito nesta corrente de *usus* e *necessitas*. Ele nos impressiona, ademais, pelo instinto espiritual e cautela intelectual que o impedem de empurrar na direção de consequências dúbias uma teoria ainda muito pesadamente carregada com as imperfeições inevitáveis que provêm do estado da ciência em seu tempo. Este último ponto merece nossa atenção particular porque, a despeito de nosso horizonte histórico amplamente alargado, não podemos gabar-nos de ter substancialmente penetrado os problemas teoréticos da história e da política muito mais do que Vico. Se nossa análise crítica da teoria de Vico mostrou algo, esperamos, foram as complexidades formidáveis do problema. À vista de tais complexidades pareceria tolo entregar-nos em predições concernentes ao curso futuro da história em geral, ou concernentes ao curso futuro da civilização ocidental e sua crise presente, com base na filosofia da história mais cuidadosamente considerada.

§ 9. A storia eterna ideale

A teoria dos *corsi* gentílicos está incrustada na filosofia agostiniana da história sacra. Portanto, o sistema integral do pensamento de Vico continua o problema de uma história universal do *genus humanum*. Apesar disso, a teoria dos *corsi* é a peça central do sistema, e a novidade da *Scienza nuova* está na evocação da *storia eterna ideale*, do curso típico a que as histórias de todas as nações se conformam. O *corso* em si é a principal matéria da Nova Ciência, e em nossa análise da meditação de Vico alcançamos o ponto onde, depois de décadas de tratamento provisório do problema, os próprios princípios da nova ciência histórica vieram à tona. Entretanto, mesmo nesta última fase, ou seja, no período da Primeira, Segunda e Terceira *Scienza nuova*, o caráter meditativo da especulação de Vico se faz sentir na formulação de seus princípios. Mesmo agora não encontramos um sistema que seja racionalmente fechado. Ao contrário, as formulações de Vico têm o caráter de acessos aforísticos em que os princípios se libertam abruptamente da matriz dos materiais históricos. Em consequência, o sistema em si permanece uma enteléquia que faz as formulações convergir para uma forma última, em vez de, na verdade, ater-se à própria forma. Como uma consequência adicional, o intérprete tem de tratar as formulações com alguma cautela a fim de não desviá-las para muito longe do ponto de convergência.

a. Formulação do princípio

As incertezas que rodeiam o significado sistemático último se fazem sentir particularmente na formulação de Vico do princípio cardeal de sua Nova Ciência. Está contida na passagem anteriormente citada: "que este mundo da história é muito certamente feito pelo homem, e daí podemos encontrar, devemos encontrar, seus princípios nas modificações da nossa própria mente humana".[27] Já discutimos as implicações neoplatônicas do princípio. Vico transfere a *formula naturae* para o *mondo civile*. O mundo da história é concebido como um análogo do mundo da natureza: como Deus é o criador da natureza, assim o homem é o criador da história. O homem conhece o mundo da história "de dentro", num modo análogo ao conhecimento que Deus tem da natureza. A ciência da história é a única ciência verdadeira porque em seu reino o homem é ao mesmo tempo o criador e o conhecedor. Nesta formulação extrema o princípio estabeleceria a história como uma ciência intramundana, e o princípio seria incompatível com o reconhecimento de Vico da história sagrada. Nossa análise prévia já esclareceu este ponto, e não precisamos desenvolver nenhuma outra advertência contra a condução da formulação até suas últimas consequências lógicas.

---

[27] *Scienza Nuova*, n. 331.

b. A historicidade da mente

A intelecção de que a formulação tem de ser equilibrada por outras afirmações explícitas de Vico que invalidam suas consequências radicais não torna mais inteligível, porém, o processo mental em que foi produzida. Temos de investigar a urdidura aforística do próprio pensamento de Vico a fim de encontrar ao menos uma pista para a compreensão de seus teoremas radicais e mutuamente incompatíveis. Tal pista é oferecida pelo próprio contexto da passagem em que ocorre a formulação do princípio. O princípio em si é seguido por uma reflexão sobre o fato curioso de que os filósofos tenham sido tão persistentes em explorar o mundo da natureza, do qual apenas Deus tem a ciência verdadeira, enquanto negligenciavam o mundo das nações, que é penetrável pela mente humana. Vico continua a explicar a curiosidade por uma tendência da mente humana de sentir primeiro as coisas corpóreas e somente então proceder à autocompreensão reflexiva, porque "a mente está imersa e enterrada no corpo".[28]

Esta explicação acrescenta uma dimensão histórica ao problema teorético. A nova metafísica da mente é válida na ciência em todos os tempos, mas pode ser realizada num filósofo apenas em certas épocas na história intelectual da humanidade. Daí a metafísica da natureza e a metafísica da mente não serem simplesmente posições falsas e verdadeiras com relação ao problema em discussão. Ao contrário, são fases históricas necessárias em sua penetração. Para a compreensão completa da posição de Vico é necessário levar em conta seu caráter como um passo no processo histórico. No pensamento de Vico a historicidade da mente atinge o significado das proposições apresentadas pelo pensador. E o problema da historicidade é tomado consistentemente por Vico não apenas como o problema de colocar seu próprio pensamento na história intelectual da humanidade, mas também como o problema de colocar cada fase de seu próprio pensamento em

---

[28] *Scienza Nuova*, n. 331. Ver também "Degnità, n. 63", traduzida como "Elements, LXIII", *The New Science*, n. 236.

seu processo meditativo pessoal, porque o processo pessoal da mente é a fonte de toda história transpessoal. Se empregarmos um termo biológico posterior, poderíamos dizer que Vico apresentou uma lei filogenética da mente, ou seja, que a biografia intelectual do pensador é uma abreviação da história intelectual do homem. A própria passagem em discussão ilustra o problema. A explicação da curiosidade, oferecida por Vico, emprega as mesmas palavras de sua posição anterior com relação às "ciências morais" no *Liber metaphysicus*: que as ciências morais são as menos certas porque os movimentos da mente estão mais profundamente enterrados na matéria. No curso de sua meditação, o próprio Vico saiu de um estágio no qual sua mente estava tão profundamente enterrada na matéria que ele atribuiu os graus superiores de *certezza às* matemáticas e à física, a um estágio de autocompreensão reflexiva em que a *certezza* mudou para a mente. Daí o radicalismo da formulação posterior não significar uma posição absoluta numa tábula rasa cartesiana; é, ao contrário, a reflexão aforística de uma luz que brilha na escuridão.[29] Para o momento meditativo, o brilho da luz relega à obscuridade as distinções que teriam de equilibrar a intelecção num discurso sistemático não aforístico.

A interpretação nasce das distinções contidas na passagem paralela na *Scienza nuova prima*.[30] Na edição anterior, a linguagem ainda não tem a agudeza rebuscada da posterior, e o caminho que leva à intelecção última é ainda visível. Não encontramos aqui a oposição rígida de um *mondo naturale* e um *mondo civile*. Em vez disso, encontramos a linguagem mais precisa de um *mondo delle gentili nazioni* que é criado pelo homem. A história como um todo não é certamente feita pelo homem, mas apenas o mundo das nações gentílicas, porque a história sacra é governada por um princípio diferente. Ademais, mesmo para a história gentílica o toque neoplatônico da

---

[29] "*In tal densa notte di tenebre* [...] *apparisce questo lume eterno.*" Estas são as palavras iniciais da *Scienza Nuova*, n. 331.
[30] *La Scienza Nuova Prima I.ii*. In: *Opere*, III:29; *Vico: Selected Writtings*, p. 98-99.

formulação posterior é consideravelmente atenuado, porque à relação sistemática do grande princípio com outras partes da doutrina de Vico é dada a devida consideração. Na verdade, de novo obtemos a intelecção de que os princípios da história gentílica devem ser encontrados na natureza da mente humana, mas Vico lembra vivamente o leitor de que a mente humana não é uma mônada isolada, mas é um campo aberto de operações de forças divinas.

> A metafísica da mente humana foi anteriormente uma contemplação da mente do homem individual, a fim de guiá-la até Deus como a Verdade eterna (que é a teoria mais universal da filosofia divina); agora ela se tornou a contemplação do *senso commune del genere umano* como uma certa mente humana das nações, a fim de guiá-la para Deus como Providência eterna (o que seria a prática mais universal da filosofia divina).[31]

A metafísica da mente não constrói um sistema abstrato verdadeiro, mas é um processo de contemplação que leva a Deus. Não começa com a ontologia do indivíduo a fim de ascender – como a meditação agostiniana – para a *anima animi* e a alcançar Deus na *intentio*. Ao contrário, começa do *senso commune* e ascende a uma intelecção na estrutura da história como uma obra da Providência operando pela mente do homem. A historicidade da mente emerge desta passagem mais claramente como o plano providencial para o desenrolar da potencialidade da mente no curso de uma sociedade historicamente existente. A contemplação do curso civilizacional revela a estrutura providencial, e o próprio contemplador é parte do curso providencial. A mente humana em que os princípios da história devem ser encontrados não é humana no sentido de uma filosofia imanentista. Ao contrário, é o meio da Providência na história, e a mente do pensador pode penetrar a estrutura da história porque contém ela mesma o cerne providencial que a guia em direção à compreensão histórica. Daí nada poderia ser mais distante de uma interpretação correta

---

[31] *La Scienza Nuova Prima* I.11. In: *Opere*, III, p. 29; *Vico: Selected Writings*, p. 99.

do que a sugestão, que de fato foi feita, de que a façanha de Vico consiste na "psicologização" da história.

c. A contemplação providencial

A Nova Ciência "é, sob um de seus principais aspectos, uma teologia civil razoável da Providência divina".[32] Tal teologia civil tem de suplementar a teologia natural anterior. Seu conteúdo é uma demonstração do "fato histórico da Providência". Daí terá de ser uma história da ordem que a Providência (sem tomar conselho humano e muito frequentemente contra os propósitos do homem) deu a "esta grande cidade da humanidade". Embora este mundo da história seja criado no tempo e concretamente, a ordem providencial é universal e eterna.[33] A ordem do curso civilizacional, que é o objeto da Nova Ciência, não pode então ser encontrada nem como uma abstração da observação empírica nem como uma psicologia empírica do indivíduo. Tem de ser encontrada por meio de uma "história das ideias humanas" concernente à necessidade e utilidade da vida humana. Necessidade e utilidade, como vimos, são os instrumentos humanos através dos quais a Providência opera a fim de atingir o curso significativo do homem na história. Na *ocasião* das necessidades da vida em sociedade, a ideia eterna de uma ordem justa entre os homens se esclarece e é gradualmente realizada. As ideias humanas concernentes à necessidade e à utilidade, que estão corporificadas nas instituições sociais, não são elas mesmas a ordem eterna, mas, para o historiador, serão o material por *ocasião* do qual ele pode libertar a ordem eterna que transcende as ideias humanas em cada ponto de seu curso.[34] A Providência Divina cria um significado na história para além das ideias humanamente criadas. Este significado, que é imanente no curso como um todo, mas transcende cada fase singular dele, é recriado pelo historiador em sua contemplação. O significado da história que emerge

---

[32] *La Scienza Nuova*, n. 342.
[33] Ibidem.
[34] Ibidem, n. 347.

da contemplação reproduz, dessa forma, o fio providencial no tecido humano do curso. Esta linha providencial é o que Vico chama a *storia eterna ideale* "de acordo com a qual correm no tempo as histórias de todas as nações em sua ascensão, progresso, [maturidade], decadência e fim".[35] A história ideal é o padrão que os negócios das nações *devem* seguir no passado, no presente e no futuro. O historiador "que medita esta ciência narra a si mesmo esta história eterna ideal à medida que faz esta história, quando prova que ela *tem de* seguir este curso no passado, no presente e no futuro; e já que ele, que faz as coisas, as conta para si mesmo, a história não pode ser mais certa". Esta ciência procede como a geometria, que constrói o mundo de magnitudes de seus próprios elementos, mas contém muito mais realidade do que a geometria porque a ordem do homem é mais real do que pontos e linhas. As demonstrações desta ciência são de ordem divina, "e devem, portanto, ó leitor, dar-te um prazer divino, pois somente em Deus é que conhecimento e criação são a mesma coisa".[36]

Esta elucidação aforística do princípio revela que Vico lidou com o problema do significado na história mais seriamente do que a maioria dos outros filósofos. A questão é, na verdade, formidável. O significado intelectual e espiritual, que Vico presume existir na história, só pode aparecer como a precipitação da ação intelectual e espiritual; pressupõe um agente criativo. O homem individual pode ser este agente? A resposta de Vico é negativa. O significado de um curso histórico transcende a ação do homem individual. Temos de introduzir um sujeito não humano como o criador de significado. A este sujeito não humano Vico chama Providência. Se, entretanto, supusermos um criador não humano de significado, então surge a questão da inteligibilidade. Como pode um significado criado não humanamente ser entendido pelo homem? No que diz respeito ao significado do todo, discutimos a questão previamente e a resposta é clara: não pode ser entendido. O significado da

---

[35] Ibidem, n. 349.
[36] Ibidem.

história é desconhecido a não ser que aceitemos a Revelação. Esta é a superioridade metodológica da resposta cristã sobre as construções secularistas: não tem de enganar na questão do significado, fingindo que o homem pode encontrar empiricamente uma resposta. Vico aceita a Revelação pelo significado do todo. Esta aceitação, entretanto, ainda o deixa com o significado finito e transindividual do curso histórico. O problema se apresenta a ele nos seguintes termos. Porque, na verdade, um significado transindividual pode ser discernido no *corso*, isso levanta a questão: que suposições metafísicas temos de fazer a fim de explicar o fato de tal significado, assim como o fato de sua inteligibilidade? Ele resolve o problema introduzindo um fator transindividual na estrutura da mente individual. A Providência transindividual está presente como o princípio guia no homem, princípio esse que dirige as gerações sucessivas ao longo de uma linha de significado sem a intenção ou o conhecimento delas. Esta suposição explica o fato do significado. O fato da inteligibilidade tem de ser resolvido de maneira correspondente, pela assunção da Providência como presente na mente do filósofo de tal maneira que a própria linha providencial de significado produz na história uma constelação em que o significado se torna inteligível mediante a contemplação humana. Esta solução é clássica à medida que – no presente estado da ciência – não podemos desenvolver-lhe a estrutura. Por certo, o simbolismo metafísico pode ser mudado. O elemento transindividual não precisa ser chamado Providência e não precisa ser concebido à imagem de uma irrupção transcendental. Schelling, por exemplo, chamou-o inconsciente e experienciou-o como um brotar do fundamento da existência. E o século XIX produziu um tesouro de símbolos biológicos, organológicos, sociológicos e psicológicos que tinham todos a função de oferecer um sujeito coletivo ao significado transindividual que se desenrola na história de um grupo. Nenhuma escolha de símbolos, entretanto, pode mudar a estrutura do problema, e símbolos como os da Providência de Vico ou o fundamento inconsciente de Schelling, em que o indivíduo se funde com a substância do universo, são metodologicamente preferíveis aos símbolos tomados de empréstimo aos reinos empíricos do ser, porque mantêm viva a consciência do caráter transempírico do problema. Considerando a profunda intelecção de Vico sobre este problema, bem podemos entender o tom de alegria mística em seus enunciados ao leitor e seu prazer divino em traçar, com a ferramenta da Providência, a linha de significado desenhada pelo dedo de Deus na história.

§ 10. O senso commune

Do princípio da *storia eterna ideale* temos de voltar-nos, finalmente, para o aparato conceptual de sua execução. Devemos confinar nossa análise a um ou dois conceitos fundamentais porque podemos remeter o leitor para os pormenores da interpretação de Vico, a uma série de exposições agora disponíveis em inglês.[37]

a. Definições positivas

O conceito-chave da construção da história ideal é o *senso commune*. Todos os grupos humanos são divididos nos que receberam assistência divina especial em seu curso civilizacional e nos que não. Os primeiros, como os hebreus, são o sujeito da história sacra; os segundos, os homens comuns decaídos, são o sujeito da história gentílica. A história civilizacional de homens comuns decaídos origina-se no

---

[37] Voegelin listou a *Philosophy of Giambattista Vico*, de Croce, e a introdução de Fisch e Bergin à *Autobiography*. Como indicado na primeira nota a este capítulo, o estudo de Vico cresceu enormemente na segunda metade do século passado. Na Itália, a *Introduzione a G. B. Vico*, de Nicola Badaloni (Milano, Feltrinelli, 1961) distraiu a atenção erudita das ideias de Vico para o contexto social e histórico. A influência de Croce continuou a ser sentida no mundo de fala inglesa primeiro através da obra de R. G. Collingwood e, então, da de Isaiah Berlin. Nos Estados Unidos, estudos monográficos excelentes de Michael Mooney, Donald Philip Verene e Mark Lilla trataram de aspectos específicos da obra de Vico, assim como outros estudos igualmente úteis de Donald R. Kelley, Leon Pompa, Frederick Vaughan e Gino Bedani.

aparecimento do *senso commune*, seguindo um estado de selvageria depois do dilúvio. O significado do *senso commune* é definido na *Degnità*, os "Elementos" da "Terceira" *Scienza nuova*. "O *senso commune* é um julgamento sem reflexão, experienciado em comum por toda uma classe, por todo um povo, por toda uma nação, por toda a humanidade."[38] O corolário explica: "Esta *Degnità* [n. XIII] é um grande princípio que estabelece o *senso commune* da humanidade como o critério dado pela Providência divina para as nações com o propósito de afirmar o direito natural das *gentes*".[39]

A "Primeira" *Scienza Nuova* amplifica um pouco essas definições. "A Providência divina é a arquiteta (*architetta*) do mundo das nações."[40] A arquiteta divina criou as nações equipadas com o *senso commune*; o consenso do *senso commune* de todas as nações é a sabedoria (*sapienza*) da humanidade.[41] "O artífice (*fabbro*) do mundo das nações, em obediência à arquiteta divina, é o livre-arbítrio humano, de outro modo incerto nos indivíduos no tocante à sua direção, mas não determinado pela sabedoria da humanidade, e equipados com as varas de medida da utilidade e da necessidade humanas, que são uniformemente possuídas por todos os homens individuais; estas necessidades e utilidades humanas, determinadas de tal maneira, são, de acordo com os juristas romanos, as duas fontes do direito natural das *gentes*."[42]

Esses passos deveriam ser suficientes para esclarecer a construção do conceito assim como sua função sistemática. O *senso commune* é o ponto de origem de um curso civilizacional. Abrange a religião primordial e as instituições legais de uma nação, e as ideias irrefletidas incorporadas nessas instituições são o estoque de significados que é penetrado no

---

[38] "Elements, XII", *Scienza Nuova*, n. 142.
[39] "Elements, XIII", *Scienza Nuova*, n. 145.
[40] *Scienza Nuova Prima* II.1.38; *Vico: Selected Writings*, p. 104.
[41] *Scienza Nuova Prima* II.3.39-40; *Vico: Selected Writings*, p. 105.
[42] *Scienza Nuova Prima* II.3.39-40; *Vico: Selected Writings*, p. 105. Ver também "Elements XI", *Scienza Nuova*, n. 141.

curso histórico cada vez mais pela razão, até que, no *akme* do curso, se alcança o momento do equilíbrio perfeito entre a substância e a razão. O significado do *corso* é o refinamento de uma substância inicial, densa, irrefletida a um máximo de diferenciação racional. A última fase, racional, não adiciona nada à substância. A razão pode operar apenas na matéria-prima inicial. Na prática da interpretação histórica, isso significa, por exemplo, que a jurisprudência romana "é uma ciência do conteúdo mental dos *decemviri* quanto à utilidade civil nos tempos mais severos do povo romano".[43] Seria vão procurar na jurisprudência romana a elaboração de princípios que pressupõem outra substância inicial, por exemplo, a cristã. Sob este aspecto, o conceito do *senso commune* estabeleceu o grande princípio de interpretação civilizacional de que a história de uma civilização é a história da exaustão de seu mito inicial e de tais elementos míticos que podem, vindos de outras fontes, ter entrado no curso.

Ademais, temos de notar por ocasião deste conceito certos refinamentos metodológicos, que não apareceram com igual clareza na discussão do princípio geral da *storia ideale*. Vemos agora como Vico distinguiu melhor a esfera humana do fator providencial. O elemento humano, o *arbitrio umano*, é uma força constante na história, avançando sob a pressão de utilidade e necessidade, que por si mesmas não levariam a nenhuma ordem social, mas estão propensas ao propósito providencial pela luz da *sapienza volgare*. O curso de uma civilização resulta apenas da cooperação das duas forças, a providencial e a humana, a *architetta* e o *fabbro*.

b. Esclarecimento crítico

Esta questão receberá esclarecimentos adicionais pela pesquisa das críticas estendidas por Vico a vários tratamentos errôneos dos problemas da política e história. Os epicureus e os estoicos desviaram-se, cada um a seu modo, da *sapienza*

---

[43] *Scienza Nuova Prima* I.12.30; *Vico: Selected Writings*, p. 100.

volgare e tornaram-se, portanto, incapazes de dominar os problemas do homem na história. Os epicureus fizeram do acaso o governante das coisas humanas. Os prazeres dos sentidos deviam dirigir as paixões, e a utilidade devia consistir na regra da justiça. Negligenciavam o fator providencial. Os estoicos, por outro lado, reconheceram a justiça eterna, mas destruíram a humanidade integral quando condenaram as paixões e igualaram todos os crimes. A severidade moral destrói a função das paixões como o instrumento da Providência para a realização da justiça na sociedade. Apenas Platão obteve o equilíbrio próprio, mas mesmo ele falhou porque caiu no erro, "comum à mente humana", de medir a natureza dos outros por sua própria natureza. Este erro levou-o a conceber a origem da justiça na mente do filósofo em vez de na *sapienza volgare* dos iniciadores bárbaros e cruéis da humanidade gentílica.[44] Os modernos não se saem melhor do que os antigos. Grotius era um sociniano e, portanto, supôs que a natureza do homem primitivo fosse boa. Não precisava da Providência para equipar o homem decaído, selvagem, com um *senso commune*, e seus simplórios solitários se associam sob a direção da utilidade. E Selden, equivocado por seus estudos hebraicos profundos, cometeu o erro de empregar o povo hebreu como o modelo para seu desenvolvimento do direito natural, desconsiderando o fato de o desenvolvimento hebreu não ser típico da história gentílica.[45]

Essas críticas não são sempre justificadas. Grotius era um pouco mais do que utilitário; e as *Leis* trazem o retorno às origens cretenses da civilização helênica porque Platão vira a imperfeição na posição da *República*. Mas a justeza das críticas não é nossa preocupação no momento. Em seu agregado, fornecem um excelente quadro dos erros típicos que um filósofo da história deve evitar. Não deve basear seu sistema numa psicologia de paixões porque neste caso a estrutura da história (a *Gestalt*, para empregar o termo de Koehler)

---

[44] *Scienza Nuova Prima* I.3.12; *Vico: Selected Writings*, p. 84-85.
[45] *Scienza Nuova Prima* I.5.14-17; *Vico: Selected Writings*, p. 86-89.

escapará a ele. Nem deve opor uma ideia eterna de justiça às motivações concretas do homem na ação política, porque neste caso deixará escapar o problema da realização de uma ordem de significado através do instrumento da vida das paixões. Não deve erigir a existência contemplativa do filósofo num modelo de homem porque então as forças verdadeiras do crescimento histórico, que não são de maneira nenhuma contemplativas, serão negligenciadas. Não deve ser um pelagiano, que supõe a bondade essencial no homem, porque não conseguirá apanhar a tensão da existência política entre o mal da força e a realização de uma ideia. E, finalmente, não deve confundir os problemas da história espiritual com os problemas da história pragmática.

c. História e filosofia da humanidade

Sua própria contraposição, que evita esses erros, Vico a formulou mais concisamente em sua exigência de uma ciência "que deve ser, ao mesmo tempo, história e filosofia da humanidade".[46] Os filósofos meditaram até aqui sobre uma natureza humana que já é civilizada pelas religiões e pelas leis, mas as instituições religiosas e legais são precisamente o meio dentro do qual a função da filosofia cresce como uma penetração racional da substância mítica inicial. Os filósofos não meditaram sobre a natureza humana que produz as religiões e as leis que, a seu turno, produzem os filósofos.[47] A especulação filosófica não tem nenhuma função criativa. Dentro do meio civilizacional ela não tem nenhuma autoridade própria, mas tal autoridade como a que tem é obtida da substância civilizacional sobre a qual ela reflete. Os autores dos livros seguem os autores das nações numa distância de mais de um milênio.[48] Se o filósofo não se der conta de sua posição dentro do meio civilizacional, sua especulação mover-se-á entre os polos de uma elevação cândida de seus valores civilizacionais num

---

[46] *Scienza Nuova Prima* I.6.18; *Vico: Selected Writings*, p. 89-91.
[47] *Scienza nuova prima* I, 6.18; *Vico: Selected Writings*, 89-91Ibidem.
[48] *Scienza Nuova*, "Elements, XII", n. 143.

sistema absoluto e de uma perda de sua tradição civilizacional que leva a aberrações idiossincráticas. Apenas quando a filosofia é ao mesmo tempo história, isso é, quando o filósofo entende sua própria historicidade, é que ele pode integrar a substância mítica de sua civilização ao seu alcance e orientar-se criticamente dentro da sabedoria do *senso commune*. Não pode transcender a sabedoria do mito pela criação pessoal, mas pode transcendê-la especulativamente pela exploração da origem e pelo curso do mito e pela aceitação do mito conscientemente como a substância transpessoal pela qual sua meditação pessoal vive.

Este encadeamento de pensamentos obviamente nos leva de volta à posição pessoal de Vico. A substância civilizacional em que ele vive consiste não apenas no mito gentílico do *corso* romano, mas também na Cristandade do *ricorso*. Aqui tocamos na razão última especulativa pela qual Vico não pôde nem continuar a história sacra agostiniana sem modificação nem tornar-se um filósofo da história profana, com a exclusão da história sacra. Tanto Roma quanto a Cristandade eram para o pensador italiano notavelmente as partes componentes de sua substância civilizacional, e em sua especulação teve de trazê-las a ambas para dentro de seu conhecimento. E tocamos aqui também na fonte da oscilação e da inquietação no pensamento de Vico. A despeito do quadro desenvolvido da história sacra naquilo que ele coloca seus *corsi*, não pode haver dúvida de que suas simpatias estão com a história gentílica. Na meditação sobre a *storia eterna ideale* o filósofo experimenta o prazer divino de ser criador e conhecedor ao mesmo tempo. Este prazer é negado a ele na história sacra onde o *verbum genitum* fala por si mesmo. O filósofo pode transcender a civilização gentílica, mas não pode, em sua especulação, transcender a Cristandade. O equilíbrio de sentimentos na personalidade de Vico está inclinado para os êxtases do intelecto filosofante. O fervor esmorece quando ele se aproxima da esfera onde a substância não é receptiva a uma penetração ativa pelo filósofo, mas, ao contrário, onde a substância penetra o homem na paixão da fé.

§ 11. A estrutura política do corso

Uma filosofia que seja ao mesmo tempo história tem de penetrar para além do conteúdo da civilização até suas origens. No começo de um curso civilizacional encontram-se, como seus originadores, os *autori delle nazioni*, ou seja, os homens em quem o *senso commune* desperta e que, em virtude deste despertar providencial, se tornam os fundadores de uma comunidade civilizacional. O próprio curso consiste em fases pelas quais a fundação original é desenvolvida, transformada e dissolvida. Temos de examinar brevemente a origem e as fases do *corso*.

O *corso* é dividido por Vico em duas fases principais: a fase da ação criativa, chamada a era poética, e a era da reflexão, chamada a era humana. A era poética é subdividida em era divina e era heroica, e a era divina é precedida por uma fase primitiva, seguindo a Queda e o Dilúvio, chamada *stato ferino*. Para uma autoridade desta divisão dentro do *senso commune*, Vico remete à divisão egípcia da história nas três eras dos deuses, dos heróis e dos homens.[49]

a. Stato ferino *e era divina*

O *stato ferino* é um estado pré-histórico, caracterizado pelo nomadismo, pela promiscuidade e pela existência solitária de indivíduos na anarquia. Serve apenas como pano de fundo negativo para o começo do próprio processo histórico. O homem é incapaz de transcender este estado bestial por seus próprios esforços. A Providência divina desperta nele o impulso à ordem social pelo fenômeno do relâmpago, que irrompe no tempo selvagem depois do dilúvio. O relâmpago no céu desperta no selvagem o sentimento de sua fraqueza criatural e da existência de um poder divino super-humano.

---

[49] A referência à classificação egípcia pode ser encontrada em "Elements, XXVIII". *Scienza Nuova*, n. 173. Vico não dá nenhuma fonte; é provavelmente Heródoto, *Histórias*, livro II.

Ele reage a este despertar da consciência religiosa pela criação da "religião falsa" das divindades pagãs como as garantidoras da ordem entre os homens. Vico interpreta os deuses pagãos como imagens poéticas, fantásticas, personificando princípios de ordem social, de casamento, de família, de *patria potestas*, de agricultura e assim por diante.

O mito da primeira era é criado não por todos os homens que estão vivendo no *stato ferino*, mas apenas por indivíduos seletos. Vico supõe uma distinção primária entre os homens à medida que alguns são mais capazes do que outros de responder ao chamado da Providência. "Há uma diferença natural entre as naturezas humanas." Uma natureza "é nobre porque é inteligente"; a outra natureza "é vil porque é estúpida".[50] Os homens de natureza nobre e inteligente tornam-se os criadores da ordem social como os primeiros *patres familias*. Os outros, os menos fortes e menos inteligentes, aproximar-se-ão dos cabeças das famílias, os monarcas primitivos, e pedirão para serem recebidos na ordem da família. Querem trocar insegurança e miséria pelo *status* de servos protegidos, de *clientes* ou *famuli*. A diferenciação original dos homens em cabeças de unidades sociais e escravos agrícolas associados é a origem da estrutura política das sociedades civilizacionais. Podemos traçar esta ordem dos *clientes* primários através dos estágios de (1) associados dos heróis fundadores, (2) os plebeus da república heroica e (3) as províncias do povo imperial.[51] Nesta diferenciação origina-se a *materia della scienza politica*, "que não é nada mais do que a ciência do comando e da obediência numa república".[52]

b. A era heroica

A própria república emerge do estado da família monárquica através da necessidade extrema em que os *patres*

---

[50] *Scienza Nuova Prima* II.16.78.
[51] "Elements, LXXIX", *Scienza Nuova*, n. 259.
[52] *Scienza Nuova*, n. 629.

famílias heroicos se encontram quando a clientela se torna rebelde. A resposta a esta ameaça é a associação dos *patres* independentes num estado aristocrático, sob um rei, que exerce uma regra comum sobre os *famuli*, que nesta nova ordem se tornaram os plebeus. A república aristocrática nasceu com seus dois estados de patrícios e plebeus. Os estados são diferenciados socialmente à medida que os patrícios ainda são os senhores do mito e, consequentemente, são os portadores da ordem social, enquanto os plebeus são os homens sem deuses, sem auspícios, casamento sacro, direito ou propriedade independente.

A república aristocrática não dura. Já que o quinhão dos plebeus não é o melhor, começam a resistir aos maus-tratos, e, a fim de oferecer resistência eficaz, têm de criar uma união sacramental entre si. A história da segunda era testemunha, portanto, a *contesse eroiche*, as guerras entre os estados, em que os plebeus criam seu próprio mito e, num processo complicado, compelem os patrícios a estender-lhes seus privilégios. As dinâmicas deste período são formuladas por Vico em "Elements XCII": "Os fracos querem direitos; os fortes lhos negam; os ambiciosos, a fim de obterem seguidores, advogam-nos; e os príncipes, a fim de balancearem os fracos e os poderosos, protegem-nos".[53]

c. A era humana

Uma vez que a igualdade da ordem mítica resultou da *contese eroiche*, começa a terceira era, a humana. Na esfera política, é caracterizada pelo aparecimento da república livre popular. No reino das ideias alcançou-se a fase em que declina o poder da criação mítica e a filosofia reflexiva começa a elaboração de sistemas racionais de ética política. A ação virtuosa já não é o desenvolvimento do sentimento religioso, mas recomenda-se pela compreensão da ideia de virtude. Aparece a consciência da igualdade natural entre os homens.

---

[53] "Elements, XCII", *Scienza Nuova*, n. 283.

A ordem da lei sagrada e, portanto, secreta, que caracterizou a era heroica dá lugar ao direito racional, codificado. O final da ordem mítica também muda a dinâmica da história política. A dinâmica da república aristocrática dependia da *contese eroiche* previamente caracterizada. Agora que os homens se tornaram iguais, são diferenciados apenas por seus interesses de poder. Daí a luta entre os estados ser seguida pela luta entre os partidos. Se essa luta alcançar o ponto onde põe em perigo a existência da comunidade, o monarca forte no modelo de Augusto aparece e obriga as partes antagônicas à submissão. Esta é a fase final do *corso*. Se o experimento cesarista falhar, a república ou será conquistada por vizinhos mais fortes e saudáveis, ou desintegrar-se-á internamente e afundará num novo barbarismo de existência privada, ou seja, no barbarismo da reflexão. Apenas a Providência divina pode então aliviar o horror pelo redespertar dos poderes míticos no homem, abrindo, assim, um novo *corso*.

d. *A caracterização sumariante do* corso

Vico sumaria as fases políticas do *corso* ao traçar o fado dos plebeus e patrícios das origens até o fim. O "Element XCV" diz respeito ao fado dos plebeus:

> No começo os homens adoram emergir da sujeição e desejam igualdade: esta é a plebe nas repúblicas aristocráticas, que finalmente se transformam em repúblicas populares. Então esforçam-se por elevar-se por sobre seus iguais: esta é a plebe nas repúblicas populares quando decaem nas repúblicas dos poderosos. Finalmente querem colocar-se sob as leis: esta é a república popular anárquica ou desenfreada; não há pior tirania do que esta, porque há tantos tiranos na república quantos são os homens audazes e dissolutos. Então a plebe se torna sábia pela miséria e, a fim de salvar-se, submete-se à monarquia; esta é a *lex regia* natural pela qual Tácito legitima a monarquia romana sob Augusto.[54]

---

[54] "Elements, XCV". *Scienza Nuova*, n. 292.

O "Element XCVI" diz respeito aos patrícios:

> Quando as primeiras repúblicas foram formadas das famílias, os nobres que emergiram da liberdade primordial e pré-legal foram recalcitrantes com as restrições e ônus: estes eram os nobres na condição de lordes das repúblicas aristocráticas. Então os plebeus cresceram em número e valor militar, e os nobres foram induzidos a suportar as leis e os ônus iguais aos de seus plebeus: estes eram os nobres nas repúblicas populares. Finalmente foram forçados a salvar a *vita comoda* e se inclinaram naturalmente a submeter-se a um único governante: estes eram os nobres sob a monarquia.[55]

No nível geral de qualidade humana, o *corso* passa por uma sequência que Vico formula no "Elemento LXVI": "Os homens primeiro sentem o necessário, então notam o útil, depois se tornam conscientes do confortável, e ainda mais tarde deliciam-se no prazeroso, então se tornam dissolutos em meio ao luxo, e finalmente caem na loucura de perder a substância".[56]

e. A Mente Eroica

Já que a teoria política de Vico foi muito mal-empregada por Sorel e pelo movimento fascista, podem ser necessárias algumas advertências contra mal-entendidos superficiais. A distinção de Vico de duas naturezas humanas e a teoria dos *sutori delle nazioni* não implicam um louvor do governo elitista. Não implicam nada de maneira alguma com relação à desejabilidade de uma ou outra forma de governo. A unidade de discussão teórica na teoria política não é uma forma de governo, mas o *corso*. Nenhuma das fases do *corso* é preferível às outras; todas são estágios igualmente inevitáveis no curso de uma civilização. Na descrição do curso estamos no campo não da ética, mas da necessidade ideal. Nenhumas simpatias pelo governo aristocrático restaurarão ao poder uma

---

[55] "Elements, XCVI". *Scienza Nuova*, n. 293.
[56] "Elements, LXVI". *Scienza Nuova*, n. 241.

aristocracia, uma vez que tenha chegado o tempo da república popular. Nenhuma simpatia pela república democrática pode evitar a transição ao cesarismo. Nenhuma empresa fascista ou nacional-socialista pode criar uma nova aristocracia. O governo que resulta de tais tentativas será inevitavelmente o domínio dos *ambiziosi* e *dissoluti*.[57] A distinção das duas naturezas humanas não é um retorno à distinção aristotélica de homens livres por natureza e escravos por natureza; não toca a ideia cristã da igualdade substancial dos homens, mas não é mais do que a observação empírica de que alguns homens são mais sensíveis, inteligentes e enérgicos do que outros.

Essas advertências são necessárias não apenas como um salvo-conduto contra os equívocos de uma natureza política. São necessárias acima de tudo a fim de prevenir um equívoco teorético. Consideramos até aqui o *corso* com relação às fases desde a fundação até a dissolução. Essas fases não são uma sequência de formas políticas desconexas; obtêm seu caráter de fases de seu caráter como transformações de uma substância política que permanece idêntica através do curso civilizacional de uma nação. Esta substância política é chamada por Vico de *mente eroica*.

A *mente eroica* é a consciência dos *autori delle nazioni* de que, pela posse de seu *senso commune*, cresceram até uma estatura humana para além da selvageria, que eles são lançados como superiores aos que não participam dessa posse. É, além disso, a vontade de preservar o *senso commune* na existência histórica. A consciência do mito inicial, o amor pelos valores religiosos e éticos que ele contém, o orgulho em sua posse comum e a vontade de defendê-los são os elementos que compõem a *mente eroica*. Contanto que viva o espírito heroico nos membros de uma comunidade com tal força que apoie a autoridade de instituições governamentais efetivas, a comunidade preservará sua identidade política e existência na

---

[57] Sobre a irreversibilidade do curso, e em particular sobre a impossibilidade de um retorno à república aristocrática, ver *Scienza Nuova Prima* II.7-57; *Vico: Selected Writings*, p. 119-20.

história. Quanto a esta substância, as formas políticas sucessivas do *corso* são a história do nomadismo da *mente eroica* dos patrícios até os plebeus, e dos plebeus até o monarca.

Vico lida com este problema num capítulo que tem o título de "Descobrimento do Princípio Eterno pelo qual todas as repúblicas nascem, se governam e conservam".[58] Qual é esse princípio? É o "desejo da multidão de ser governada com justiça igual para todos, em conformidade com a igualdade da natureza humana". O despertar do *senso commune* significa o crescimento do homem a sua estatura espiritual. A ideia de natureza humana, igual em todos os homens, é primeiro realizada apenas pela imaginação poética do mito, e é realizada apenas nos "heróis", ou seja, nos criadores do mito. No entanto, é o princípio de toda sociedade civil desde o começo, e a posição dos heróis como governantes obtém sua autoridade do que podemos chamar representação virtual da ideia. Ademais, embora possa não viver ativamente nos súditos, é sentida por eles difusamente com tanta força que a regra não pode ser mantida sem revolta quando a ideia é grosseira e persistentemente violada. Daí o *eroismo* poder durar no estado dos patrícios apenas se mantiverem a multidão satisfeita quanto a este ponto. A crise do governo aristocrático chega quando os heróis estão caindo "da castidade à dissolução, do vigor à preguiça, da justiça à avareza, da magnanimidade à crueldade, e assim se fizeram tantos tiranetes". Quando foi alcançado este estágio, estão maduros para uma queda política que sucessivamente toma a forma de sua degradação na república livre e na monarquia.

O desaparecimento dos heróis como a classe governante não implica o desaparecimento da *mente eroica* do que tinham sido portadores a seu tempo próprio. Os heróis antigos estão dissociados do povo da república livre, mas "o heroísmo da cidade concentrou-se nas assembleias". A *mente eroica* tornou-se, nesta transformação, "uma mente livre de afetos, como Aristóteles definiu divinamente a boa

---

[58] *Scienza Nuova Prima* II.37.105.

lei". Tornou-se o espírito das leis e a liberdade "será sempre preservada entre aqueles que legislam neste espírito". Com a ascensão do cesarismo, os patrícios são reduzidos pelo monarca que passa a proteger a multidão. A *mente eroica* está agora concentrada no monarca porque apenas ele é de natureza superior à dos súditos e, em consequência, não está ele mesmo sujeito a ninguém, senão a Deus. Os monarcas preservam este heroísmo "à medida que garantem a seus súditos o usufruto igual das leis".

A ideia da *mente eroica* errante é o conceito-chave nesta teoria política do *corso*. Sem ela, a teoria do curso civilizacional seria apenas uma teoria da cultura e as fases políticas do curso se desfariam numa série de formas de governo, conectadas uma com a outra causalmente por uma psicologia da degeneração de uma classe governante. A categoria da *mente eroica* injeta a identidade da existência política em seu curso. A ideia da justiça, a fim de tornar-se o princípio organizador de uma sociedade, tem de ser realizada nos seres humanos. As formas governamentais sucessivas da república são modos de sua realização humana. Nos patrícios é realizada pessoalmente. Cada paterfamilias é originariamente o sacerdote-rei de seu grupo familiar, o direito vivente, agindo na imediação mítica, numa harmonia primordial de paixão e ideia. Na república plebeia esta imediação mítica começa a dissociar-se nas paixões dos membros individuais e na objetividade das leis produzidas em sua assembleia. Na monarquia, finalmente, a harmonia primordial desfez-se na realeza-salvadora do *princeps* e numa multidão de pessoas privadas que podem ainda aceitar o protetorado do governante, mas já não podem governar-se ativamente. Com esta concentração da *mente eroica* num único ser humano, a existência política da própria república se tornou precária. Quando já não se pode encontrar um ser humano que seja capaz de incorporar adequadamente a ideia de justiça, então a substância criada pelos *autori delle nazioni* está, na verdade, exaurida. A desordem geral que se segue (o *interregnum* de Toynbee) durará até que uma nova fonte de criatividade fundante floresça algures.

§ 12. Conclusão

A *Scienza nuova* é uma filosofia geral da cultura. Além de uma teoria da política, compreende uma teoria da linguagem e uma teoria da arte. Apesar disso, ao isolar a teoria da política das teorias das outras manifestações culturais, não a isolamos dos princípios gerais do sistema de Vico. E nossa análise dos princípios gerais foi tão ampla que não restou muito para acrescentar agora numa avaliação sumariante da posição de Vico na história intelectual ocidental. Podemos limitar-nos a uma breve recapitulação das principais ideias pelas quais Vico fixou a contraposição a sua época, e então passar a uma enumeração igualmente breve das principais ideias pelas quais Vico se tornou um dos fundadores da moderna ciência política.

Vico encontrou-se em oposição à Era do Iluminismo e da Razão quando ela mal tinha começado seu curso. Isso foi talvez uma vantagem porque as causas de um desastre intelectual e espiritual podem ser discernidas mais claramente antes de serem obscurecidas pelo crescimento exuberante dos efeitos. O inimigo ainda estava claramente reconhecível, e o ataque de Vico tem uma simplicidade maciça. Na verdade, no que diz respeito à crítica da era, podemos reduzir suas ideias a cinco contraposições:

1. A contraposição à ciência natural. A *Scienza nuova* é uma tentativa consciente de restaurar uma ciência da mente contra as pretensões exuberantes de que os métodos da ciência de fenômenos naturais são os modelos de toda a ciência. O problema fervilhara por mais de um século, e Pascal tinha visto claramente a ameaça, mas a Nova Ciência de Vico foi o primeiro ato grandioso no movimento para a restauração de uma ciência da substância.

2. A contraposição ao *Cogito ergo sum*. A restauração de uma ciência da substância exige a restauração

da antropologia filosófica. O principal inimigo a esse respeito foi a meditação cartesiana que encontra o ponto arquimédico da metafísica no *cogitare* da existência solitária. O primeiro axioma de uma ciência da substância é a historicidade da existência. A razão não é um princípio criativo independente; a razão pode operar apenas dentro do campo delimitado pela criatividade mítica. O *senso commune* da história gentílica e as grandes irrupções transcendentais na história sacra fornecem a substância para a penetração racional.

3. A contraposição ao pelagianismo. Quanto a este ponto, o principal inimigo é Grotius. Contra a suposição de que o homem é fundamentalmente bom e pode criar uma ordem social das fontes de sua substância imanente, Vico restaurou a finitude do homem decaído que precisa da ajuda da Providência a fim de ascender acima da anarquia do *amor sui*. À ideia de uma ordem social humanamente criada Vico opôs a ideia de uma ordem na história e na política que não é explicável à luz da psicologia do *amor sui* do século XVII ou do sensualismo e utilitarismo do século XVIII.

4. A contraposição à teoria contratual. Isto é um corolário do ponto precedente. Se a ordem social é inexplicável como resultado da ação humana imanente, cada um dos casos desse tipo de explanação tem de ser descartado. A crítica de Vico foi dirigida contra as teorias contratuais porque estavam na moda; um século mais tarde, sob a impressão da história revolucionária francesa, Schelling dirigiu a mesma crítica contra a tendência do fazer constituições.

5. A contraposição ao progresso. Na época em que Vico viveu, a teoria do progresso ainda não tinha sido totalmente desenvolvida. Sua contraposição

não era dirigida contra a ideia explícita, mas contra os sentimentos que a engendram, ou seja, contra a húbris da autossalvação. Embora a própria posição não estivesse ainda completamente desenvolvida, ele ainda assim foi capaz de desenvolver totalmente a contraposição em sua teoria da decadência inevitável do curso civilizacional. Vico foi o primeiro dos grandes diagnosticadores da crise ocidental. E reconheceu infalivelmente como seu sintoma mais revelador o sentimento de confiança otimista no homem individual como a fonte de ordem. A privatização do indivíduo não é o precursor de uma ordem magnificente que surgirá da libertação das forças individuais. É o precursor de uma luta anárquica pelo poder que terminará na monarquia cesarista. O princípio é válido, embora por ocasião de sua discussão Vico tenha cometido um sério erro de interpretação histórica quando viu nas monarquias nacionais de seu tempo os análogos da monarquia augustana. A causa deste erro é a tendência previamente discutida de generalizar incautamente partindo do modelo do curso romano.

A crítica de Vico à era não se exauriu na negação. As cinco contraposições implicam um sistema positivo, e não há nenhuma linha divisória correndo entre este conteúdo positivo e o conteúdo das ideias a que agora nos estamos voltando. Apesar disso, a distinção entre as contraposições e a ideia do *corso* tem sua relevância para a compreensão do pensamento de Vico porque lhe enfatiza a consciência de ser o fundador de uma nova ciência política. Uma nova ciência é lançada diante de uma velha ciência, e as contraposições ajudam-nos a definir a "modernidade" do pensamento de Vico. O ponto é de alguma importância porque, numa era de crise, a desordem intelectual da comunidade se expressa na coexistência aparentemente não perturbada de velhas e novas ideias, de sistemas explodidos e novas fundações. O termo *moderno* não tem nenhuma conotação absoluta e foi empregado consecutivamente a fim de designar várias fases da história intelectual ocidental pós-medieval. As contraposições tornam claro o que Vico entende como "velho". "Velho" é um agregado de sentimentos e ideias que emergiram no século XVII, se desenvolveram nos séculos XVIII e XIX, e ainda estão muito vivos em nosso tempo. O fato de que este agregado de sentimentos e ideias tenha sido explodido intelectual e espiritualmente através da obra de Vico, em 1725, não significa que não tenhamos de sofrer até hoje suas consequências no progressivismo, comunismo, nacional-socialismo e Guerras Mundiais. E a ascensão e desenvolvimento da "nova" ciência no curso dos últimos dois séculos não significa que encontrou aceitação ampla. Ao contrário, o rótulo *moderno* na opinião popular liga-se a ideias que Vico considerava "velhas" em 1725, em vez de à ciência que ele fundou. Vamos lidar com esta estranha confusão de maneira mais pormenorizada no capítulo sobre Schelling.[59] As observações presentes serão suficientes para chamar a atenção do leitor para o fato de que numa era de crise, modernidade e efetividade social não são a mesma coisa. A ciência política moderna, no sentido da nova ciência de Vico, é uma ilha comparativamente insignificante num mar de "velhas" ideias.

De novo, depois de nossa análise mais ampla, podemos ser breves em rememorar as ideias principais da nova ciência. A restauração da antropologia agostiniana tem como consequência a intelecção de que a estrutura do curso histórico é um fator objetivo e irredutível na história. O curso como tal não pode ser explicado por uma psicologia das paixões ou de interesses utilitários. A vida da paixão é a ocasião na qual o significado objetivo do curso é realizado; não é a sua causa. Este princípio remove do campo da ciência política, como vimos, todas as tentativas de reduzir o significado transindividual da história para a operação de fatores econômicos, biológicos ou psicológicos. Ademais, a distinção entre história gentílica e sacra retira todo o corpo de histórias sacras

---

[59] Ver vol. VII, *The New Order and Last Orientation*, parte oitava, cap. 2.

secularistas – sejam do tipo comtiano ou marxista. Especulações deste tipo podem ser classificadas pelo cientista como variantes de história sacra, mas não são ciência elas mesmas. O conceito do *senso commune*, além disso, estabelece o mito como a origem da organização política [*polity*] e elimina, portanto, todo o corpo de especulação racionalista concernente aos começos da sociedade civil. Todas essas ideias parciais, finalmente, são mantidas juntas pelo grande princípio fundamental de que o *corso* como um todo, não suas fases simples, é a unidade da investigação científica. O princípio já está contido em substância nas teorias platônica e polibiana do ciclo das formas governamentais. Foi sistematicamente elaborado por Vico quando ele introduziu a categoria da *mente eroica* como a substância que permanece idêntica na sequência de realizações humanas no *corso*. Em virtude deste princípio, Vico descartou a classificação botânica de formas de governo assim como os debates sobre seus méritos. Embora esse estabelecimento do *corso* como a unidade de investigação seja o golpe de mestre da ciência política de Vico, no que diz respeito ao princípio, é ao mesmo tempo, inevitavelmente, seu ponto mais fraco de execução. Discutimos as falhas na construção de Vico, que provêm da generalização do modelo romano, assim como da adoção acrítica do problema da história espiritual na forma que recebeu através de Santo Agostinho. Aqui está o campo bem aberto da nova ciência política. Com o crescimento do conhecimento no campo da história empírica, e com a penetração cada vez maior dos problemas teóricos da história espiritual, evocativa e pragmática, temos de esperar um desenvolvimento da nova ciência muito além do escopo previsto por Vico, um alargamento para o qual os estudos de Schelling e Bergson, de Spengler e Toynbee, são pouco mais do que um começo.

4. A PROCURA INGLESA DO CONCRETO

No capítulo "As Nações Cismáticas", caracterizamos a estrutura das ideias políticas na era da Revolução sob seu aspecto mais geral, ou seja, o rompimento com a Cristandade ocidental e a emergência das comunidades nacionais como corpos político-religiosos cismáticos. O desenvolvimento das ideias políticas depois de 1700 torna-se cada vez mais estreito no sentido de que os problemas que são específicos a várias comunidades nacionais são mal-entendidos como problemas de importância universal, e as ideias apresentadas para sua solução são mal-entendidas como uma teoria política de validade geral. Esta caracterização, entretanto, que é correta para a estrutura geral das ideias, não exaurirá, obviamente, os problemas da era. Tão logo desçamos a níveis mais concretos dos problemas, surgirá uma infinidade de complicações devidas à sobrevivência da tradição ocidental geral nas histórias nacionais particulares, assim como à interação entre ideias que surgem dentro das regiões nacionais. O "rompimento" da Cristandade ocidental não significa que esta desapareça sem deixar vestígios. Ao contrário, significa a refração e a transformação gradual da tradição cristã comum dentro das áreas nacionais. Um estoque comum substancial de ideias permanece preservado neste processo, particularmente no começo. Uma substância comum adicional de problemas e ideias surge dos processos de democratização e industrialização que se espalham (com intervalos de tempo consideráveis nos vários países) sobre toda a área da civilização ocidental. Os problemas do governo representativo, da formação de partidos, do sufrágio universal, do proletariado industrial, da pequena burguesia, dos sindicatos, da legislação trabalhista, e assim por diante, evocam em toda parte ideias similares e soluções técnicas similares.

Portanto, não ficamos surpresos em observar uma interação intensa de ideias e influências através das fronteiras nacionais: a influência de Newton e Locke em Voltaire, de Locke e Sidney em Montesquieu, de Montesquieu no constitucionalismo americano, de Locke em Condillac e Helvétius, de Helvétius em Bentham, de Hume e Rousseau em Kant, de Benjamin Franklin em Herder, da experiência americana sobre Tocqueville, de Humboldt, Tocqueville e Comte em John Stuart Mill, do hegelianismo na Inglaterra, dos *moralistas* franceses em Nietzsche, e assim por diante. A teia de influências mútuas é, na verdade, tão intimamente entrelaçada que, se o olho se fixar no detalhe, o observador pode ser tentado a supor que ela se sobrepõe em importância à tendência cismática. No entanto, seria errônea essa suposição. O isolamento da estrutura cismática geral encontra sua justificação no fato histórico de que, no nível da política pragmática, a tendência cismática obteve ascendência sobre os problemas e ideias unificadoras.

A ideia de uma validade ocidental, se não humana, para os desenvolvimentos nacionais cismáticos então se endureceu em missões nacionais intransigentes, com a consequência catastrófica de que as tentativas de concretizar a tese da universalidade pela expansão imperial seriam opostas pelas vítimas potenciais em guerras prolongadas. A Revolução Francesa com seu clímax no imperialismo de Napoleão e a Revolução Alemã com seu clímax no imperialismo de Hitler tiveram de ser derrotadas – com o resultado de que os poderes anglo-saxões, com suas reivindicações de universalidade para a variante inglesa e americana de democracia, têm agora de enfrentar uma civilização não ocidental, com uma reivindicação universal própria, através dos campos de batalha da Europa. As consequências pragmáticas justificam uma ênfase no problema cismático que, mesmo uma geração atrás, teria parecido exagerada.

§ 1. A organização política modelo

As fundações do desenvolvimento cismático inglês, a que nos voltamos agora, foram estabelecidas na primeira metade do século XVIII. O período é bem conhecido no que diz respeito aos pormenores da história de suas ideias políticas, mas ainda é muito obscuro com relação a sua *gestalt*, ou seja, com relação ao denominador comum de seus problemas. As razões para esta obscuridade são altamente complexas, e sua exposição não pertence propriamente a um contexto que é estritamente o das ideias políticas. No entanto, temos de estar a par do fato de que apenas desde os anos de 1920 é que a estrutura deste período passou por uma observação séria e que o processo de reavaliação está longe de ser concluído. Nossa própria tentativa de uma organização dos problemas tem de, portanto, ser considerada provisória. Inquirições futuras podem compelir correções de longo alcance.

a. Uma população estagnada

O título deste capítulo, "A Procura Inglesa do Concreto", pretende designar o denominador comum dos problemas. O termo *concreto* é tomado de Berkeley, cuja busca pelo concreto se distribuía pelos reinos do ser da matéria até Deus e pelas variedades de experiência, da percepção sensível até a fé. Que tal busca pelo concreto seja necessária implica que o concreto se perdeu: a busca do concreto é correlativa ao estado de sentimentos e ideias que têm de ser caracterizados como uma perda de contato com a concretude da existência. A perturbação violenta da revolução puritana, da Restauração e da

Revolução Gloriosa deixou como sua herança uma exaustão profunda e desorientação. A dissolução da sociedade inglesa foi, na verdade, tão profunda que não apenas se manifestou em sintomas comparativamente inócuos como uma confusão temporária de ideias e moral, mas tocou a própria substância biológica da nação. Não é possível estabelecer a extensão do desastre com exatidão porque a coleção de estatísticas estava ainda em sua infância, mas estão disponíveis alguns números comparativos para o crescimento da população em vários países. A taxa anual de crescimento foi para:

Inglaterra e	1701-1741	0,013%
País de Gales	1741-1777	0,456%
França	1701-1770	0,184%
Suécia	1700-1748	0,362%
	1748-1770	0,664%
Áustria	1754-1784	0,862%
Prússia	1748-1770	0,844%

Os fatos em si mesmos são eloquentes. Na primeira metade do século XVIII, a população da Inglaterra tinha praticamente cessado de crescer; a taxa sueca de crescimento no período comparável foi cerca de 28 vezes maior; e a taxa inglesa de crescimento depois de 1741 é cerca de 35 vezes mais alta que a de antes de 1741.[1] Este retardamento no crescimento não é resultado de uma baixa taxa de natalidade. A taxa de natalidade na Inglaterra subiu abruptamente nas primeiras três décadas do século XVIII, assim como em outros países. Do mesmo modo como em outros países, nivelou-se no final do século. O retardamento é devido a um crescimento ainda mais abrupto da taxa de mortalidade no mesmo período. A população em outros países subiu porque nesta época a diferença entre

---

[1] Os números no texto são tirados de A. M. Carr-Saunders, *World Population*. Oxford, Oxford University Press, 1936, fig. 3, p. 21; ver também o diagrama na p. 20.

a taxa de natalidade e a taxa de mortalidade tornou-se fortemente marcada, ao passo que na Inglaterra a taxa de mortalidade subiu mais rapidamente do que a taxa de natalidade, e mesmo a ultrapassou durante a década que precedeu 1740.[2]

b. O gim

A causa fisiológica imediata desse desenvolvimento anormal na Inglaterra não é nenhum mistério; pode ser encontrada na "orgia sem igual de embriaguez" que caracterizou este período.[3] O inglês bebeu muito antes da "orgia sem igual" da Era do Gim: em 1688, quando a população era de cerca de 5 milhões, fabricava-se cerveja na quantidade de 12,4 milhões de barris; dois barris e meio *per capita*, incluindo crianças, não é mal. A orgia em si, porém, começa depois de 1689 quando a importação de bebidas destiladas foi proibida e a destilaria doméstica se desenvolveu. Os números da produção contam a história:

Ano	Galões[4]
1684	527.000
1714	2.000.000
1727	3.601.000
1735	5.394.000
1737	3.600.000
1742	7.000.000
1751	11.000.000

A baixa súbita em 1737 é um resultado da promulgação de legislação restritiva em 1736, mas o comércio clandestino logo foi organizado suficientemente para superar quaisquer

---

[2] Para o movimento comparativo de taxas de nascimento e taxas de mortalidade neste período, ver ibidem, cap. 5, "Natural Increases", e fig. 13, p. 61.

[3] Ibidem, p. 76.

[4] Um galão, na Grã-Bretanha, equivale a 4,5 litros. (N. T.)

obstáculos legais.⁵ As consequências da orgia para os costumes da era são bem conhecidas; não precisamos deter-nos nos pormenores atrozes e saborosos. Concluamos com o sumário que Henry Fielding deu em 1751 em seu panfleto *On the Late Increase of Robbers* [Do crescimento recente de ladrões]: "Se continuar a bebida deste veneno na atual medida nos próximos vinte anos, restarão, nessa época, muito poucas das pessoas comuns para bebê-lo".⁶

c. O expurgo da Igreja

Um estado de dissolução que põe em perigo a existência biológica de uma nação não é uma desordem efêmera que atacou apenas uma parte da sociedade. É mais profundo até do que uma tensão de classe que poderia irromper numa revolução política. Uma indulgência suicida deste tipo indica o que todo suicida indica: que a existência chegou a um impasse, que já não se pode ver uma alternativa significativa para o suicida. A destruição do significado é característica da época, e a reconstrução do significado é seu problema. A natureza e magnitude deste problema são pouco compreendidas mesmo hoje porque, durante este período sombrio de sua história, o poder da Inglaterra permaneceu incólume e a casca exterior das instituições políticas continuou a funcionar. O alto grau de corrupção, mesmo dentro desta casca funcional, é um tema de conhecimento comum, e não vamos repetir o que o leitor pode encontrar em qualquer tratado sobre a história inglesa. Por um momento, entretanto, temos de refletir em um segmento da sociedade inglesa cujo funcionamento foi da maior importância para a preservação da substância intelectual e espiritual da nação, ou seja, a Igreja da Inglaterra.

O funcionamento da igreja tinha sido prejudicado, não por um desenvolvimento interno de ideias, mas por uma série de operações incisivas que removeram os membros mais vitais

---

⁵ Os números no texto foram tirados de W. E. H. Lecky, *A History of England in the Eighteenth Century*. New York, Appleton, 1903, 2, p. 101-03.

⁶ Citado em ibid, 2, p. 103.

de suas posições no clero. A primeira dessas operações foi perpetrada por meio do assim chamado Código Clarendon. A Lei de Uniformidade de 1662 determinou que todos os clérigos, membros de grupos universitários e mestres-escolas tinham de aceitar as novas revisões antipuritanas ao Livro de Oração Comum, que tinham de conformar-se com a liturgia tal como era agora estabelecida, e que tinham de repudiar a Solene Aliança e Pacto de 1643, pela qual os signatários tinham concordado com a reforma da religião conforme a palavra de Deus e o exemplo das melhores igrejas reformadas. O resultado do ato foi que dois mil clérigos recusaram aceitação, o que significava que um quinto do clero da Igreja da Inglaterra perdeu suas posições. Os encontros religiosos privados dos não conformistas que se espalharam, em consequência, foram suprimidos pela Lei dos Dissidentes de 1664, que previa punições severas para encontros religiosos dissidentes de que participassem mais de cinco pessoas. E, finalmente, a Lei das Cinco Milhas, de 1664, proibia os clérigos expulsos de chegar a cinco milhas de qualquer cidade incorporada ou de qualquer lugar onde tivessem sido ministros.

Para nosso problema, esta última lei é a mais interessante por causa da ocasião de sua passagem, assim como por causa de suas consequências. A ocasião foi a Grande Peste de 1665, que reduziu a população de Londres em 20%. Juntamente com a parte mais afluente da população, muitos clérigos fugiram de Londres e abandonaram seu rebanho. No cuidado dos doentes, nos sepultamentos e nos serviços, seus lugares foram tomados por não conformistas voluntários. Este ultraje, que iluminou de modo talvez demasiadamente claro onde o homem comum em aflição poderia e não poderia encontrar ajuda corporal e espiritual, foi respondido pela Lei das Cinco Milhas. Embora o ato fosse difícil de pôr em prática em todas as ocasiões, seu propósito geral foi alcançado: o clero não conformista foi efetivamente removido da liderança da sociedade inglesa pelo simples artifício de ser removido fisicamente da sociedade citadina, onde a sua influência poderia ter sido de relevância social. Em particular, foram removidos das universidades, já que as universidades por acaso se localizavam nas cidades. A eliminação física da cultura puritana da sociedade inglesa, que durou uma geração até o Ato de Tolerância de 1689, aplicou-lhe um golpe de que nunca se recuperou. Quase não é necessário minudenciar o paralelo com os aperfeiçoamentos técnicos mais recentes da arte política de destruir a substância de um povo pela eliminação de sua liderança intelectual e espiritual.

A segunda operação na Igreja da Inglaterra veio com a Revolução Gloriosa. O Juramento de Fidelidade de 1689 foi recusado por mais de quatrocentos clérigos que tinham suas dúvidas sobre a legalidade das transações entre o Parlamento Convencional e o novo rei; em 1690 foram privados dos meios de sua subsistência. Este golpe contra os assim chamados "não juradores" não seria tão interessante se não tivesse feito mais do que remover a facção jacobita da igreja. Na verdade, contudo, um bom número de jacobitas políticos permaneceram na igreja e fizeram o juramento. A remoção dos que se negaram a jurar foi importante porque entre eles estavam os principais representantes da concepção patrística, sacramental e católica antiga da igreja. Enquanto a primeira operação tinha removido a ala esquerda reformadora, a segunda operação removeu a ala direita reformadora. Como consequência desta dupla amputação, a igreja ficou privada de praticamente todas as suas forças vivas. O que permaneceu foram os piores elementos, as mediocridades, os libertinos e os oportunistas. O processo de castração foi completado em 1717 quando, por ocasião da controvérsia bangoriana, a convocação da Igreja da Inglaterra foi interrompida por um decreto real. Nenhuma licença real para realizar negócios foi promulgada de novo antes de 1861, e nem mesmo uma assembleia consultiva foi garantida antes da metade do século XIX. A igreja tinha deixado de ter visibilidade pública independente e tinha sido reduzida à posição de departamento do Estado.[7]

---

[7] Para a drenagem da Igreja da Inglaterra de seus elementos vitais e as consequências, ver J. Wesley Bready, *England: Before and after Wesley*. London, Hodder and Stoughton, 1938, em particular o cap. 1, "Triple Tragedies". Para

Se acrescentarmos a essas medidas a Lei de Corporação, de 1661, a Lei do Teste, de 1673 (anulada na prática depois de 1689, mas revogada apenas em 1828), a Lei do Teste contra a Escócia, de 1681, que levou cerca de oitenta bispos a renunciar, e a Lei de Incapacitação dos Papistas, de 1678, que expulsou os católicos do Parlamento (revogada em 1829), temos a impressão de uma revolução totalitária, aliviada apenas levemente pela Lei de Tolerância para os dissidentes, de 1689. E algo como uma revolução totalitária tinha ocorrido na verdade, com efeitos destrutivos na substância da nação similares às destruições causadas por revoluções posteriores deste tipo. Se a nação inglesa pôde sair desse pântano, embora não incólume, e reconquistar um fundamento firme depois da metade do século XVIII, isso foi principalmente o resultado de duas circunstâncias de sorte. A primeira dessas circunstâncias nós já a discutimos no capítulo "As Nações Cismáticas". É o fato de que a crise nacional ocorreu numa época em que o iluminismo e o progresso não tinham corroído a massa das pessoas comuns, de tal maneira que o avivamento populista da nação, quando veio, através de John e Charles Wesley, podia ainda ser um avivamento da amizade cristã – por mais reduzida espiritual e civilizacionalmente que tenha sido. A segunda dessas circunstâncias é o fato de que, entre 1689 e 1721, a Constituição inglesa foi criada como uma forma politicamente autônoma, independente das vicissitudes dinásticas. O novo sistema constitucional, assegurado pela Carta de Direitos [Bill of Rights], pela Lei do *Habeas Corpus* (1679), pela Lei dos Julgamentos por Traição (1696), pela Lei de Povoação (1701) e pelo estabelecimento do governo de gabinete e do sistema de partidos com a subida de Walpole ao cargo de primeiro-ministro em 1721, mantiveram abertos os canais para o influxo de novas forças que cresceram em importância depois do meio do século.

---

o problema dos que não prestam juramento, ver H. Broxap, "Jacobites and Non-Jurors". In: F. J. C. Hearnshaw (ed.), *The Social and Political Ideas of Some English Thinkers of the Augustan Age* A.D. *1650-1750*. New York, Barnes and Noble, 1923, p. 97-111, e a bibliografia no final do artigo. Para a controvérsia bangoriana, ver no mesmo volume Norman Sykes, "Benjamin Hoadly, Bishop of Bangor", p. 112-56.

d. Os sermões políticos de Warburton

O caráter peculiar de uma constituição livre emergindo da devastação totalitária de uma nação encontrou seu reflexo no pensamento político da época. Como exemplo representativo do modo como um membro da igreja remanescente enfrentaria esse problema, escolhemos os sermões pregados por William Warburton, mais tarde bispo de Gloucester, no Lincoln's Inn, por ocasião da Rebelião Escocesa de 1745-1746.[8]

Warburton começa da harmonia pré-estabelecida entre a Cristandade e o governo constitucional: a fé prescreve as regras da justiça civil, e um governo livre e igual favorece a profissão da verdade. Esta harmonia tornou-se realidade na Inglaterra, porque a constituição civil deixa livres as consciências e lhes protege a liberdade, e a constituição religiosa mais de uma vez apoiou os direitos dos cidadãos quando foram ameaçados por um poder arbitrário e ilegal. Oposta a esta harmonia de luz é a harmonia dos poderes das trevas, ou seja, da Superstição e do Despotismo. Concretamente, os poderes das trevas são o Papado e o Poder Arbitrário dos Stuarts. O Papado traz as trevas porque apaga todo o temor de Deus da mente dos homens. A "política anticristã", a "igreja não cristã", obtém seu propósito por uma série de medidas: a "adoração idólatra de homens mortos" cria um sistema politeísta em rivalidade com o Deus verdadeiro; a doutrina da atrição e da absolvição destrói o temor da justiça de Deus; o governo da igreja "por um simples homem" destrói o temor do domínio de Deus; e a Inquisição produz hipocrisia e, portanto, destrói o medo da onisciência de Deus. O Poder Arbitrário destrói a honra que se deve aos reis. O rei arbitrário é um tirano que trata seus súditos como escravos e, portanto, produz desprezo. Favorece a superstição em apoio de prerrogativa ilegal e, portanto, cria

---

[8] *Three Sermons Preached and Published on Occasion of the Late Rebellion, in 1745*; publicado como um apêndice ao segundo volume de Warburton, *The Principles of Natural and Revealed Religion Occasionally Opened and Explained in a Course of Sermons Preached before the Honourable Society of Lincoln's Inn.* London, Knapton, 1753-1754.

repulsa. Faz de sua vontade e prazer a regra de sua administração e, portanto, cria o temor servil. E obtém sua autoridade não do povo, mas do céu, da natureza ou da conquista, e cria, portanto, desconfiança. Daí o conselho de temer a Deus e honrar o rei (1 Pedro 2,17), ter de ser interpretado como significando que temos de apoiar "nossa Religião santa contra a Superstição papal, e nosso governo moderado contra o Poder Arbitrário".[9]

A articulação do mundo num foco nos filhos da luz ingleses e nas cercanias em trevas permite a Warburton estabelecer o papel da Inglaterra na política e na história. Na emergência presente da Rebelião é dever de todo cristão e bretão reunir-se em defesa do país, pois este país é "o orgulho e confiança de nossos amigos! A inveja de nossos vizinhos! O terror de nossos inimigos, e a admiração da humanidade!" "Feliz nação! Educadora de heróis, escola de sábios, seminário de mártires santos, favorita distinta do Céu!".[10] Em relação a outras nações esta Inglaterra tem agora

> a glória distinta de ser a Depositária, por assim dizer, da Liberdade civil e religiosa, para o resto da humanidade. E enquanto continuarmos fiéis a nossa confiança, há ainda esperanças de que os filhos degenerados dos homens possam, uma vez ou outra, obter este fogo nobre de nós, e reivindicar sua primogenitura devastada. Mas, em nossa destruição, a própria Liberdade expira; e a natureza humana desesperar-se-á de jamais reconquistar sua dignidade primeira e original.[11]

"A preservação da liberdade britânica" é a preservação "das liberdades da Humanidade".[12] Os homens que atacam tal luz e glória obviamente devem ser pessoas desagradáveis; e, na verdade, a indignação feroz de Warburton é excitada pelo pensamento de

---

[9] Warburton, "Sermon I" (novembro de 1745). In: ibidem, p. 3-14.
[10] Ibidem, p. 16
[11] Ibidem, p. 17.
[12] "Sermon III". In: ibidem, p. 73.

que um Reino poderoso, um povo que ainda dá leis ao Continente, e manteve por longo tempo o equilíbrio entre Impérios em luta, foi de repente derrubado por uma ralé de rufiões supersticiosos, de ladrões de montanhas, de bárbaros semiarmados e semiesfomeados, com um Aventureiro selvagem e desesperado à sua frente; e reduzidos, pela loucura desses escudeiros miseráveis, do povo mais livre e feliz na terra a uma Província da França, um armazém para a Espanha, e um patrimônio para o falso sucessor de São Pedro.[13]

Se o maniqueísmo enérgico e sórdido do "Sermão I" exaurisse a política de Warburton, não se atribuiria muita importância a suas ideias. Poderíamos descontá-las como discursos empolados de um nacionalista presunçoso. Warburton certamente era presunçoso e presumido, mas, além disso, tinha muita astúcia. Sabia muito bem o que estava acontecendo a seu redor. Não era cego ao fato de que a sociedade inglesa de seu tempo estava abissalmente podre, e devia estar consciente de que seu louvor sem restrições à glória inglesa soaria engraçado a um auditório de advogados com algum discernimento mundano. Em seu "Sermão II" (dezembro de 1745), repara a omissão do primeiro sermão e desenvolve um argumento perspicaz que torna a corrupção de um povo compatível com sua glória. Bons cristãos poderiam tirar, e nessa época de fato tiravam, conclusões com relação ao fado da Inglaterra através da analogia com o fado de Israel. Deus puniu seu povo eleito, por seus pecados, entregando-o nas mãos de seus inimigos. Não poderia acontecer o mesmo com a Inglaterra? Warburton nega a validade deste argumento. Nega "que, porque os vícios *privados* e as impiedades dos homens sob aquela economia, pelo justo julgamento de Deus, tenham muitas vezes trazido aflição sobre a *comunidade*, que eles tenham agora a mesma tendência de provocar-lhe a ira e indignação contra a nossa".[14] O povo inglês é rico em vícios, e o estado de imoralidade pode levar ao desastre, mas tal desastre virá na ordem da causação

---

[13] "Sermon I". In: ibidem, p. 18.
[14] "Sermon II". In: ibidem, p. 32 ss.

natural à medida que a dissolução dos indivíduos possa minar, por fim, a ordem social. Não virá como julgamento de Deus. A analogia com o fado de Israel não é proibida porque, sob a dispensação cristã, Deus separou os problemas da moralidade privada e pública. O estado é um agente moral independente e não é responsável pela conduta dos indivíduos. "A sociedade é um *homem artificial*, tendo, como o *natural*, todas as qualidades essenciais, que constituem um Agente Moral."[15] O estado pode ser punido por Deus por seus vícios, mas não há necessidade de infligir à comunidade punição pelos crimes de indivíduos. Por causa da perversidade dos indivíduos, "as sanções de nossa religião são recompensas e punições futuras".[16] Daí a podridão do povo, embora repleta de perigos naturais, não ser causa para o derrotismo quanto ao fado da nação na política internacional. Na cena mundial apenas a moralidade do estado é crucial na contingência presente. Quanto a este ponto podemos ficar tranquilos, pois o estado da Inglaterra é um modelo de virtude pública.

O restante do "Sermão II" é dedicado a uma elucidação da virtude inglesa na política internacional. A tarefa de Warburton não era tão fácil como poderia ter sido porque a Inglaterra estava então envolvida na Guerra da Sucessão Austríaca, e virtude tinha pouco que ver com esse sucesso. Apesar disso, ele chega a uma conclusão feliz. As guerras continentais são inspiradas pelo desígnio sombrio de perturbar "esse equilíbrio estabelecido e equitativo de Poder, tão necessário para a paz e felicidade da Europa". Apoiar o equilíbrio de poder é sinônimo de apoiar "as liberdades da Europa contra a perfídia mais detestável, as usurpações mais injustas e a ambição mais sem lei e destrutiva". A Inglaterra tem um motivo nesta guerra "pelo qual ela pode não apenas suplicar com decência a proteção, mas apelar, confiante, para a justiça do Céu: um motivo fundado na base sólida da autodefesa, fé pública e liberdades da humanidade".[17]

---

[15] Ibidem, p. 38.
[16] Ibidem, p. 32.
[17] Ibidem, p. 42-43.

A especulação quanto à excelência doméstica e internacional da Inglaterra é completada no "Sermão III" por um fragmento de história filosófica. A história é articulada em Antiguidade, Idade Média e Período Moderno começando com a Reforma. O Império Romano opressivo teve de ser rasgado em pedaços pelas "nações cruéis e livres do Norte". Dentro dos domínios de sua conquista, estabeleceram organizações políticas [*polities*] sobre o princípio da liberdade do povo. "E erguidos em plano tão justo, esses governos góticos poderiam ter permanecido até hoje, não tivesse a influência rançosa da superstição papal viciado essas políticas generosas." Ao tempo da Reforma, o mundo ocidental estava profundamente perdido em escravidão assim civil como eclesiástica. "Porque a Hierarquia triunfante tinha vingado amplamente o Império decaído no pescoço de seus destruidores." Com a Reforma começa a era da liberdade assim política como religiosa, pois "onde está o espírito do Senhor, aí está a liberdade". Nesta luta por uma nova liberdade, a Inglaterra é "no presente, de toda a raça humana, a maior devedora da providência". Parece até mesmo possível que "tenhamos sido escolhidos pela Providência, nesses últimos tempos, para preservar a memória da liberdade civil em meio a um mundo servil, como a casa de Israel foi antigamente, para manter viva a verdadeira religião em meio à apostasia".[18]

A evocação política de Warburton tem uma fascinação peculiar para nós porque aqui podemos observar em suas origens o estado de sentimentos que, mais tarde, depois de ter superado os remanescentes da tradição cristã, se desenvolve nos totalitarismos de nossa época. A posição de Warburton pode ser caracterizada como um constitucionalismo nacional totalitário. A estrutura da constituição separou-se da substância moral e espiritual da nação. A infidelidade e a luxúria são "os dois males capitais de nossos compatriotas enfeitiçados. A altura a que ambos chegaram não pode ser agravada; e não precisa ser particularmente descrita. O caso é notório,

---

[18] "Sermon III". In: ibidem, p. 65 ss e 91 ss.

e confessado".[19] A podridão da sociedade pode até engolfar o estado, porque precisamente as proteções processuais acordadas por uma constituição livre podem, na prática, degenerar na proteção do criminoso contra a punição.[20] Apesar disso, a constituição é perfeita. É livre mesmo se suprimir os não conformistas e os não juradores, e se privar os católicos da representação política. É sensata mesmo quando dá pasto livre à dissolução até o ponto da criminalidade. Está inteiramente desenvolvida a idolatria de uma casca sem substância, que em nosso tempo produziu a situação fantástica da derrubada da democracia por meio de procedimentos democráticos.

Ademais, esta constituição livre é a forma política de uma nação. Vemos inteiramente desenvolvida a concepção da nação como o povo escolhido, a articulação maniqueísta do campo da política na nação pura e nas trevas ao redor, a ideia de uma missão nacional, a identificação da civilização nacional com a civilização da humanidade, e a identificação do destino nacional com o destino da humanidade em geral. Warburton desenvolve um sistema de megalomania nacional que, uma vez conquistado pelas outras nações, só pode ter como resultado a guerra de todos contra todos que presenciamos em nosso tempo. De importância específica, finalmente, é a inclusão do princípio do equilíbrio de poder no novo dogma. Na prática política este princípio significa que, sempre que é perturbado o equilíbrio (que podemos supor que é estabelecido num dado momento do tempo) por fatores como crescimento da população e progresso tecnológico ou econômico dentro de uma nação, o único meio admissível para a solução do problema é uma guerra mundial que reduza o poder desproporcionalmente crescente a uma fraqueza relativa. Soluções alternativas, como uma confederação hegemônica ocidental sob a liderança do poder mais forte, ou uma federação genuína que dissolveria a ossificação nacional e produziria novas comunidades supranacionais, são proibidas porque conflitariam

---

[19] Ibidem, p. 83.
[20] Ibidem, p. 96 ss.

com a idolatria da exclusividade nacional. O dogmatismo de Warburton da exclusividade nacional e o equilíbrio de poder é o equivalente inglês da expansão imperial francesa e alemã. No desastre que resultou do embate desses nacionalismos megalomaníacos, os alemães se saíram pior, ao passo que até agora os ingleses conseguiram apenas chegar perigosamente perto do ponto onde se tinham equilibrado fora do poder.

e. A controvérsia entre Gladstone e Newman

O constitucionalismo totalitário de Warburton não é um humor passageiro na política inglesa. É uma constante que encontrou sua grande expressão representativa no século XIX no debate brilhante entre Gladstone, de um lado, e Manning e Newman, do outro, que surgiu por ocasião do *Syllabus* papal de 1864 e no Concílio Vaticano de 1871. Reclamou Gladstone:

> Todas as outras associações cristãs estão contentes com a liberdade de seu domínio religioso. Orientais, luteranos, calvinistas, presbiterianos, episcopais, não conformistas, cada uma e todas, hoje em dia, com satisfação e agradecimento aceitam os benefícios da ordem civil; nunca fingiram que o estado não é seu próprio senhor; não fizeram nenhumas reivindicações religiosas a propriedades ou vantagens temporais; e, em consequência, não estão nunca em colisão perigosa com o Estado. Não, mais, mesmo eu acredito que isso aconteça com a massa de católicos romanos individualmente. Mas não assim com os líderes de sua Igreja, ou com aqueles que têm orgulho de seguir seus líderes.

Os líderes católicos chegam mesmo a orgulhar-se de sua relutância em submeter-se à ordem civil. Gladstone ficou particularmente zangado com uma observação anterior de Manning de que não há nenhuma outra igreja além da Romana "que não se submeta, nem obedeça nem estaque o passo quando os governadores civis do mundo ordenam".[21]

---

[21] W. E. Gladstone, *The Vatican Decrees in Their Bearing on Civil Allegiance*. In: Alexander Campbell (ed.), *The Battle of the Giants*. Cincinnati, Vent, 1875,

De novo o estado paroquial, o que nesse meio tempo absorveu a herança do radicalismo e liberalismo inglês em seu dogma totalitário, está em conflito com a substância espiritual de validade e exigência universais. E, ainda assim, os remanescentes da tradição cristã na substância paroquial obscurecem o perigo do conflito. Hoje, em retrospecto, podemos perguntar-nos se Gladstone seria tão entusiasta de igrejas submissas quando o estado que elas reconhecem como seu senhor não é o estado da Inglaterra, mas um estado nacional-socialista alemão ou comunista russo, e se ficaria tão indignado com a insolência dos líderes de igreja que se orgulham de não ser incondicionalmente submissos.[22]

De qualquer modo, a resposta de Newman é igualmente sucinta: "A regra e a medida do dever não é utilidade, nem conveniência, nem a alegria do maior número, nem a conveniência do Estado, nem oportunidade, nem a ordem nem o *pulchrum*".[23] Nenhum deles pode substituir a consciência como um guia de conduta. "A consciência é a voz de Deus [...] a consciência não é um egoísmo previdente, nem um desejo de ser consistente consigo mesmo, mas é um mensageiro Dele, que, em natureza e em graça, nos fala por trás de um véu, e nos ensina e governa por Seus representantes. A consciência é o Vigário de Cristo aborígene."[24] Em seu argumento

---

p. 7. O mesmo livro também contém o debate de Cincinnati sobre catolicismo entre Alexander Campbell e John B. Purcell em 1837. A todo estudante de Americana este debate é calorosamente recomendado.

[22] O problema da atitude inglesa foi trazido à baila para mim numa conversa em 1934 com o mestre de uma faculdade em Oxford, uma das melhores mentes inglesas contemporâneas. A conversa voltou-se para o nacional-socialismo e o comprometimento das igrejas na Alemanha. Meu interlocutor tinha uma opinião distanciada da questão e disse que as igrejas alemãs estavam numa posição similar à das inglesas e teriam de submeter-se à ordem do estado como o fizeram os ingleses. À consideração de que a submissão à ordem civil inglesa era talvez um problema menor para uma igreja cristã do que a submissão à ordem nacional-socialista, ele parecia impermeável. Para ele, o problema da substância espiritual parecia completamente suplantado pelo dogmatismo dos arranjos institucionais ingleses.

[23] O belo. (N. T.)

[24] "Dr. Newman's Letter to the Duke of Norfolk, in Reply to Gladstone". In: Campbell (ed.), *Battle of the Giants*, p. 74.

concernente ao *Syllabus Errorum*, Newman torna mais nítida a questão quanto ao conteúdo positivo da posição de Gladstone quando pergunta: "É o benthamismo a Verdade tão absoluta, que o papa deva ser denunciado porque ainda não se converteu a ele?".[25] Gladstone poderia ter dito: Sim – porque ele estava para além da dúvida crítica e sua atitude era inspirada num sentimento forte de sua validade universal. Com o *pathos* magnificente de um representante da humanidade, ele esclareceu as posições relativas: Não é qualquer um que

> na verdade escreve de um ponto de vista papal, que tem o direito de reclamar com o mundo em geral, mas é o mundo em geral, ao contrário, que tem o direito mais pleno de reclamar, primeiro com Sua Santidade, depois com aqueles que partilham de seus procedimentos, e em terceiro até com os que passivamente os permitem e aceitam. Eu, portanto, como um dos do mundo, em geral, proponho protestar, a meu turno.[26]

Os defensores liberais do estado autônomo e sua constituição transformaram-se no "mundo em geral", a nova igreja universal da qual Gladstone é um membro representativo. O espírito da organização política cismática desenvolve sua exigência universal em imitação da Cristandade imperial. Por entre as desordens da *homonoia* ocidental-cristã, o Gladstone infalível desafia o papa infalível. Não é necessário muita imaginação para extrapolar esta tendência e prolongar a curva para as formas contemporâneas de totalitarismo.

§ 2. A perda do concreto

A orgia suicida indica a que grau a existência inglesa perdeu seu significado neste período de prosperidade material, e os sermões de Warburton são um exemplo representativo do declínio moral e intelectual que se seguiu à grande era do

---

[25] Ibid., 95,
[26] Gladstone, "The Vatican Decrees". In: ibidem, p. 6.

puritanismo na Igreja da Inglaterra. Os dois sintomas caracterizam a amplitude da perda do concreto a que nos voltamos agora. O concreto está perdido em relação à orientação fundamental da existência através da fé, e está perdido em relação ao sistema de símbolos e conceitos pelos quais a orientação da existência é expressa. As duas perdas estão relacionadas uma à outra porque a perda de orientação através da fé evita a criação e esclarecimento dos símbolos, e ao mesmo tempo a perversão do significado no domínio dos símbolos e conceitos evita o retorno às experiências orientadoras. A devastação é de longo alcance. As experiências de que o significado se origina são sufocadas, e os símbolos pelos quais o significado se expressa são destruídos tão completamente que é impossível elaborar uma explicação da desorientação à luz dos documentos literários do período. Tentar apresentar os conteúdos das obras deste período seria uma tentativa de reproduzir um caos. Daí, ao tratarmos deste problema, tenhamos de seguir o método que críticos contemporâneos, e em particular Berkeley, adotaram quando penetraram até as raízes da desordem. Não há sentido em repetir os giros de pensamento de homens que estão em confusão. O crítico tem de diagnosticar a causa da confusão e empregar os casos patológicos como exemplos típicos que ilustram o *nosos* no sentido platônico. Berkeley focalizou seu diagnóstico nos símbolos do materialismo e livre pensamento, e devemos seguir-lhe a análise. Devemos aceitar os dois símbolos como significativos das fontes principais de confusão, e devemos emprestar a eles uma precisão preliminar, definindo-os como materialização do mundo exterior e psicologização do eu.

a. *A materialização do mundo externo*

Por materialização do mundo externo queremos dizer o equívoco de que a estrutura do mundo exterior tal como é constituída no sistema da física matematizada é a estrutura ontologicamente real do mundo. A tendência de confundir as leis da mecânica com a estrutura do mundo torna-se fortemente sentida no meado do século XVII sob a influência dos descobrimentos de Galileu e ainda mais sob a influência da física cartesiana. Pascal tem algumas páginas incisivas sobre o assunto. O movimento ganha seu impulso pleno, entretanto, apenas com a publicação da *Philosophiae Naturalis Principia Mathematica*, de Newton, em 1687. O impacto desta sistematização magistral da mecânica sobre os contemporâneos, vindo numa época quando as fontes de uma fé ativa se estavam secando, deve ter tido uma força que é difícil de reproduzir imaginativamente hoje. Para uma geração espiritualmente débil e confusa, este acontecimento transformou o universo numa enorme maquinaria de matéria morta, percorrendo o seu curso pelas leis inexoráveis da mecânica de Newton. A terra era um canto insignificante nesta vasta maquinaria, e o eu humano era um átomo ainda mais insignificante deste canto. Discutimos a fase crítica inicial deste problema por ocasião do debate entre Kepler e Robert Fludd.[27] A obliteração da substância da natureza através das proposições da ciência matematizada a que se poderia resistir no começo do século XVII tornou-se um fato social quase consumado no começo do século XVIII. A obliteração tinha sido tão completa que o pensamento ocidental até hoje não se recuperou completamente do golpe. O primeiro choque, é claro, desapareceu, e a recuperação da substância tornou-se a preocupação dos principais pensadores ocidentais. Apesar disso, desde a era de Newton, a grande separação corre pelo mundo ocidental entre os pensadores que se submetem à "falácia da concretude deslocada" (como Whitehead nomeou este erro filosófico) e aqueles que podem livrar-se dela. Não é um exagero dizer que na história da civilização ocidental os *Principia Mathematica* de Newton são pelo menos tão importantes como a causa do grande cisma no pensamento ocidental quanto o são para o avanço da ciência.[28]

---

[27] Ver vol. V, *Religion and the Rise of Modernity*, p. 168, 179. [Em português: *História das Ideias Políticas*, vol. V, *Religião e a Ascensão da Modernidade*. Trad. Elpídio Mário Dantas Fonseca. São Paulo, É Realizações, 2016.]

[28] Para o desenvolvimento posterior deste problema o leitor deve consultar o capítulo sobre "Fenomenalismo" no vol. VII, *The New Order and Last*

b. A psicologização do Eu

Por psicologização do eu queremos dizer o equívoco de que pela reflexão sobre o fluxo da consciência, e sobre as experiências nele dadas, a natureza do homem ou a substância do eu podem tornar-se conhecidas. Este segundo equívoco está intimamente relacionado com o primeiro. Quando o homem já não se experiencia como encaixado substancialmente no cosmos, quando a unidade da criação que abrange o homem é rasgada em pedaços numa estrutura percebida do mundo e num eu que percebe, surgem problemas peculiares às especulações cartesianas e pós-cartesianas. Quando a experiência da participação substancial do homem no mundo é interrompida, surgem dúvidas de se a realidade tal como aparece ao sujeito que percebe é de fato a realidade do mundo exterior, e se a realidade do mundo exterior for suposta, impõem-se problemas intricados da relação entre o mundo externo e o eu. Historicamente, aparecem na especulação de Malebranche e Leibniz sob o título de problema psicofísico. O eu se tornou uma consciência que por sensações e ideias se refere a um mundo externo – embora permaneça enigmática a forma como o mundo externo pode atingir a consciência de tal maneira que as sensações e as ideias sejam produzidas. Permanece igualmente enigmático por que a referência dessas imagens a um mundo externo deva ser considerada confiável.

Se a ideia de psicologização fosse levada adiante coerentemente num sistema filosófico, o resultado seria um solipsismo estrito de um fluxo de consciência com a aniquilação completa de toda a realidade fora do fluxo. Esta possibilidade radical, no entanto, não precisa preocupar-nos aqui porque não ocorre

---

Orientation. Para uma introdução e emprego do termo "falácia da concretude deslocada", ver Alfred N. Whitehead, *Science and the Modern World*. New York, Macmillan, 1925, p. 72 ss. A análise mais penetrante do problema, em particular para a fase galilaica, pode ser encontrada em Edmund Husserl, *Die Krisis der europäischen Wissenschaften und di transzendentale Phänomenologie*, publicada inicialmente no anuário internacional *Philosophia*, vol. I. Ed. Arthur Liebert. (BelgradoBeograd, 1936. Edição em inglês: *The Crisis of European Sciences and Transcendental Phenomenology*. Trad. David Carr. Evanston, Northwestern University Press, 1970.

em nenhuma circunstância historicamente relevante. Na situação histórica no começo do século XVIII, todas as circunstâncias de psicologização comprometem-se em algum grau com a realidade. O grau do compromisso é um problema histórico, e de maneira correspondente assim também é o grau de destruição da realidade. Como o mínimo de compromisso, a pressão situacional induz à aceitação do mundo externo, ao menos à medida que ele entra no sistema da física newtoniana. É típico o compromisso lockiano com sua distinção de qualidades primárias e secundárias. As qualidades primárias são solidez, extensão, figura, movimento, número, etc.; essas qualidades estão "realmente" nos corpos, percebam-nas ou não os nossos sentidos. As qualidades secundárias, tais como cor, calor, luz, etc., não existem "realmente", mas são sensações no fluxo de consciência.[29]

Para além deste mínimo de aceitação, o campo das variantes se abre ricamente. Com perturbações profundas das experiências elementares de participação no cosmos, mesmo a realidade do domínio da matéria se torna duvidosa. Tais perturbações causam destruições profundas com relação à realidade transcendental porque a garantia persuasiva conferida à realidade da matéria por meio dos testes pragmáticos do experimento e observação astronômica não existe para a realidade transcendental. Com relação à transcendência radical do mundo, há apenas a participação genuína através da experiência vacilante da fé como substância e prova de coisas invisíveis (Hebreus 11,1). Ademais, o simbolismo do dogma cresceu historicamente como a expressão de matizes de fé ativa. Quando é extinta a luz da fé, os símbolos dogmáticos perdem sua luminosidade de significado e se tornam letra morta, uma selva de inconsistências lógicas e uma coleção de proposições não verificáveis. Quando os símbolos já não brilham com a luz interior da fé, chegou a época de seu exame à luz externa da razão.

---

[29] John Locke, *An Essay Concerning Human Understanding*. Ed. Peter H. Nidditch. Oxford, Clarendon, 1975, livro II, cap. 7, "Of Simple Ideas of Both Sensation and Reflection", p. 128 ss.

A simbolização da realidade transcendental não se mantém muito bem à luz da razão. Mas de novo: não há nenhuma aniquilação completa, mas, ao contrário, uma gama de compromissos. Nunca houve uma penumbra maior de pensamento do que quando os homens foram iluminados, porque a própria razão, por cuja luz os mistérios da religião deviam ser examinados, era uma noção historicamente algo atabalhoada. A razão que emerge na filosofia de Locke e na de seus seguidores e sucessores deístas não é uma função bem definida da mente humana, mas uma herança gradualmente atenuada e secularista do *logos* cristão. A antítese da luz da fé que preenche os símbolos religiosos com significado dentro, e da luz da razão pela qual são examinados de fora, tem de ser entendida historicamente como significando dois termos de uma série de noções que dissimulam, em continuidade espúria, a distância real entre eles. O racionalismo da razão lockiana desenvolve-se gradualmente do suprarracionalismo do *logos* cristão. Especificamente, a ideia lockiana desenvolveu-se da especulação acerca da luz interior da razão dos platônicos de Cambridge.

c. *A razão de Culverwel*

Em nosso contexto é impossível passar por todos os passos deste desenvolvimento, mas temos de caracterizar ao menos um ou dois dos principais. Como característico de uma fase inicial deste processo selecionamos a especulação de Nathaniel Culverwel (1618-1651). Em seu *Discourse of the Light of Nature,* diz este aluno de Cudworth: "Blasfemar a razão é repreender o próprio céu, e desonrar o Deus da Razão, questionar a beleza da imagem". "O que teriam esses queixosos? Seriam banidos de sua própria essência? Abdicariam e renunciariam a sua compreensão? Ou têm eles algo para abdicar ou rejeitar? Eles apagariam a vela do Senhor, intelectuais de Sua própria Luz?"[30] Embora já possa ser ouvido nessas sentenças o tom lockiano, a razão de Culverwel ainda não se tornou uma

---

[30] Da introdução ao *Discourse*, citada em Frederick J. Powicke, *The Cambridge Platonists*. London, Dent, 1926, p. 134.

faculdade inteiramente secular, pois esta lâmpada do Senhor brilha com um poder de iluminação algo diminuído por causa da Queda. Ainda assim, é confiável o bastante para servir como guia na orientação da existência humana e para ser uma autoridade interna que torna o homem independente de toda autoridade externa – sejam ela os clássicos, sejam os concílios. Podemos sentir este *pathos* protestante da razão autônoma nesta passagem:

> Para este fim justamente Deus estabeleceu uma lâmpada distinta em cada alma para que os homens pudessem fazer uso de sua própria luz. Todas as obras dos homens, elas devem aspirar desta lâmpada do Senhor que é para iluminá-las a todas. Os homens não devem depender inteiramente da cortesia de nenhuma criatura; nem dos ditados dos homens; não, nem mesmo dos votos e determinações dos anjos: pois se um anjo do céu contradisser os primeiros princípios, então eu não direi, na linguagem do Apóstolo, "seja anátema", mas isto se pode dizer com segurança, que todos os filhos dos homens estão obrigados a não acreditar nele.[31]

Apesar disso, seria um equívoco grave identificar esta vela confiável do Senhor já com a razão secular como a faculdade orientadora suprema dos homens. A razão de Culverwel ainda brilha menos do que a luz da Revelação. "As verdades reveladas brilham com seu próprio brilho; não tomam emprestado seu lustre primitivo e original desta 'vela do Senhor', mas da luz mais pura, com a qual Deus as revestiu e enfeitou assim como com um traje."[32] Esta luz mais elevada não está em conflito com a luz da razão, e a mera luz da razão, se obedecida fielmente, é suficiente como guia. Mas precisamente este "se" da obediência fiel parece ser o ponto em que a especulação de Culverwel sobre a razão retém sua conexão com o calvinismo ortodoxo. Nem todos os homens são iguais com relação a sua obediência, e a habilidade de obedecer não é uma questão de discrição humana. Pelos

---

[31] Culverwel, *Discourse*, p. 206, citado em ibid, p. 136.
[32] Culverwel, *Discourse*, p. 223. In: ibidem, p. 138.

raios da verdade revelada entendemos que Deus deu uma medida de sua graça incondicional a Sócrates, para desenvolver seus "dotes naturais", ao passo que negou esta mesma medida a Aristófanes. A luz da razão brilha em todos, mas apenas aqueles a quem foi dada a graça de Deus serão capazes de segui-la como o seu guia de conduta.

> Por exemplo, toma dois alaúdes. Deixa-os ser feitos iguais na essência, em matéria e forma. Se agora um deles soa melhor do que o outro, isso se deve não ao alaúde, mas ao prazer arbitrário daquele que o faz soar. Deixa-os ambos ser feitos iguais, e tocados igualmente, no entanto se um deles for estimulado com um toque mais delicado e gracioso, a excelência prevalecente da música não deve ser atribuída à natureza do alaúde, mas à habilidade e destreza daquele que o moveu e o preparou em sons tão elegantes.[33]

d. A razão de Whichcote

Consideremos em seguida o significado de razão nos *Sermões* de Benjamin Whichcote (1609-1683). A forte tensão entre uma luz da razão que é comum a todos os homens e uma receptividade que é atribuída arbitrariamente a uns poucos, que caracterizou a especulação de Culverwel, é reduzida a um mínimo em Whichcote. O Evangelho é aceito como revelação, super-humana em sua origem, mas não em conflito com a razão.

> A excelência da sabedoria, do poder e da bondade infinitos é mostrada nele, e Deus, por ele, trabalha poderosamente em nós, e sobre nós: e este mandamento é o ponto mais elevado da razão. Nenhuma melhor maneira de discutir do que pela razão forte e pelo argumento convincente; e nenhuma convicção tal, nenhuma satisfação mais plena, em qualquer empresa, do que no negócio da regeneração e conversão.[34]

---

[33] Culverwel, *Discourse*, p. 270. In: ibidem, p. 140.

[34] Whichcote, *Sermons*, 3, p. 86. In: ibidem, p. 79 ss.

A Escritura e a razão estão em harmonia pré-estabelecida porque na Bíblia há estas duas coisas: "a consonância das coisas aí contidas com as coisas de conhecimento natural, e a narração feita ali sobre Deus, conforme o que a razão leva os homens a pensar".[35] Há, é claro, o problema da interpretação do texto sacro, mas este problema será resolvido satisfatoriamente na direção da razão se não insistirmos em impor interpretações obscuras a passagens isoladas. "A Escritura, por ser matéria de fé, não é um único texto, mas toda Escritura; e não tanto as palavras, mas o sentido, esse sentido que é verificado por outras escrituras." Deus espera que o leitor seja "de espírito ingênuo e empregue a candura, e não a mentira na captura: pois a Escritura deve ser lida como um homem leria uma carta de um amigo, na qual ele deve olhar apenas para o que foi o pensamento e significado de seu amigo, e não o que ele pode aproveitar das palavras".[36]

O público a quem Whichcote dirige esses sermões parece já estar assediado pelos problemas que devem surgir inevitavelmente quando a expressão tradicional da fé é desconsiderada e o conteúdo da fé é reconstruído através da interpretação de um documento. O ponto perigoso está perto de onde a razão se esfuma nos métodos de filologia crítica, e onde a revelação se esfuma em um texto literário. Whichcote está ainda no lado seguro. A razão ainda não é para ele uma faculdade autônoma do homem que pode produzir proposições verdadeiras com relação à realidade transcendental e substituir o dogma da tradição por este corpo de proposições. Para ele, a razão é ainda o resultado da fé.

A mente, divertida de Deus, vagueia na escuridão e confusão. Mas, sendo dirigida por Ele, logo encontra seu caminho e recebe Dele de uma maneira que é abstraída do barulho do mundo e retirada do clamor do corpo; tendo fechado as portas a nossos sentidos, para recomendar-nos à luz divina que entra prontamente no olho da mente que está preparada para

---

[35] *Sermons*, 3, p. 117. In: ibidem, p. 78.
[36] *Sermons*, 2, p. 245. In: ibidem.

recebê-la. Pois há luz suficiente de Deus no mundo, se o olho de nossa mente fosse capaz de recebê-la, e deixá-la entrar.[37]

A razão não orienta a existência; a existência tem de ser orientada pela abertura para Deus a fim de tornar operante a razão. A interpretação da Escritura evitará armadilhas somente se a razão que a interpreta for o *logos* cristão, ou seja, a razão orientada pela fé. Somente então será alcançada a harmonia de uma religião "que está fundada na razão e pela autoridade divina", de uma religião "que faz humildes e modestos os homens, não orgulhosos e presumidos; que faz os homens pobres em Espírito, não cheios de sua própria mente", de uma religião "que os torna amáveis, e não endurecidos de coração; que torna os homens gentis, não ásperos nem cruéis". Pois "uma Cristandade não caridosa ímpia e falta de boa natureza, não é mais religião do que um *sol escuro* é sol, ou um *fogo frio* é fogo. Somente pode habitar em Deus quem habita no amor [...]. Estar fora do amor e da boa vontade é estar na forma e espírito do diabo".[38] Mas "a forma e espírito do diabo" estão perto, e tomarão posse da alma tão logo o laço tênue da fé seja quebrado e a razão seja deixada para guiar-se sem nada em que confiar, senão no conteúdo historicamente acidental da época.

e. A razão de Locke

O último passo é dado por Locke no *Ensaio acerca do Entendimento Humano*. "A razão é revelação natural, pela qual o Pai da Luz e fonte de todo conhecimento comunica à humanidade aquela porção da verdade que ele deixou ao alcance das faculdades naturais dela." Esta parte da passagem soa comparativamente inofensiva, tão inofensiva que, isolada, poderia talvez ser tomada como tomista no significado. A sequência é menos inofensiva:

> A revelação é a razão natural ampliada por um novo conjunto de descobrimentos comunicados por Deus imediatamente,

---

[37] *Sermons*, 3, p. 102. In: ibidem, p. 83.
[38] *Sermons*, 3, p. 271-72, 332. In: ibidem, p. 80 ss.

a cuja verdade a Razão responde, pelo testemunho e provas que ela dá de que eles vêm de Deus. De tal maneira que aquele que leva embora a Razão para abrir caminho para a Revelação, extingue a luz de ambos, e faz o mesmo como se quisesse persuadir um homem a arrancar os próprios olhos para receber a luz remota de uma estrela invisível por meio de um telescópio.

Agora, na verdade, a Razão é feita a juíza da verdade da Revelação. "O que quer que Deus tenha revelado é certamente verdade. Não se pode ter dúvida quanto a isso. Mas se é uma Revelação Divina ou não, a razão deve julgar, o que nunca pode permitir à mente rejeitar uma prova maior para o que é menos evidente, ou preferir menor certeza a uma maior." O vínculo de fé é quebrado e são perdidas as experiências que dão significado aos símbolos do mito e da religião. A razão tornou-se uma faculdade natural, autônoma. A fórmula que ela origina em "o Pai da Luz" é vazia porque este mesmo símbolo é sem significado, sem a experiência de onde provém. Esta perda súbita de significado torna-se visível numa passagem como a seguinte: "Nenhuma Proposição pode ser recebida como Revelação Divina, ou obter o assentimento devido a algo assim, se for contraditória com nosso conhecimento intuitivo claro". Nesta passagem, os símbolos dogmáticos tornaram-se "proposições", e a fé que os criou tornou-se "nosso conhecimento intuitivo claro" (o que quer que isso signifique) que dá ou nega assentimento depois do exame devido das "proposições" a ele apresentadas. Devemos notar também a mudança de significado no termo *Revelação*: da irrupção da realidade transcendental na experiência religiosa e sua expressão em símbolos (cujo significado tem de ser reconquistado através da fé concretamente por todo fiel) num corpo de proposições cujo significado não deve ser reconquistado pela fé, mas examinado criticamente pela Razão. Em suma: com esta mudança estamos na selva do jargão iluminista em que se torna impossível a discussão porque os termos já não estão fundados na concretude da experiência.[39]

---

[39] Locke, *An Essay,* livro IV, cap. 18, sec. 5, 10, "Of Faith and Reason, and Their Distinct Provinces", p. 691-96; livro IV, cap. 19, sec. 4, "Of Enthusiasm", p. 698.

f. A Razoabilidade da Cristandade, de Locke

São óbvias as implicações do novo significado da Razão, e é inexorável o curso posterior de desintegração que daí surgirá. O título de Razão doravante cobre uma combinação altamente explosiva de elementos. Os principais são os seguintes: (1) o corpo historicamente acidental de valores civilizacionais que emerge do século da Revolução Puritana e da física newtoniana, (2) o aparato do método crítico em filologia e história assim como no experimento e lógica da ciência, e (3) um ato de fé que erige esses valores e métodos em absolutos. Já estamos familiarizados com alguns dos resultados grotescos deste novo credo da razão. Vimos a constituição política sem obrigações sociais emergindo da razão no *Segundo Tratado sobre o Governo Civil*, de Locke, e vimos como o Deus de Warburton quis o *Bill of Rights*, a missão civilizacional da Inglaterra, e a guerra santa para o equilíbrio do poder. No presente contexto, entretanto, temos de concentrar-nos na linha sistemática principal que leva da Razão no sentido lockiano para os problemas do materialismo e do livre-pensamento.

Esta linha pode ser traçada pelo emprego que Locke faz da Razão em sua *Reasonableness of Christianity*, de 1695. O conteúdo da obra, em pormenor, não é de nosso interesse. O que é relevante para nosso propósito é a destruição que a Razão realiza quando é colocada na interpretação da Cristandade como a religião histórica da civilização ocidental, e de igual importância serão os padrões de pensamento que emergem desta obra de destruição. Devemos começar justamente com o aspecto externo da destruição.

Quando Locke trata da Cristandade, faz tábula rasa da história ocidental. No *Ensaio acerca do Entendimento Humano* ele varrera todos os esforços metafísicos anteriores e começou a filosofar do princípio. No presente estudo ele faz uma varredura similar de toda a tradição cristã, incluindo os *patres* e os escolásticos, e começa uma análise do Novo Testamento como se fosse um livro que tivesse sido publicado ontem. A mente do *Ensaio* é um papel em branco pronto para receber a impressão do Evangelho. Tal abertura de mente leva a um descobrimento interessante, que Sir Leslie Stephen sumaria muito bem neste passo: "Cristo e seus apóstolos, ao admitirem conversos à Igreja, não exigiram deles uma profissão de fé no Credo Atanasiano, nos Trinta e Nove Artigos ou na Confissão de Westminster, mas estavam satisfeitos com o reconhecimento de que Cristo era o Messias".[40] Poderíamos tê-lo adivinhado; e Locke provavelmente o adivinhou, também, antes de entregar-se a sua análise extensa e penosa que produziu este resultado pobre. Não queria provar o óbvio. Sua exposição ponderosa do trivial ganha peso pela implicação de que o desenvolvimento posterior da Cristandade é uma excrescência ilegítima. Apenas sob a suposição de que os seus esforços restauram o verdadeiro cerne da Cristandade é que fazem sentido. É pequeno este cerne verdadeiro. Contém não mais do que a aceitação de Cristo como o Messias, a crença em um só Deus, o arrependimento sincero e a submissão à lei de Cristo. Esses artigos de fé são exaustivos. São uma religião evidente e simples, inteligível aos "homens trabalhadores e analfabetos", livres do aparato teológico que cria a impressão de que o caminho para a igreja passa pela "academia ou pelo liceu".

Consideremos o que Locke está fazendo na verdade em sua tentativa de restaurar o núcleo legítimo da cristandade. A doutrina cristã, como cresceu na tradição da igreja, não é uma adição arbitrária ao Evangelho. É o trabalho de gerações na tentativa de encontrar uma expressão adequada para a substância da fé, no ambiente econômico, político, moral e intelectual historicamente em mutação da civilização mediterrânea e ocidental (cf. p. 173). As lutas cristológicas dos primeiros séculos absorveram nesta expressão a cultura intelectual helênica, e o escolasticismo da Alta Idade Média absorveu em si o *corpus Aristotelicum*. Em geral, a história da doutrina cristã é o processo pelo qual a substância da fé é integrada na civilização do homem. É um processo que começou no ambiente próximo de Cristo, e ainda continua. A precipitação do processo no

---

[40] Stephen, *History of English Thought in the Eighteenth Century*, 1, p. 80.

Novo Testamento representa, pelo que sabemos, uma fase que já avançou materialmente para além da geração dos seguidores próximos de Jesus. Locke despreza este problema da historicidade do espírito cristão. Mas para além desta afirmação não é fácil formular com precisão o que ele realmente fez.

À primeira vista pode-se dizer que, através de seu retorno à fase do processo do Novo Testamento, ele jogou fora deliberadamente a civilização intelectual que tinha sido integrada na expressão da relação do homem com o fundamento divino em sua alma. Isso é muito verdade. E a facilidade com que Locke se livra de um só golpe de toda a cultura intelectual patrística e escolástica permanece paradigmática para a destruição civilizacional em série de que os movimentos politicamente predominantes de nosso tempo se ocuparam. Apesar disso, a situação é por demais complicada para ser abrangida pela fórmula breve de jogar fora todo um corpo de tradição. Acima de tudo, esta fórmula despreza o problema do processo histórico. Uma tradição não é um bloco que possa ser jogado fora. Alguém só pode jogar fora uma tradição se se jogar fora dela a si mesmo. Esta proeza, entretanto, não é tão simples quanto parece às mentes cândidas que acreditam poder retornar a uma Cristandade "primitiva" sem retornar ao estado civilizacional dos "cristãos" primitivos. Esta proeza, se realizada socialmente, implicaria a destruição completa da civilização contemporânea, não apenas sob seus aspectos intelectuais, mas também econômica e tecnologicamente. Esta não é a intenção de Locke. Locke e os que o seguem em seu curso passam a viver e participar de um ambiente civilizacional que foi formado nas mais remotas dobras de sua linguagem intelectual pela mesma tradição que eles tentam remover. Daí, a tentativa de retornar à fase anterior não levará a uma remoção genuína da tradição (que implicaria a reconstrução de uma civilização numa nova base), mas a uma devastação de longo alcance da forma intelectual da civilização contemporânea. Já que esta devastação é obtida por meio de um retorno a uma fase civilizacional mais primitiva, podemos chamá-la de "primitivização". Sob esse aspecto, a filosofia da Razão de Locke é uma fase da revolta anticivilizacional que descrevemos no capítulo "O Povo de Deus".[41]

Antes de falarmos mais sobre este tópico, incluamos na discussão outro problema que Locke levanta em seu tratado. Locke descobre que a Cristandade é razoável. A principal pretensão deste último a nosso respeito origina-se no fato de que nele não encontramos nada que o homem não encontraria sem ele. A "parte racional e pensante" da humanidade poderia descobrir o Deus único, supremo e invisível, e os filósofos poderiam descobrir o direito da natureza, sem o guiamento cristão – embora o corpo do direito nunca tenha sido estabelecido por nenhum filósofo como um sistema claramente dedutivo. Daí surge a questão para Locke do por que sua eliminação da Cristandade deveria poupar o Novo Testamento. Por que não eliminar a Cristandade de uma vez e ser razoável com isso? Locke apresenta várias razões para sua opção preferida, mas a decisiva parece ser o argumento da utilidade. Cristo é útil porque empresta a autoridade de um comando divino a proposições que podem ser descobertas pela razão. A "parte racional e pensante da humanidade" lamentavelmente é um tanto pequena: "podes antes esperar que todos os jornaleiros e comerciantes, as solteironas e as leiteiras se tornem matemáticos perfeitos, do que esperar que se tornem perfeitos na ética desta maneira". A Cristandade, então, torna-se uma codificação e uma sanção pela autoridade divina de um corpo de preceitos que pode ser encontrado pela razão dos filósofos, mas não encontrará aceitação social se for promulgado apenas por pensadores não autorizados.

À medida que este argumento interpreta a Cristandade, apenas confirma e esclarece a "primitivização" que Locke alcança por sua filosofia da Razão. Quando a Cristandade é reduzida a um código moral razoável que, afinal de contas, pode

---

[41] Ver *History of Political Ideas*, vol. IV, *Renaissance and Reformation*. Ed. David L. Morse e William M. Thompson. Columbia, University of Missouri Press, 1998, quarta parte, cap. 3. (*The Collected Works of Eric Voegelin*, vol. 22) [Em português: *História das Ideias Políticas*, vol. IV, *Renascença e Reforma*. Trad. Elpídio Mário Dantas Fonseca. São Paulo, É Realizações, 2014.]

ser encontrado também em civilizações não cristãs, é aniquilado o reino do espírito. Com esta redução, Locke eliminou o drama cristão da Queda e da Redenção, ou seja, a compreensão dos problemas espirituais da alma pelos quais a Cristandade avançou para além do Mito da Natureza da Antiguidade. Locke pode dispensar a cultura intelectual dos *patres* e dos escolásticos porque abandonou a cultura do espírito a que ela serve. A psicologização do eu começa a revelar sua motivação ontológica. A psique da psicologia que começa com Locke já não é o palco de um processo espiritual, ou seja, de um processo em que a alma humana se orienta para a realidade transcendental. Tornou-se um fluxo de experiências que se referem apenas à realidade intramundana.

Em seu argumento utilitário, no entanto, Locke é mais do que um intérprete da Cristandade. Neste argumento ele fala como um estadista eclesiástico. Não devemos deixar passar esta questão e suas ramificações sutis. O que Locke quer é uma Cristandade que seja compreensível para "trabalhadores e analfabetos". Seu ataque é dirigido contra o escândalo das igrejas e seitas que incomodam pessoas boas e chãs com sutilezas de distinção teológica, que os instigam a participar da discussão teológica com meios educacionais insuficientes, que os encorajam a ter sua própria posição na interpretação das Escrituras, e que fazem a aceitação escrupulosa desta ou daquela codificação complicada do credo uma condição para ser membro da igreja e salvar-se. À medida que Locke pretende proteger a fé das pessoas contra as disputas teológicas dúbias da época, estamos contentes pelo menos uma vez de estar completamente de acordo com ele. Por essa razão, ele certamente foi um cristão melhor do que os demagogos altercantes.

Esta simpatia diminuirá, entretanto, quando refletirmos sobre a solução de Locke do problema. O problema em si é tão velho quanto a igreja. É sociológico em sua natureza, e dificilmente pode ser resolvido de outra maneira do que nas linhas deixadas por São Paulo e desenvolvidas pela igreja: reconhecer as diferenciações da *charismata* no corpo místico; deixar os professores, bispos e teólogos treinados conduzir a luta pela doutrina correta; desenvolver um procedimento constitucional para a luta; deixar os participantes chegar à resolução nas formas do procedimento; e ter fé em que o Espírito de Cristo terá guiado a resolução constitucional. A solução, como dissemos, é determinada rigorosamente pela natureza do problema, mas obviamente tal sabedoria não pode ser de muita ajuda para Locke. O colapso das instituições que asseguraram a unidade da doutrina para a Cristandade é um fato consumado. Locke está em busca de uma autoridade para o que ele considera a doutrina da Cristandade, precisamente porque a organização institucional desta autoridade se foi. Temos de reconhecer a gravidade do problema em sua totalidade: Locke estava justificado em sua intenção, mesmo quando errou na solução. Quando as instituições de autoridade espiritual se decompõem, e quando, para o avanço do reino de Cristo, os membros das organizações cismáticas rivais estão diligentemente empenhados em cortar o pescoço uns dos outros, certamente os que estão apavorados pela insanidade do procedimento têm razões para estarem preocupados com a restauração da autoridade. Apesar disso, embora tenhamos de reconhecer o direito de Locke de preocupar-se, temos também de reconhecer que o desmoronamento espiritual de uma civilização não está entre os problemas que podem ser resolvidos por um artigo de especulação filosófica. Um homem que empreenda tal tarefa com toda a seriedade é culpado da mesma insanidade que fez nascer sua preocupação. Não resolverá o problema que se impôs a si mesmo resolver. Em vez disso, corre o risco de estabelecer um padrão de conduta que criará ainda mais desordem do que a desordem que ele desejava curar. E isso foi o que aconteceu com Locke. Em seu papel de estadista eclesiástico, decide que a Cristandade é idêntica ao que ele pessoalmente acha e pode compreender. A Cristandade não tem nada que dizer além do que ele, o homem de razão (pois ele não se coloca entre as leiteiras e solteironas), conhece como a verdade por meio de seu próprio conhecimento intuitivo. O que lhe está faltando não é *intelecção*, mas autoridade. Encontra-se a solução para a ruptura espiritual da civilização ocidental: a igreja tem de apoiar com a autoridade de Cristo a razão de Locke. O leitor não deve chocar-se muito pela aparente megalomania da concepção. Deve, ao contrário, ser tocado pela sua modéstia cativante, porque Locke ao menos diz ter apenas *intelecção*, e não autoridade. Homens menos modestos virão após ele, acrescentarão autoridade a sua intelecção e tornar-se-ão os fundadores das igrejas estatais totalitárias. Os vínculos de sentimento são ainda fortes o bastante para manter Locke à sombra da tradição, e apenas a sombra do futuro recai sobre sua solução.

Podemos retomar agora o problema da "primitivização". A destruição civilizacional de Locke não é idiossincrática nem arbitrária. Não é incidental à sua política eclesiástica, mas parte determinante em seu programa de restauração da autoridade espiritual. Surge agora a questão quanto a se a autoridade espiritual da Cristandade pode ser restaurada pelo método lockiano. E se, como pensamos, o meio não é adequado para alcançar o fim, qual é o fim que na verdade será alcançado se entrar em jogo este meio? Ao refletir sobre estas questões, temos, primeiro de tudo, de ser claros que a autoridade do espírito não desaparece do mundo se sua institucionalização numa sociedade histórica se desmoronar. O espírito sopra onde quer, e se não soprar através da alma de homens em comunidade pode ainda soprar através da alma em solidão. A solução ao problema da autoridade espiritual na crise social é o caminho do místico. É um problema que surge sempre que a sociedade está em crise. Tivemos ocasião de discuti-lo em todos os pormenores quando apareceu na sociedade helênica. Para a discussão sistemática de seus princípios, o leitor deve consultar de novo a análise das ideias de Platão, em particular, a análise do *Górgias*.[42] Mas Locke não é Platão.

---

[42] A referência de Voegelin é a uma seção do capítulo 4 do plano original de *História das Ideias Políticas*. Foi publicada pela primeira vez como "The Philosophy of Existence: Plato's Gorgias". *Review of Politics,* 11, 1949, p. 477-98, e reproduzida com pequenas modificações como capítulo 2, "The Gorgias", em *Order and History,* vol. III, *Plato and Aristotle.* Baton Rouge, Louisiana State University Press, 1957, p. 24-25. [Em português: *Ordem e História,* vol. III, *Platão e Aristóteles.* Trad. Cecília Camargo Bartalotti. São Paulo, Loyola, 2009.]

A "transferência de autoridade" socrática não estava dentro do leque de possibilidades de sua personalidade. Uma *renovatio Evangelica* é um retorno à alma e não pode, portanto, ser um retorno externo ao estado histórico da doutrina. Locke perdeu o retorno à alma – foi reservado a Berkeley encontrar este caminho para as profundezas da alma e, por causa de sua época, para o oblívio social.

O perder-se de Locke leva a mais uma pergunta: para onde levava o caminho que ele na verdade tomou? O fato mesmo de Locke retornar ao Novo Testamento, como a um documento literário, em busca de artigos de fé é a prova de que sua motivação mais profunda não é muito evangélica, e também nos dá uma pista de sua natureza verdadeira. O retorno de Locke é ao texto do Novo Testamento e é um acontecimento na história do protestantismo inglês, mas também pertence à classe genérica de retornos a fases primitivas da civilização que são características da era da revolução e crise ocidental. Lembremo-nos da história filosófica de Warburton, a qual mencionamos, mas ainda não comentamos. Quando Warburton faz sua defesa da Inglaterra ele nos lembra das "nações cruéis e livres do Norte" que destruíram o Império Romano, que erigiram seus "governos góticos" em princípios da liberdade, e que poderiam ter vivido felizes para sempre se não tivessem caído na escravidão da nova superstição romana. Aqui temos outro exemplo de padrão de retorno, o padrão que encontraremos novamente nos casos mais famosos dos alemães de Montesquieu, que eram livres em suas florestas, assim como dos homens naturais de Rousseau, que eram livres antes de caírem sob a opressão da civilização. Ademais, do próprio *Tratado sobre o Governo Civil* de Locke podemos lembrar a nostalgia do primitivismo no grito: "No começo todo o mundo era a América".

À luz de tais comparações, o retorno de Locke ao Novo Testamento parece muito com um começo de romantismo histórico, como um caso anterior de retorno a um "mito" histórico com o propósito de mitigar a desordem da época.

A característica comum de tais retornos é a crítica aberta ou implícita da civilização, a suposição de que a substância saiu de suas formas institucionais e intelectuais, a suspeição de que talvez essas mesmas formas tenham matado a substância, e a convicção crescente de que o significado da existência possa ser reconquistado apenas pela destruição do íncubo. Em particular, a oratória de Warburton é sugestiva de coisas por vir: quando lemos suas queixas sobre as "nações cruéis e livres do Norte", sobre o fado triste dos "governos góticos" e do horror da "superstição papal", somos lembrados nada mais nada menos do que do *Mythus des 20. Jahrhunderts*,[43] de Alfred Rosenberg, com suas invectivas contra os arúspices que envenenaram o sangue e o espírito dos nórdicos nobres. Se considerarmos este aspecto do retorno de Locke (e penso que temos de considerá-lo), tornam-se mais claras as conexões subterrâneas entre a Razão e o romantismo. Há um toque romântico na Razão de Locke à medida que reflete o humor da crítica e desespero civilizacionais, e à medida que a Razão autônoma emerge como o Lúcifer da comunidade. Há uma hesitação em completar o passo, porque Locke ainda emprega Cristo para emprestar autoridade a sua própria luz, a fim de torná-la socialmente eficaz. Esta hesitação, entretanto, aparecerá como tal apenas se olharmos para o passado. Se olharmos para o futuro, o emprego que Locke faz do Evangelho como um "Mito" marca o começo de uma linha (embora longa) no final da qual encontramos os caprichos da *Uralinda Chronik* e do wotanismo dos Ludendorffs.

g. A Cristandade Não Misteriosa *de Toland*

Em nossa análise da *Reasonableness of Christianity*, de Locke, concentramo-nos no que consideramos ser seu núcleo histórica e filosoficamente eficaz. Este núcleo não exaure a atitude de Locke para com a Cristandade. Um estudo de Locke como pensador teria de explorar o vasto campo sombreado de meios pensamentos que cerca o pequeno

---

[43] Mito do século XX. (N. T.)

núcleo, que em si não é muito claro. Seu modo de filosofar era caracterizado por uma boa quantidade de capricho. Acessos de ira por males contemporâneos empurravam-lhe o pensamento numa direção a que não se teria movido, se pudesse ter visto o fim da estrada. E podia seguir a estrada com satisfação porque a energia do empurrão terminou antes de o fim chegar à vista. É uma constituição mental interessante. Os homens que têm o dom feliz podem entregar-se a *boutades* irresponsáveis de pensamento, podem produzir devastação e miséria consideráveis e, no entanto, podem protestar sinceramente que suas intenções foram mal compreendidas quando a maldade de seus prazeres lhes é atribuída. Falando menos metaforicamente: os dons espirituais e as habilidades intelectuais de Locke não eram páreo para os problemas que ele tentou resolver, e seu *ethos* como pensador era deploravelmente fraco.

Quanto às questões em discussão, ele não seguia este pensamento até suas conclusões, mas deixava o caminho terminar convenientemente numa vegetação rasteira de sentimentos a que os historiadores normalmente se referem como sua reverência e sua cristandade devota. Locke estava a par, é claro, de que o simbolismo da Cristandade, mesmo se reduzido às formulações do Novo Testamento, não caberia totalmente em proposições que mesmo apenas com muita boa vontade pudessem ser chamadas razoáveis. No *Ensaio* ele distingue entre verdades religiosas acima da razão, contrárias à razão e conformes à razão.[44] Entretanto, não nega a verdade daquelas que não são conformes à razão. Reconhece os mistérios da religião como parte da Revelação. Desvia-se do problema dos mistérios, estendendo-lhes a reverência, e colocando-os para além de um debate que apenas os mancharia. Ele não tinha nem a força do místico que tornaria luminosos os mistérios, refazendo as experiências religiosas que simbolizam, nem a coragem do filósofo que se deixaria levar aonde quer que seu pensamento levasse. Nem tinha a honestidade completa de desistir

---

[44] Locke, *An Essay*, livro IV, cap. 17, sec. 23, "Of Reason", p. 687.

de uma linha de pensamento que o levaria a resultados que seus sentimentos lhe diziam ser falsos.

Aconteceu o inevitável. Uma mente mais aventureira e menos reverencial levou o pensamento de Locke ao ponto onde as consequências se tornaram manifestas. Um ano depois do tratado de Locke, ou seja, em 1696, apareceu o *Christianity Not Mysterious* [Cristianismo Não Misterioso], de John Toland. Toland professava ser discípulo de Locke, e Locke não ficou feliz com isso. De novo, os pormenores da obra de Toland não são a nossa preocupação. Temos de indicar apenas os pontos principais onde o autor foi além de Locke. Na verdade, o título do livro sumaria a questão. Enquanto Locke se satisfazia em encontrar razão na Cristandade e deixava a parte não racional passar à sombra de uma reverente discrição, Toland insistia em que não havia nenhuns mistérios na Cristandade – posição que poderia ser mantida apenas sob a suposição de que os mistérios eram não cristãos. Sobre este ponto, entretanto, Toland foi vago. Não o afirmou em tantas palavras, e o segundo volume da obra, em que ele prometeu uma elucidação maior, nunca foi publicado. Sua restrição foi causada provavelmente pelos medos justificados das consequências da publicação. Apesar disso, levou o argumento bastante longe para tornar suas conclusões claras para além de qualquer dúvida.

O passo decisivo de Toland é a suposição de que os métodos empregados nas ciências do mundo exterior têm uma validade absoluta para a cognição de todos os reinos do ser, assim como o corolário de que nada que não tenha sido encontrado por esses métodos pode ser conhecimento. Em princípio, Toland já é um aderente do credo cientificista. Um fato é o que pode ser observado pelos sentidos ou o que é atestado por um observador confiável. O conhecimento resulta da comparação de ideias. Para serem comparáveis, as ideias têm de ser claras. Um processo de demonstração tem de ser livre de contradições. Sempre que uma proposição não seja suficientemente fundamentada por observação e raciocínio não contraditório, nosso julgamento tem de permanecer em suspense. O clímax é a introdução do *hypotheses non fingo* newtoniano: "De minha filosofia todas as hipóteses estão banidas".[45]

Uma vez que seja adotado este tipo de epistemologia como padrão, o mistério no sentido verdadeiro, ou seja, o paradoxo na experiência religiosa, tem de ser dissolvido. Toland define mistério como uma proposição que é conhecida por nós apenas através da revelação. Ou seja, enquanto não for revelada para nós, não a conhecemos. Uma vez revelada, tem de ser racionalmente inteligível assim como qualquer outra proposição que encontremos sem revelação. Uma verdade revelada tem de mostrar as características da sabedoria divina e da razão saudável. Proposições sobre algo que é inconcebível não são uma verdade religiosa, mas tolice. Toland concentrou esta posição na sentença algébrica: "Poderia essa pessoa avaliar-se justamente de acordo com seu conhecimento, a qual, tendo segurança infalível de que algo chamado Blictri possui um ser na natureza, nesse ínterim não soubesse o que era este Blictri?". É aí o máximo aonde Toland ousa chegar. Deixa à discrição do leitor fazer as substituições de "Blictri".

Além deste ponto a posição de Toland não pode ser discernida claramente: ele escondeu seu pensamento ou acreditou, como Locke, que sua tese era compatível com a Cristandade ortodoxa? Era ele uma alma sinceramente perturbada, ou uma alma ambiciosa que queria tomar uma carona para a fama, atrelado a Locke? Não sabemos. Uma coisa é certa: ele deu um passo decisivo, um passo que era imanente na posição lógica de Locke, ou seja, o passo de erigir uma consciência que é transformada, em seus atos cognitivos em direção ao mundo externo para dentro do modelo do eu. Qualquer que seja o oportunismo ou a adulação verdadeira paga ao dogma, a *cognitio fidei* é aniquilada e os símbolos que expressam este reinado de experiência são descartados como irracionais. Com este passo, podemos dizer, começa propriamente o livre pensar. Em nosso contexto, a literatura desta classe não

---

[45] Para o conteúdo da obra de Toland, estou seguindo o relato em Stephen, *History of English Thought in the Eighteenth Century*, 1, p. 85-100.

é digna de nenhuma atenção pormenorizada. Indiquemos as principais linhas de pensamento. Quanto ao dogma cristão, o livre pensar evolve de um Trinitarismo reverencial, passando por um Unitarismo e Deísmo, até o Ateísmo. Quanto à ética, evolve de uma aceitação reverencial dos padrões tradicionais, passando pela psicologia do prazer e dor, até as variantes de hedonismo e utilitarismo. Quanto à psicologia, evolve da aceitação reverencial do fluxo de consciência como o resíduo da alma cristã até um materialismo completo que explica fenômenos psíquicos como epifenômenos da matéria. Quanto ao mundo externo desenvolve-se da aceitação reverencial da criação, passando pela "falácia da concretude mal colocada" até a concepção do mundo como um mecanismo da matéria que segue seu curso de acordo com as leis de Newton.

Concluamos este relato com o julgamento que Swift apresentou em seu *Argument against Abolishing Christianity in England*:

> Quem alguma vez teria suspeitado de Asgil como um talento, ou Toland como filósofo, se o estoque inexaurível de Cristandade não estivesse à mão, para fornecer-lhes materiais? Que outra matéria, através de outra arte ou natureza, poderia ter produzido Tindal como autor profundo, ou dado a ele leitores? É a escolha sábia da matéria, isso apenas adorna e distingue o escritor. Pois, tivessem centenas de penas tais sido empregadas do lado da religião, elas teriam imediatamente mergulhado no silêncio e no esquecimento.

§ 3. Espaço absoluto e relatividade

A perda do concreto, então, é substancialmente uma doença espiritual. Com o enfraquecimento da fé numa atitude reverencial para com os símbolos, o significado dos símbolos mesmos é enfraquecido para proposições cuja verdade tem de ser demonstrada pela razão. Como um resíduo de realidade permanece apenas a estrutura e o conteúdo da consciência, ou seja, de um eu já não aberto para a realidade transcendental. Este estado pneumatopatológico geral, que em si pode ocorrer e ocorreu em outros períodos da história, recebe sua coloração específica como resultado da ascensão coincidente da física matemática. Uma nova realidade preenchedora do mundo, que emerge da física galilaica e cartesiana e sistematizada na mecânica de Newton, está pronta para substituir Deus e a criação. A nova ciência, em princípio, é uma ciência apenas da natureza fenomenal. Que o edifício da ciência pudesse assumir funções ontológicas é um resultado da "falácia da concretude mal colocada". Esta falácia torna-se o veículo da tendência para o materialismo no sentido de uma visão de mundo em que todos os reinos do ser são reduzidos a uma única e verdadeira realidade da matéria. O *pathos* desta visão, à medida que é levada adiante pela própria nova ciência, é expresso na anedota de Napoleão e Laplace: quando questionado por Napoleão se, na verdade, não mencionara Deus em sua *Mécanique Céleste*, Laplace respondeu orgulhoso: "Não tenho nenhum emprego para esta hipótese!". O mecanismo da matéria estende-se infinitamente, e Deus foi espremido para fora de seu mundo.

Quando a questão é afirmada em linguagem tão crua, parece quase inacreditável que o movimento do cientificismo iluminista pudesse ter a força e a duração que na verdade teve e ainda tem, e que devesse exigir o trabalho de gerações de pensadores para dissolver erros tão toscos de pensamento. Não pretendemos diminuir esta impressão. Ler a literatura deste movimento é uma provação para o infiel e causa-lhe a mesma exasperação da leitura marxista ou nacional-socialista. Seria um erro, entretanto, concluir que os autores são particularmente deficientes na capacidade intelectual. Sua inabilidade em lidar com os problemas especulativos elementares ilustra, ao contrário, que não há limite para a desordem intelectual uma vez que o *nosos* do espírito tenha corrompido a personalidade do pensador. Apesar disso, a situação não é tão ruim como parece à primeira vista. Há um problema teórico real e muito sério envolvido na posição do cientificismo iluminista. Mesmo que este problema tenha sido muito periférico para ser de grande preocupação para os pensadores espiritualistas, já que permaneceu não resolvido, reforçou grandemente a posição daqueles que, por outras razões, estavam inclinados a adotar o credo cientificista. Estamos falando do problema do espaço absoluto que foi incorporado aos alicerces da ciência moderna por intermédio dos *Principia*, de Newton, e que encontrou sua solução completa e satisfatória apenas mediante a teoria da relatividade de Einstein.

Temos de discutir este problema por duas razões. Em primeiro lugar, foi o ponto de partida de Berkeley para sua reconquista do concreto. Para além desta importância restrita na busca inglesa do concreto, no entanto, tem uma importância para a compreensão do impacto do cientificismo iluminista na cena ocidental que dificilmente pode se exagerado. A teoria newtoniana do espaço absoluto emprestou uma aparência de justificação para a "falácia da concretude mal colocada". Sem essa parte da doutrina newtoniana, o materialismo cientificista, com suas ramificações no movimento enciclopedista, no utilitarismo e no positivismo, na sociologia de Comte e Mill, no marxismo, e assim por diante, teria tido pouco fundamento para assentar-se. A crença de que a ciência é a chave de compreensão da natureza num sentido ontológico entrou como um ingrediente decisivo para cada um de nossos movimentos políticos de massa – liberalismo, progressivismo, darwinismo, comunismo e nacional-socialismo. A raiz histórica desta crença é a teoria newtoniana do espaço.

a. A relatividade de Copérnico a Leibniz

O problema do espaço absoluto e relativo não começa com Newton. Começa com Copérnico e sua suposição de que o Sol está no centro de nosso sistema planetário. Na teoria de Copérnico podemos discernir uma tendência para fazer do Sol o centro ontologicamente real do sistema, mas a motivação predominante era ainda a simplificação da descrição matemática dos movimentos planetários. Os problemas da descrição científica e da ontologia eram claramente distintos. Vimos numa parte anterior deste estudo que a questão foi bem entendida no século XVI e que foi levada a sua solução sistemática antes do fim do século.[46] Copérnico justificou a mudança revolucionária de seu sistema de coordenadas da Terra para o Sol, ao explicar a relatividade do movimento. Tornou claro que o movimento "real" de dois corpos que são movidos relativamente um ao outro não é de maneira nenhuma atingido pela suposição de que um ou o outro é a origem das coordenadas que são empregadas para a descrição do movimento. Bodin, em sua obra tardia, viu o ponto com igual clareza e chegou à conclusão de que se podia bem fazer uma mudança de coordenadas de novo para a Terra. Os astrônomos podiam preferir o Sol como um centro porque essa pressuposição permitia uma descrição matemática mais simples. Ele, como filósofo da política e da natureza, preferia a Terra como centro, por suas próprias razões.

A relatividade tem de ser tomada seriamente. Se a teoria do espaço como uma extensão absoluta ao redor da Terra é uma falácia, a teoria do espaço como uma extensão absoluta ao redor do Sol não é menos uma falácia. Giordano Bruno tinha feito a elaboração sistemática do problema. O espaço é fenomenicamente infinito porque sua infinitude é uma projeção da forma da mente humana. Ontologicamente, na mente de Deus, o universo é Um e os mundos celestiais são abrangidos por esta Unidade. Os mundos celestiais não são abrangidos por um espaço, mas a seu turno abrangem esta Unidade como cada parte da alma abrange a alma. A análise empírica do espaço, assim como a análise transcendental no sentido kantiano, toca apenas certos aspectos do problema total. A especulação cosmológica é o instrumento teorético para sua formulação completa. Esta solução de Bruno precisa de desenvolvimento e reformulação, mas em princípio dificilmente

---

[46] Ver vol. V, *Religion and the Rise of Modernity*, cap. 5. [Em português: *História das Ideias Políticas*, vol. V, *Religião e a Ascensão da Modernidade*, op. cit.]

pode ser melhorada. No nível da ciência empírica foi levada adiante e confirmada pela teoria da relatividade através da suposição de um espaço ilimitado curvo que corre de volta a si mesmo.[47] No que diz respeito ao problema de Copérnico, Bruno chegou à conclusão de que um espaço fechado infinitamente não tem nenhum centro absoluto. Seu centro está em toda parte e em nenhuma parte, e é arbitrária a escolha do lugar para a origem das coordenadas.

A correção da formulação relativista imprimiu-se nos contemporâneos de Newton. Leibniz desenvolveu o problema talvez ao máximo no curso de seus estudos foronômicos. A geometria como a lógica da matemática deveria ser complementada pela foronomia, uma teoria geral do movimento, como a lógica da física. O primeiro princípio do movimento, porém, é que o movimento de um corpo pode ser observado apenas em relação a outro corpo, o que supostamente está em repouso. O movimento é um mudança mútua e inevitável da posição de partes materiais. Em qualquer sistema de corpos em movimento relativo em relação um ao outro, podemos escolher um dos corpos como estando em repouso e atribuir o movimento do outro às coordenadas que se originam no corpo "em repouso". A tal escolha de um corpo em repouso para o propósito de descrição, Leibniz chama "hipótese". Uma dessas hipóteses pode apresentar uma descrição mais simples do que a outra, mas sua simplicidade não faz a hipótese "mais verdadeira". Em princípio, todas essas hipóteses são "equivalentes". A "lei geral da equivalência" é a formulação de Leibniz para o problema da relatividade.[48] O significado que Leibniz atribuiu a este princípio pode ser deduzido do fato de que ele escreveu um memorando sobre esta questão com a intenção

---

[47] Ver Albert Einstein, *Ueber die spezielle und allgemeine Relativitätstheorie*. 3. ed. aumentada. Braunschweig, Vieweg, 1918, §§ 30-32. Edição em inglês: *Relativity: The Special and General Theory*. Trad. Robert W. Lawson. New York, Holt, 1920.

[48] Ver a carta de Leibniz a Huyghens de 12/22 de junho de 1694. In: G. W. Leibniz, *Hauptschriften zur Grundlegungd der Philosophie*, 3 vols. Ed. Ernst Cassirer. Leipzig, Meiner, 1903-1915, 1, p. 243 ss. Ver, no mesmo volume, a introdução de Cassirer à correspondência entre Leibniz e Clarke, p. 108 ss.

de induzir a Cúria a admitir o sistema copernicano. Defendia que do ponto de vista da lógica não há nenhuma oposição entre os sistemas copernicano e ptolomaico. A escolha de coordenadas heliocêntricas ou geocêntricas é equivalente, e a maior simplicidade descritiva do sistema copernicano não implica a proposição de que os movimentos como descritos por ele são reais num sentido ontológico.[49]

b. O conflito de Galileu com a Inquisição

Na época, a tendência para uma teoria da relatividade, no entanto, não podia desenvolver-se completamente porque os vários aspectos do problema não estavam suficientemente esclarecidos pela análise filosófica. Esses vários aspectos são (1) a objetividade da ciência, sua "verdade", que está enraizada em seu método; (2) a visão empírica do mundo que resulta da aplicação do método aos fenômenos parciais do mundo exterior; e (3) a interpretação especulativa do cosmos que expressa a relação do homem com a totalidade de sua experiência de mundo. Na física do século XVII esses elementos ainda formavam um composto indiferenciado. O elemento especulativo não estava ainda completamente eliminado do método, e, como consequência, os resultados empíricos levavam consigo implicações que pertenciam propriamente à esfera especulativa.

Este estado transitório do problema, historicamente inevitável, mas, no entanto, desafortunado, levou ao conflito muito mal entendido de Galileu com a Inquisição. A questão crucial dizia respeito ao tipo de "verdade" que deveria ser atribuída ao sistema copernicano. O cardeal Belarmino sugeriu uma solução a Galileu que substancialmente era a solução que Leibniz apresentou no memorando previamente mencionado. Galileu reconhecia que não era a mesma coisa mostrar que

---

[49] Para a intenção de Leibniz de escrever o memorando, ver sua carta a Huyghens de 4/14 de setembro de 1696. In: ibidem, p. 244 ss. O memorando em si está publicado em *Leibnizens mathematische Schriften*, 7 vols. Ed. C. L. Gerhardt. Berlin, Asher, 1848-1863, 6, p. 144 ss. Para comentário sobre a questão, ver a introdução previamente citada de Cassirer à controvérsia Leibniz-Clarke, em *Hauptschriften*, p. 109.

com a hipótese copernicana os problemas fenomênicos poderiam ser resolvidos, e provar que a hipótese era verdadeira na natureza. Apesar disso, continua ele, um sistema é falso se não dá conta de todos os fenômenos, e um sistema é verdadeiro se dá conta deles da maneira mais satisfatória. "Pois não se pode e não se deve procurar uma verdade mais alta numa proposição de ciência do que aquela que dá conta de todos os fenômenos particulares."[50]

A situação é assim fascinante como reveladora: o representante da Inquisição está querendo estabelecer a relatividade, mas o físico tem hesitações absolutistas. São claras as razões da hesitação de Galileu. Estão contidas em sua formulação de que não se deve procurar uma verdade maior numa proposição do que a sua adequação para a interpretação dos fenômenos. Ele compreendeu que a verdade da ciência está na objetividade de seu método. A interpretação copernicana é, portanto, "verdadeira" porque diz respeito aos fenômenos da maneira mais satisfatória. Ademais, ele está muito certo em sua enunciação de que não se deve procurar uma verdade mais alta numa proposição científica. A adequação da interpretação é toda a verdade que há na ciência, e, portanto, a teoria copernicana é verdadeira, ao passo que a ptolomaica é

---

[50] "*È vero che non è istesso il nostrare che con la mobilità della terra e stabilità del sole si salvano l'apparenze, e il dimostrare che tali ipotesi in natura sien realmente vere, ma è ben altrotanto e più vero, che se con l'altro sistema communemente ricevuto non si può rendere ragione di tali apparenze quello è indubitamente falso, siccome è chiaro che questo che si accommoda benissimo può esser vero, nè altra maggior verità si può e si deve ricercar in una posizione che il risponder a tutte le particolari apparenze*" (É verdade que não é a mesma coisa demonstrar que com a mobilidade da terra e a estabilidade do sol se podem salvar as aparências, e demonstrar que tais hipóteses são realmente verdadeiras na natureza; entretanto, é ainda mais verdade que, já que é impossível explicar tais aparências com [a ajuda do] sistema comumente recebido, esse sistema é inquestionavelmente falso; já que é claro que, porque o que se acomoda muito bem [às aparências] pode ser verdadeiro, nenhuma outra verdade maior pode e deve ser procurada numa posição que pode responder a todas as aparências particulares). Carta de Galileu em Berti, *Capernico e le Vicende del Sistema Copernicano in Italia*, Roma, 1876, p. 130; citado em Ernst Cassirer, *Das Erkenntnisproblem in der Philosophie und Wissenschaft der neueren Zeiti*, 3. ed., 3 vols., Berlin, B. Cassirer, 1922, 1, p. 410. Quanto aos materiais históricos, estou seguindo Cassirer nesta questão; não posso, porém, concordar com ele no que diz respeito à interpretação deles.

falsa. O que ele aparentemente não consegue alcançar (e a esse respeito é o precursor de gerações de físicos) é a possibilidade de que a interpretação da natureza não pode ser exaurida por uma ciência de fenômenos. Embora, de fato, não haja mais verdade na ciência do que ele pode nela encontrar, há muita verdade para além da ciência dos fenômenos. Certamente é verdadeira a visão da natureza que emerge da aplicação de métodos científicos a fenômenos, mas é o correlato dos métodos que foram aplicados e nada mais do que isso. O problema do absoluto do espaço não é um problema na ciência empírica, de tal modo que a verdade metódica e empírica do sistema copernicano não chega nem a tocá-lo.

Daí a distribuição curiosa dos papéis no conflito. O cardeal Belarmino aparentemente compreendeu que o absoluto que era sua preocupação não tinha nada que ver com a ciência empírica; qualquer teoria na ciência era suportável contanto que não levantasse reivindicações de puxar a terra debaixo dos pés do homem que, na verdade, é o centro do mundo dos símbolos religiosos e metafísicos que ele cria. O interesse que a igreja tinha no sistema ptolomaico não dizia respeito fundamentalmente à sua validade como teoria científica do mundo planetário. O interesse religioso tocava a validade de um simbolismo que se origina na experiência da alma humana e seu destino espiritual como o centro do drama cósmico. Já que as almas são encarnadas e os corpos estão localizado na terra, o cosmos tem seu centro simbólico na cena deste drama ascendente. A mudança do centro espacial torna-se um ataque à experiência do drama espiritual se a mudança é construída na deslocação do centro "real" no sentido simbólico. Embora estivesse correto o instinto de Belarmino nessa matéria, sua análise do problema não foi longe o bastante para convencer Galileu. Sua sugestão de uma resolução à luz de duas hipóteses em que nenhuma delas teria uma relação direta com a realidade reduz os problemas da especulação e da ciência para o mesmo nível. Não diferencia entre os reinos da simbolização religiosa e da especulação metafísica, de um lado, e o reino da ciência empírica, do outro. Que a bela teoria copernicana não devesse ser mais do que uma "hipótese" dificilmente poderia ser palatável para um cientista entusiasta, a não ser que se pudesse fazer claro para ele, ao mesmo tempo, que a função da ciência para a interpretação do mundo é, em princípio, limitada. Galileu, a seu turno, não diferenciou os componentes do problema melhor do que Belarmino e, ademais, estava em desvantagem porque não tinha sequer o instinto do cardeal para o problema. Seu entusiasmo pela nova ciência, que desenrolava suas potencialidades sob suas mãos e as dos seus contemporâneos, apoiava sua entrega à crença de que agora um "verdadeiro" sistema do mundo tinha sido encontrado, e estava destinado a ultrapassar o antigo. A este respeito, de novo, Galileu é o precursor de gerações de físicos que se entregam à falácia de que o avanço da ciência poderia atingir a verdade da simbolização metafísica e religiosa. O erro de Galileu, que está no começo do movimento cientificista, é o mesmo erro que está no fundo do credo evolucionista na esteira de Darwin.

c. A suposição de Newton do espaço absoluto

Por ocasião do conflito de Galileu com a Inquisição, a questão do absolutismo *versus* relatividade se tornou clara no que diz respeito aos problemas gerais da verdade da ciência e da verdade da especulação e da simbolização religiosa. Eram formidáveis esses problemas gerais. Apesar disso, poderiam ter sido esclarecidos rapidamente, e foram esclarecidos, em princípio, por Leibniz. O obstáculo a um avanço rápido para uma teoria da relatividade na física surgiu dos problemas internos da nova ciência. Este obstáculo já estava presente na teoria do movimento de Galileu, mas só se tornou completamente visível com a formulação de Newton da lei geral da gravitação e a consequente elaboração de uma teoria geral da física nos *Principia Mathematica*.[51] Newton achou necessário supor a existência do espaço absoluto e do movimento absoluto.

---

[51] As citações seguintes das *Principia* de Sir Isaac Newton são extraídas da edição inglesa de Florian Cajori, *Mathematical Principles of Natural Philosophy*. Berkeley, University of California Press, 1946, p. 6 ss.

No escólio à Definição VIII define ele: "O espaço absoluto, em sua própria natureza, sem relação com nada externo, permanece sempre similar e imóvel. O espaço relativo é alguma dimensão móvel ou medida dos espaços absolutos; que nossos sentidos determinam por sua posição em relação a corpos; e que é comumente tomado como espaço imóvel". Um pouco adiante no escólio, ele explica a razão para sua suposição:

> Porque não podem ser vistas as partes do espaço, nem distinguidas umas das outras por nossos sentidos, desta forma em seu lugar empregamos medidas sensíveis delas. Pois das posições e distâncias das coisas de qualquer corpo considerado como imóvel, definimos todos os lugares; e então, com relação a tais lugares, estimamos todos os movimentos, considerando corpos como transferidos de alguns desses lugares para outros. E assim, em vez de lugares e movimentos absolutos, empregamos relativos; e isso sem nenhuma inconveniência nos negócios comuns; mas, em disquisições filosóficas, devemos abstrair de nossos sentidos e considerar as coisas em si mesmas, distintas do que são apenas medidas sensíveis delas. Pois pode ser que não haja nenhum corpo realmente em repouso, a que os lugares e movimentos de outros possam ser referidos.

Newton examina o espaço absoluto como uma ordem absoluta de "lugares"; esta ordem de lugares é um sistema "primeiro" a que o movimento pode ser em última instância referido. Apenas "translações para fora desses lugares" são verdadeiramente movimentos absolutos. Já que, no entanto, esses lugares absolutos não podem ser observados por nossos sentidos, surge a pergunta: com que propósito devemos supor-lhes a existência? Desta pergunta delicada Newton trata através de uma vaga referência às "disquisições filosóficas" que tornam necessários tais feitos.

Embarcando em tal disquisição filosófica, Newton descobre que o repouso e o movimento, absolutos e relativos, podem ser distinguidos por suas propriedades, causas e efeitos. "É uma propriedade do repouso, que corpos realmente em repouso repousam uns em relação aos outros." Esta definição de repouso é válida a despeito do fato de que tais corpos em repouso absoluto, se de algum modo existem, só podem ser encontrados na região das estrelas fixas, ou mesmo para além dessa região, enquanto o repouso absoluto não pode ser determinado "das posições dos corpos em nossa região". Embora a observação empírica não mostre nenhuns desses corpos em repouso absoluto, Newton, no entanto, introduz este conceito. Aqui nós descobrimos a primeira razão séria que induziria um físico a fazer a suposição de espaço absoluto: ele precisa da suposição para o propósito de definir o repouso. E ele precisa deste conceito a fim de manter a primeira lei do movimento segundo a qual "Todo corpo continua em seu estado de repouso, ou de movimento uniforme em linha reta, a não ser que seja compelido a mudar esse estado por forças a ele aplicadas". Sem a suposição do espaço absoluto não se pode dar nenhum sentido à noção de repouso absoluto, e o repouso absoluto parecia a Newton, como a Galileu, uma experiência fundamental que não podia ser descartada na formulação da primeira lei do movimento.

A segunda razão para a suposição de lugares absolutos por Newton foi sua crença de que ele podia observar casos de movimento sem mudança de lugar. O movimento absoluto neste sentido tinha de ser distinguido do movimento relativo. O critério para esta distinção é dado pelas observações relativas às forças centrífugas. "Os efeitos que distinguem o movimento absoluto do relativo são as forças que se afastam do eixo do movimento circular. Pois não há tais forças num movimento circular puramente relativo, mas num movimento circular absoluto e verdadeiro elas são maiores ou menores, conforme a quantidade de movimento." Um exemplo importante de tais efeitos é o achatamento polar da terra devido a forças centrífugas.

d. A influência de Henry More

Diante de tais dificuldades, o curso indicado teoricamente teria sido o de rever as definições fundamentais e abandonar os conceitos de repouso absoluto e movimento absoluto. Este é o curso que na verdade foi efetivamente seguido por Ernst Mach na segunda metade do século XIX. Newton, no entanto, não contemplou esta possibilidade. Sua insistência no espaço absoluto parece ter sido fortalecida por motivos que apareceram mais claramente no *Scholium Generale*, que ele acrescentou à segunda edição dos *Principia*, de 1713, assim como nas adições à segunda edição de sua *Óptica*. Essas adições revelam quão fortemente a teoria de Newton do espaço absoluto foi influenciada por Henry More, o platônico de Cambridge (1614-1687).

A metafísica do espaço de More surge da intersecção de seu misticismo neoplatônico com seu interesse na nova física cartesiana. Não estava satisfeito com a identificação, feita por Descartes, da extensão com a matéria que teria materializado o espaço; tampouco estava satisfeito com a análise subjetivista que teria definido o espaço como o conceito de uma relação entre os corpos, ou seja, com a análise do tipo hobbesiana. Reconheceu que a distância é uma relação entre corpos, mas insistiu que esta relação tem uma base: "A base desta relação é algo real".[52] A extensão espacial alcança o infinito, existiu desde a eternidade, e existirá pela eternidade; e existe independente de nosso pensamento. Já que a extensão é "um atributo real", tem de existir um sujeito para este atributo. Este sujeito não pode ser encontrado no mundo corpóreo de nossas observações, com suas extensões limitadas e discretas. O sujeito real do espaço absoluto, assim como do tempo absoluto, só pode ser a substância divina que manifesta seu próprio infinito no duplo infinito do espaço e do tempo absolutos. More é explícito na motivação religiosa de sua suposição. Pretende trazer Deus de volta para o mundo pelo mesmo portão pelo qual a filosofia cartesiana tentou trancá-lo para fora dele.[53]

A metafísica do espaço de More oferecia um duplo apelo para Newton. O misticismo de More reverberou uma nota

---

[52] Henry More, *Enchiridium Metaphysicum sive de Rebus Incorporeis*, pt. I, cap. VIII, sec. 5; citado em Cassirer, *Erkenntnisproblem*, 2, p. 443.

[53] More, *Enchiridium Metaphysicum*, pt. I, cap. VIII, sec. 6-7; citado em ibidem, 2, p. 444.

receptiva em Newton, o místico. Seu anticartesianismo foi um apoio importante para Newton, o físico. Na *Óptica*, Newton deu a fórmula mais concisa de sua posição. Dos fenômenos da natureza segue-se que "existe um Ser incorpóreo, vivente, inteligente e onipresente". Este Ser emprega o espaço "como se fosse seu *sensorium*". E por este *sensorium* "vê todas as coisas intimamente em si mesmas e percebe-as inteiramente, e em sua presença abarca todas as coisas nele presentes". O princípio senciente e pensante dentro de nós, por outro lado, pode perceber apenas as imagens das coisas por meio de seu *sensoriolum*, seu pequeno *sensorium*.[54] A posição da segunda edição dos *Principia* não difere da que está na *Óptica*. Citemos apenas um passo que comunicará o *pathos* de Newton:

> Assim como um cego não tem nenhuma ideia de cores, tampouco nós temos ideia da maneira pela qual o Deus omnissapiente percebe e compreende todas as coisas. Ele é totalmente falto de corpo e de figura corpórea, e não pode, portanto, nem ser visto, nem ouvido, nem tocado, nem deve ser venerado sob a representação de nenhuma coisa corpórea [...] Conhecemo-lo apenas por suas invenções mais sábias e excelentes das coisas, e causas finais; admiramo-lo por sua perfeição; mas reverenciamo-lo e adoramo-lo por causa de seu domínio: pois adoramo-lo como seus servos; e um deus sem domínio, providência e causas finais não é nada mais do que Fado e Natureza. A necessidade metafísica cega, que é certamente a mesma sempre e em todo lugar, não poderia produzir nenhuma variedade de coisas. Toda essa diversidade de coisas naturais que achamos apropriadas para diferentes tempos e lugares não poderia surgir senão das ideias e vontade de um Ser necessariamente existente [...] E então muito do que diz respeito a Deus; discorrer a seu respeito, pelas aparências das coisas, certamente pertence à Filosofia Natural.[55]

---

[54] Newton, *Optice*, edição latina de 1740, Quaestio XVIII; citado em ibidem, 2, p. 447.

[55] *Principia, Scholium Generale*, in: *Mathematical Principles of Natural Philosophy*, ed. Cajori, p. 545 ss.

As passagens de More e Newton revelam a conexão entre a nova ciência e os problemas do pensamento livre. A materialização cartesiana da extensão preencheria o infinito do espaço no universo com a matéria e seu mecanicismo. Não haveria nenhum mistério deixado na existência do cosmos. Em seus mais remotos recessos, o universo seria conhecido como uma configuração de matéria, e Deus, na verdade, seria expulso de sua criação. Se a natureza revelada pela nova ciência era a natureza do cosmos, não havia, na verdade, nenhum uso para a "hipótese" de Deus. O artifício de More para contrapor-se a esta tendência, colocando a substância divina como o *fundamentum* da extensão espacial, foi sincero, mas repleto de perigos. Por um breve período, na literatura que tentava provar a existência de Deus, o artifício pôde servir como argumento contra os ateus e os materialistas. A própria ciência que à primeira vista parecia um perigo para a religião agora apresentava a prova mais convincente de Deus. O mais importante tratado que empregou este argumento foi escrito pelo amigo de Newton, Samuel Clarke.[56] A alegria, como se poderia esperar, não durou muito. A tentativa de salvar Deus pela ciência logo esbarrou em dificuldades panteístas. Um Deus onipresente que era a substância espiritual subjacente à extensão fenomênica era um pouco presente demais no mundo para reter, ao mesmo tempo, seu "domínio" como o Senhor transcendental da criação. Pior, entretanto, do que essas dificuldades, que se arrastaram num debate longo e monótono, era o fato de que homens de temperamento menos religioso simplesmente não se importavam com a substância divina subjacente ao espaço absoluto. Os intelectuais que absorveram o sistema newtoniano, em particular depois de sua popularização por Voltaire, estavam satisfeitos com o reconhecimento de Newton de um espaço absoluto e podiam prescindir de sua motivação religiosa. O sistema dos *Principia* estava completo com sua primeira edição; o *Scholium Generale* da segunda edição não acrescentou nada à física empírica. Aqui estava

---

[56] Samuel Clarke, *A Discourse Concerning the Being and Attributes of God*. London, Botham, 1705-1706).

um sistema do mundo, legitimado pelo gênio do homem cujo nome nesta época tinha mais autoridade no mundo intelectual do que qualquer outro. E este sistema mostrava o mundo como consistindo em nada mais do que matéria obedecendo a uma lei uniforme. A teoria do espaço absoluto selou este sistema ontologicamente contra Deus e, em virtude deste caráter, o sistema newtoniano se tornou socialmente eficaz. A teoria bem intencionada do espaço absoluto tinha levado precisamente à desordem que tentara evitar.

e. A crítica psicológica de Berkeley

O gênio de Newton localiza-se no campo das matemáticas e da física. Quando deixou seu pensamento vagar para além dessa esfera, foram de qualidade duvidosa. Os *Principia* foram a grande pedra fundamental para o edifício da ciência que devia ser erigido nos séculos seguintes, mas as definições e as excursões teoréticas nos escólios só poderiam suscitar a crítica veemente dos filósofos. Em particular, Newton expôs-se à crítica com sua declaração arrogante da autonomia da nova ciência. A física podia seguir seu curso, como o fez realmente, aplicando conscientemente métodos bem estabelecidos a fenômenos observados, sem importar-se com os debates dos metafísicos. O *Scholium Generale* anunciara o preceito *hypotheses non fingo*: "o que quer que não seja deduzido dos fenômenos deve ser chamado hipótese; e hipóteses, sejam metafísicas ou físicas, sejam qualidades ocultas ou mecânicas, não têm lugar na filosofia experimental". A suposição do espaço absoluto era uma contradição flagrante a essa declaração; certamente esta "hipótese" fundamental não foi deduzida dos fenômenos. Não devemos surpreender-nos, portanto, quando agora nos voltamos para Berkeley e sua crítica à teoria de Newton, para encontrar algumas observações mordazes concernentes às fronteiras entre a física e a metafísica. Em seu *De Motu* (1721) escreve Berkeley:

> Quanto ao mais, seria conveniente, deixando de lado o que é um costume bem estabelecido, distinguir entre ciências de

tal maneira que cada uma esteja bem circunscrita por suas próprias fronteiras. O filósofo da natureza deve manter-se inteiramente com seus experimentos, suas leis do movimento, seus princípios mecânicos e as conclusões daí obtidas; se ele tem algo para dizer sobre outras matérias, deve estar em sintonia com o que é aceito na respectiva ciência mais alta.

O contexto mal deixa dúvidas de que as observações acerca do *philosophus naturalis* têm por trás a intenção de pôr Newton no seu lugar.[57]

A crítica de Berkeley à teoria de Newton move-se em dois planos. Quanto ao método da física, ele retorna ao princípio da relatividade. Um corpo pode ser reconhecido como movente apenas em relação a outro corpo que está relativamente em repouso. A ideia de movimento absoluto é incompatível com as condições da experiência. O movimento pode ser medido apenas por coisas dadas aos sentidos. Já que o espaço absoluto não é dado aos sentidos, não pode ser empregado para a distinção de diferentes tipos de movimento. É impossível a concepção de um movimento absoluto.[58] Ademais, na ciência empírica não precisamos de tal concepção. Tudo o de que precisamos é de um sistema de referência que nos permita distinguir entre corpos que estão relativamente em repouso ou em movimento. E tal sistema nos é dado no céu das estrelas fixas. Não precisamos da suposição de um espaço absoluto para a formulação das leis do movimento porque são válidas se empregarmos as estrelas fixas como o sistema em repouso, em vez do espaço absoluto.[59] As leis de movimento são generalizações de observações e nada mais. Temos de "distinguir entre hipóteses matemáticas e a natureza das coisas". O movimento pertence ao mundo dos sentidos, e temos de satisfazer-nos com medidas relativas.[60]

---

[57] Berkeley, *De Motu*, § 42, in: A. A. Luce e T. E. Jessop (eds.), *The Works of George Berkeley*. 9 vols. London, Nelson, 1948-1957, 4, p. 42.

[58] *De Motu*, § 63, in: ibidem, 4, p. 49.

[59] *De Motu*, § 64, in: ibidem.

[60] *De Motu*, § 66, in: ibidem, 4, p. 49-50.

O segundo tratamento de Berkeley ao problema está no modo de uma análise psicológica das ilusões que levam à suposição do espaço absoluto. A ideia de um espaço sem um conteúdo é vazia, é um *merum nihil*.[61] Somos, no entanto, enganados na suposição porque, ao especular sobre o problema do espaço, subtraímos todos os corpos, mas esquecemo-nos de subtrair o nosso próprio. Se imaginarmos o espaço esvaziado de todo conteúdo, ainda temos uma experiência de espaço porque temos a experiência de nosso corpo e dos movimentos de seus membros. A experiência em si não é enganadora, mas o que experimentamos é o espaço relativo definido pelas partes de nosso corpo. A atribuição do absoluto a este espaço é uma falácia.[62]

O significado das passagens algo breves em *De Motu* faz-se mais claro pela análise mais discursiva no livro *Principles of Human Knowledge*. No que diz respeito à observação dos corpos que se movem, diz Berkeley nos *Principles*, não podemos observar senão corpos movendo-se relativamente uns aos outros. O físico é tal observador de corpos em movimento, e daí na física nada pode ser admitido, senão um conceito de movimento relativo. No entanto, não apenas observamos o movimento, podemos também experimentá-lo.

> Agora, pergunto a qualquer um se, em sua sensação de movimento quando caminha pelas ruas, pode-se dizer que se *movem* as pedras pelas quais ele passa, porque elas mudam a distância em relação aos pés dele? Para mim, parece que, embora o movimento inclua uma relação de uma coisa com outra, ainda assim não é necessário que cada termo da relação seja denominado a partir dela.[63]

Berkeley reconhece, então, a experiência do movimento absoluto, mas não considera proibido injetar esta

---

[61] *De Motu*, § 53-54, in: ibidem, 4, p. 45-46. O argumento desses parágrafos é substancialmente o mesmo dos *Principles of Human Knowledge* (1710), de Berkeley, §§ 116-17. *Principles* é o vol. 2 de ibidem.

[62] *De Motu*, § 55, in: ibidem, 4, p. 46.

[63] *Principles*, § 113.

experiência na física matemática. As leis da ciência podem descrever apenas os movimentos observados, e os movimentos observados são relativos.

Sabendo ou não, Berkeley tocou, com este argumento, em uma das raízes históricas verdadeiras da concepção newtoniana do espaço absoluto. Em sua correspondência com Descartes, Henry More apresentou a experiência do repouso e movimento absolutos como um argumento contra o conceito radical de Descartes do movimento "recíproco": "Quando estou sentado, quieto, e outro homem que vai embora, vamos dizer, a mil passos, fica com o rosto vermelho e fatigado, enquanto eu que estou sentado não fico com o rosto vermelho nem fatigado, é certamente ele que se moveu, enquanto eu estive em repouso durante esse tempo".[64] More empregou a experiência de movimento absoluto como um argumento contra a relatividade. Este emprego duplo a que o argumento poderia ser colocado (a favor ou contra a relatividade) indica a diferenciação insuficiente dos problemas que caracteriza o estado da teoria no período. Indica também, no entanto, que o problema do movimento absoluto tem suas complexidades. Berkeley estava certo, é claro, quando protestou contra a injeção da experiência do movimento absoluto na descrição do movimento relativo observado. No entanto, estamos diante do fato de que há alguns corpos no universo, ou seja, corpos humanos, que *sabem* quando estão em movimento absoluto e quando estão em repouso absoluto. Alguém pode descartar o movimento absoluto da física, mas o problema reaparecerá

---

[64] Henry More, "Letter to Descartes", 5 de março de 1649, in: *Oeuvres de Descartes*. Ed. Charles Adam e Paul Tannery. Paris, Cerf, 1903, 5, p. 312 ss. O argumento é dirigido contra os *Principia Philosophiae*, de Descartes, pt. II, art. 29. Para a resposta de Descartes, ver sua "Letter to More", 15 de abril de 1649, in: *Oeuvres de Descartes*, ed. Adam e Tannery, 5, p. 345 ss. Acerca do argumento de More contra Descartes, ver Henri Bergson, *Matière et Mémoire*, 24. ed. Paris, Alcan, 1928, p. 215, e, do mesmo autor, *Durée et Simultanéité: À Propos de la Théorie d'Einstein*. 2. ed. aumentada. Paris, Alcan, 1923, p. 37. Para uma análise elaborada da relação entre a experiência de movimento (no sentido de More e Berkeley) e a experiência do espaço, assim como da relação entre o espaço experimentado e o espaço da geometria, ver Henri Poincaré, *La Science et l'Hypothèse*. Paris, Flammarion, 1908, pt. II, "L'Espace"; edição em inglês: *Science and Hypothesis*. Trad. J. Larmor. New York, Dover, 1952.

no nível da especulação, e com ele reaparecerá o problema do espaço absoluto. As dificuldades que Galileu teve com a Inquisição aparecem agora no nível de um conflito entre o movimento relativo da física e a análise da experiência do movimento absoluto. A relatividade do movimento na ciência não abole o problema de uma ordem absoluta do universo que é revelada e centrada na experiência do homem.

A complexidade do problema mostrou-se no uso oposto que Berkeley e More puderam fazer do argumento do movimento absoluto. Mostra-se, além disso, na oposição de propósitos dos dois pensadores. More queria que o espaço absoluto servisse como o *fundamentum* divino, imaterial, do espaço fenomênico infinito a fim de preservar a existência de Deus. Berkeley quer livrar-se do espaço absoluto exatamente pelo mesmo propósito. A principal vantagem que surge da eliminação do espaço absoluto "é que somos libertados do dilema perigoso [...] de pensar ou que o Espaço Real é Deus, ou que há algo além de Deus que é eterno, incriado, infinito, indivisível, imutável. Ambas as noções podem ser consideradas perniciosas e absurdas".[65] Berkeley alcançou seu propósito de salvar a Deus ao desenredá-lo do espaço da física – mas esta ação salvadora não resolve o problema do espaço. Sua análise psicológica levou-nos um bom passo no aprofundamento deste problema. Trouxe a distinção entre generalizações de fenômenos observados na física e o reino da experiência humana, mas deixou o problema do espaço absoluto mais ou menos onde estava antes.

f. O beco sem saída

Uma análise psicológica do tipo berkeliano pode demolir o conceito de espaço absoluto como um *merum nihil*, pode traçar a ideia até sua origem na experiência do corpo, pode mostrar a falácia de hipostatizar esta experiência numa qualidade objetiva do espaço fenomênico e – o que é mais importante

---

[65] *Principles*, § 117.

para Berkeley – pode, por tal crítica eficaz, abrir o caminho para a *philosophia prima*. Não pode, entretanto, persuadir um físico a considerar resolvido seu problema. Quando Galileu descobriu a lei do movimento, não considerou um corpo em repouso em relação às estrelas fixas. Considerou-o absolutamente em repouso. As leis da ciência têm a pretensão de ser válidas absolutamente. Como expressou um seguidor de Newton: "Da observação da natureza sabemos todos que há movimento, que um corpo em movimento persevera nesse estado até que pela ação ou influência de algum poder ele é forçado a mudá-lo, que não está em movimento relativo ou aparente em que persevera em consequência de sua inércia, mas num espaço real e absoluto".[66] Se supusermos com Descartes que o lugar de um corpo é determinado por sua relação com os corpos em sua vizinhança, a lei do movimento teria de anunciar que um corpo em que nenhuma força externa é aplicada não pode mudar sua posição com relação aos corpos ao redor. Esta lei é absurda porque obviamente a posição relativa pode ser mudada, aplicando-se forças aos corpos ao redor. Em suma: a crítica dos filósofos, como Berkeley fez com Newton, não é construtiva. No que diz respeito à física, o único resultado será que os físicos terão de colocá-los em seu lugar. E isso é o que realmente aconteceu através de Leonhard Euler em suas *Réflexions sur l'Espace et le Temps* (1748). Foi dito aos filósofos que a certeza das leis da mecânica tem de ser o ponto de partida da inquirição. Qualquer crítica que esteja em conflito com esses princípios tem de ser rejeitada, por mais conclusiva que possa ser. Os princípios metafísicos têm de ser escolhidos de tal maneira que sejam compatíveis com a física.

Os físicos e seus críticos filosóficos tinham chegado a um beco sem saída. Era um beco sem saída com consequências bem graves. Se levarmos a sério a exigência de Euler e a

---

[66] Colin Maclaurin, *An Account of Sir Isaac Newton's Philosophical Discoveries*, London, 1748, II.1.§ 9; citado em Cassirer, *Erkenntnisproblem*, 2, p. 478. O livro de Maclaurin foi publicado para os filhos do autor por A. Millar e J. Nourse. Uma reedição fac-similar está disponível: New York, Johnson Reprints, 1968.

generalizarmos, chegaremos à regra de que toda vez que um cientista empírico faz uma bagunça em seus conceitos fundamentais – o que é uma ocorrência bem comum – os filósofos são confrontados pela alternativa de ou esclarecer a bagunça para ele, ou dizer tolices desde então em epistemologia e metafísica. A exigência tem um toque de burlesco. No entanto, poderia ser imposta com uma medida de sucesso. A gravidade da situação pode ser tirada do fato de que até mesmo Kant se submeteu a ela, depois de alguma vacilação, ao menos até o ponto de reconhecer o *Faktum der Wissenschaft*,[67] incluindo o espaço absoluto de Newton.[68] Antes, porém, de pormenorizarmos esta curiosidade de nossa civilização cultural, temos de esboçar brevemente a diferenciação adicional do problema do espaço absoluto e a solução a que ele tendeu.

g. Leibniz

A diferenciação do problema foi, em princípio, concretizada por Leibniz. Já refletimos acerca de suas posições relativistas gerais; agora temos de acrescentar os pontos principais de sua análise diferenciadora.

Primeiro de tudo, ele localizou o ponto crucial da dificuldade, diferenciando entre geometria e foronomia de um lado, e mecânica, do outro. A relatividade de posição e movimento é indisputável contanto que lidemos com elas como problemas "puramente matemáticos". A natureza, no entanto, não

---

[67] O fato do conhecimento. (N. T.)

[68] Kant fizera um ataque exitoso contra o problema do movimento absoluto e relativo em sua obra inicial *M. Immanuel Kant's Neuer Lehrbegriff der Bewegung und Ruhe und der damit verknüpften Folgerungen in den ersten Gründen der Naturwissenschaft* (1758). Atacou o ponto crucial ao eliminar o conceito de inércia e reformular a primeira lei do movimento. Abandonou, porém, este início esperançoso e, em obras subsequentes, curvou-se à autoridade de Euler. Depois de 1770 o problema perdeu interesse para ele porque a parte epistemologicamente relevante podia ser resolvida através de sua filosofia crítica. Quanto à posição de Kant, ver Ernst Cassirer, *Zur Einstein'schen Relativitätstheories, Erkenntnistheoretische Betrachtungen*. Berlin, B. Cassirer, 1921, cap. V, "Der Raum- und Zeitbegriff der kritischen Idealismus und die Relativitätstheorie".

oferece o espetáculo de empurrar abstratamente corpos que mudam de posições relativas de maneira caótica. Oferece o espetáculo de uma ordem calculável nos movimentos relativos. Esta ordem nos movimentos não pode ser explicada dentro do reino da geometria. Para o propósito de sua interpretação temos de ir além dos princípios puramente matemáticos e introduzir um princípio "metafísico". "Se chamamos este princípio Forma, ou Entelequia, ou Força, é irrelevante contanto que lembremos que apenas a noção de forças o expressará inteligivelmente."[69] Este passo de esclarecimento impressionou, até certo ponto, mesmo os físicos, porque Euler adotou a concepção relativista de espaço e movimento ao menos para a parte foronômica de sua última apresentação do sistema newtoniano, a *Theoria Motus* de 1765, embora na parte da dinâmica tenha revertido para a posição de Newton.[70] Ademais, ao localizar a dificuldade na teoria da dinâmica, Leibniz marcou corretamente a direção em que a solução tinha de ser procurada e por fim foi encontrada, ou seja, a geometrização da física. Que a nova física devesse ser construída como uma ciência de extensão tinha sido a grande ideia de Descartes. Entretanto, mostrou-se impossível ser levada adiante a ideia no sistema. Os *Principia* de Descartes mostram a famosa ruptura entre a teoria do movimento "recíproco" na parte geométrica da obra e a adoção quieta da lei do movimento em sua forma convencional, com suas implicações absolutas, na parte da mecânica. Leibniz chegou a sua própria teoria de forças através da crítica dos *Principia* de Descartes. Sua nova dinâmica supostamente deveria resolver o problema que foi deixado aberto pelo tratamento geométrico de Descartes. Dentro da física empírica, o problema da relatividade foi por fim resolvido, na verdade, pela transformação do problema crucial de "força" num problema geométrico.[71]

---

[69] Leibniz, *Specimen Dynamicum* (1695), in: *Opera Omnia*, ed. L. Dutens, 6 vols., Genève, Tournes, 1768, 3, p. 321.

[70] Ver sobre este episódio Cassirer, *Erkenntnisproblem*, 2, p. 482 ss.

[71] Para o problema que surge na transição do tratamento matemático do movimento para o físico, ver Bergson, *Matière et Mémoire*, p. 214 ss. *Matière et Mémoire* foi escrita antes de Einstein; o estado do problema na época era

A localização da dificuldade é o primeiro passo para uma solução, mas não é a própria solução. À primeira vista, a introdução do princípio "metafísico" de força parece injetar o problema absoluto na teoria em vez de eliminá-lo. Sejamos claros, portanto, primeiro quanto ao ponto de que na linguagem de Leibniz o termo *metafísica* é mais amplo em conteúdo do que no emprego moderno. A metafísica é para ele a ciência geral dos princípios, exclusivos apenas da matemática e da geometria.[72] Os princípios da física como ciência de fenômenos (assim como a categoria de causação) pertencem à metafísica neste sentido. Daí a introdução da força ser imediatamente seguida pela diferenciação entre *vis primitiva* e *vis derivativa*, ou seja, entre a força no sentido de uma qualidade inerente à substância e a força no sentido fenomênico. A força primitiva (seja ativa, seja passiva) é a força substancial, e seus problemas pertencem à metafísica no sentido mais estreito. Esta força primitiva pertence às "causas gerais" que

---

ainda substancialmente o mesmo do tempo de Leibniz. Ver, por exemplo, a excelente formulação de Bergson do problema na p. 215: "*Descartes traite du mouvement en physicien après l'avoir défini en géomètre. Tout mouvement est relatif pour le géomètre: cela signifie seulement, à notre sens, qu'il n'y a pas de symbole mathématique capable d'exprimer que ce soit le mobile plutôt que les axes ou les points auxquels on le rapporte*" (Descartes lida com o movimento como um físico depois de o ter definido como um geômetra. Para o geômetra, cada movimento é relativo: em nosso sentido que significa apenas que não há símbolo matemático capaz de expressar o que é um corpo em movimento, em vez dos eixos ou das coordenadas a que corresponde). Essas páginas de Bergson praticamente adotam a posição da *Specimen Dynamicum* de Leibniz no que diz respeito à diferenciação do problema; sua solução, entretanto, não é a teoria leibniziana da força, mas uma teoria pragmática do movimento na linha da análise berkeliana. Depois de Einstein, o problema da física se torna mais claro para Bergson; na linha histórica da física geométrica tentada por Descartes até a física geométrica realizada por Einstein, ver seu *Durée et Simultanéité: À Propos de la Théorie d'Einstein*, cap. 2, "La Relativité Complète". Quanto à posição do próprio Einstein, ver sua *Relatividade*. A geometrização da força na teoria de Einstein é sucintamente formulada por Sir Arthur S. Eddington em *The Nature of the Physical World*, Gifford Lectures, 1927. Cambridge, Cambridge University Press, 1948, p. 133: "A lei de gravitação de Einstein controla uma *curvatura* quantitativa geométrica em contraste com a lei de Newton que controla uma *força* quantitativa mecânica".

[72] Ver para a definição de termos neste sentido o § 1 da *Terceira Carta* de Leibniz a Clarke, *Recueil de Lettres entre Leibniz et Clarke*, in: *Opera Omnia*, ed. Dutens, 2, p. 120. Ver também a nota de rodapé de Cassirer acerca desta questão em Leibniz, *Hauptschriften* [Principais escritos], ed. Cassirer, 1, p. 133.

"são insuficientes para a explanação dos fenômenos". A força derivativa surge "como se fosse por uma limitação da força primitiva através da interação (*conflictus*) de corpos de várias maneiras".[73] A diferenciação da força primitiva e derivativa, e em particular a definição da força fenomênica, é a proeza decisiva de Leibniz. O problema do absoluto é eliminado pela definição da força fenomênica como uma força em relação a outras forças. A força fenomênica é uma força relativa por definição; e apenas esta força fenomênica é o objeto da física. A força não tem nenhum significado para além do significado que está contido nas equações diferenciais da física. As leis da natureza referem-se somente às forças derivativas e seus fenômenos.[74] A fim de evitar todas as incompreensões, Leibniz acrescenta explicitamente que os *Entia Mathematica* (ou seja, os significados contidos numa equação) não podem ser encontrados na natureza; "são apenas os instrumentos de cálculo abstrato e exato".[75]

Obtivemos agora um conceito de natureza fenomênica como um campo de forças relativas, cujas ações são descritas nas equações diferenciais da física. As ideias de espaço e tempo empregadas na ciência referem-se a esta natureza fenomênica. O terceiro passo na análise de Leibniz é o esclarecimento das ideias de espaço e tempo. Sua formulação mais madura deste problema pode ser encontrada na correspondência com Clarke, que foi uma correspondência indireta com Newton, porque este último colaborava com Clarke nas respostas. O problema do espaço perpassa toda a correspondência. Uma primeira formulação é a seguinte: "Enfatizei mais de uma vez que considero o espaço algo *puramente relativo*, assim como o tempo; é uma ordem de coexistências, assim como o tempo é uma ordem de sucessões. Pois o espaço significa, à luz da possibilidade, uma ordem de coisas que existem ao mesmo tempo, à medida que

---

[73] *Specimen Dynamicum*, in: *Opera Omnia*, ed. Dutens, 3, p. 316.
[74] Ibidem, 3, p. 317.
[75] Ibidem, 3, p. 318.

existem juntas, sem determinarem seu modo particular de existência".⁷⁶ De novo: "Diz-se que o espaço não depende da posição (*situation*) dos corpos. Respondo: "é muito verdadeiro que não depende desta ou daquela posição dos corpos; no entanto, é a ordem que faz os corpos *posicionáveis* (*situables*) e pela qual eles têm uma posição entre si quando existem juntos; assim como o tempo existe com relação à posição sucessiva".⁷⁷ E finalmente: "Mostrei que o espaço não é nada senão uma ordem da existência das coisas, o que pode ser notado em sua simultaneidade".⁷⁸ O espaço e o tempo da física, então, não são qualidades da realidade; são ordens que a mente aplica à interpretação dos fenômenos. O problema do espaço absoluto não pode surgir se o espaço for entendido como uma forma ideal que constitui a ordem dos fenômenos. Esta solução não apenas elimina criticamente o problema newtoniano do espaço absoluto, mas dá também uma resposta positiva à questão da "objetividade" na ciência. Não temos de procurar a validade "absoluta" das proposições numa realidade absoluta porque a objetividade da ciência tem sua fonte na ordem da mente.

Esta é a solução que mais tarde foi desenvolvida pela crítica transcendental de Kant na teoria da função noética como uma fonte autônoma de conhecimento. À época, entretanto, sua importância e finalidade mal foram compreendidas. Para as formulações de Leibniz veio a resposta lamentável de Clarke (e, por trás dele, de Newton): "Não compreendo o significado das palavras: uma ordem, ou uma posição, que torna os corpos posicionáveis. Para mim isso parece dizer que a posição é a causa da posição".⁷⁹ Esta reclamação leva-nos

---

⁷⁶ *Terceira Carta* de Leibniz, § 4. In: ibidem, 2, p. 121.

⁷⁷ *Quarta Carta* de Leibniz, § 41. In: ibidem, 2, p. 132 ss.

⁷⁸ *Quinta Carta* de Leibniz, § 29. In: ibidem, 2, p. 148. A posição de Leibniz ao tempo da correspondência com Clarke não difere materialmente da sua posição anterior. Para formulações variantes, ver os *Bemerkungen zum allgemeinen Teil der Kartesischen Prinzipien*, de 1692, em particular as observações quanto aos *Principia* de Descartes, II.8-19, *in fine* (Leibniz, *Hauptschriften*, ed. Cassirer, 1, p. 307 ss); e *Gegen Descartes*, de 1702 (ibidem, 1, p. 330-33).

⁷⁹ Clarke, *Quarta Resposta*, § 41. In: Leibniz, *Opera Omnia*, ed. Dutens, 2, p. 140.

para além da discussão teorética sobre a situação humana. A reclamação era sincera: Clarke e Newton não compreenderam. No que diz respeito aos físicos, este foi o fim do debate pelo próximo século e meio.

h. O problema da estrela rotatória

Vários aspectos do problema tinham sido diferenciados por Leibniz, o que levou à intelecção de que os conceitos de espaço e movimento absolutos eram inadmissíveis em física. A próxima tarefa teria sido a reformulação das definições newtonianas e da primeira lei do movimento, de tal maneira que viessem a tornar-se compatíveis com a lógica da ciência. Este trabalho reformador, no entanto, não teve continuidade por mais de um século. A causa principal da estagnação foi o fato de que as deficiências na estrutura teórica não impediram o avanço da ciência. Um incentivo interno para revisar os conceitos fundamentais da física surgiu apenas na segunda metade do século XIX com observações empíricas tais como as do experimento de Michelson-Morley.

Além da indiferença, havia resistência positiva a uma revisão. O motivo para esta resistência foi formulado por Clarke em sua *Quinta Resposta* a Leibniz:

> Afirma-se que o movimento implica necessariamente uma mudança relativa de posição no corpo em relação a outros corpos, mas não se mostra como se poderia evitar a consequência absurda desta suposição: que a mobilidade de um corpo depende da existência de outros corpos, ou que um corpo que existe sozinho seria incapaz de movimento, ou que as partes de um corpo rotatório (como, por exemplo, o Sol) perderiam sua força centrífuga se toda a matéria externa ao redor fosse aniquilada.[80]

Não sabemos a resposta de Leibniz a este argumento, pois a morte do filósofo pôs um fim à correspondência. Mas, como

---

[80] Clarke, *Quinta Resposta*, §§ 26-32. In: ibidem, 2, p. 174.

veremos em breve, podemos formar uma ideia razoavelmente boa do que ela teria sido. De qualquer modo, na época este argumento permaneceu irrespondido, e foi um dos grandes motivos da resistência contra uma revisão da teoria newtoniana. O argumento ainda estava vivo em 1870 no tratado de Carl Neumann acerca da teoria newtoniana.[81] Com quase as mesmas palavras de Clarke, Neumann propôs o caso da estrela rotatória que tinha assumido a forma de um elipsoide. Se imaginarmos todos os outros corpos removidos do universo, então a estrela rotatória teria de estar em repouso de acordo com a teoria relativista. Suas forças centrífugas desapareceriam e seu corpo assumiria uma forma esférica. "Esta contradição insuportável pode ser evitada somente se deixarmos de lado a definição de movimento como relativo, e se concebermos o movimento de um ponto material como algo absoluto."[82] Em resposta a este argumento, finalmente chegou a solução de um físico, Ernst Mach. Não há nenhuma utilidade em fazer uma suposição sem sentido com o propósito de evitar uma contradição. Ademais, num experimento mental apenas circunstâncias não essenciais podem ser modificadas. Que a existência do mundo material ao redor seja sem influência não deve ser tomado, entretanto, *a priori*. Se, portanto, a eliminação hipotética do mundo material leva a contradições, temos de considerar este resultado como prova da importância da relatividade do movimento.[83]

A resposta é excelente em sua firmeza e intenção, mas é um pouco falha em sua precisão teórica. Há uma séria obscuridade na resposta de Mach à medida que ela não define os critérios para a "essencialidade" ou "não essencialidade" das circunstâncias que podem ou não ser modificadas num experimento mental. Mas podemos consertar a falta de precisão de 1901 com um retorno à cultura teórica de 1715.

---

[81] Carl Neumann, *Über die Principien der Galilei-Newton'schen Theorie*. Leipzig, Teubner, 1870.

[82] Ibidem, p. 27 ss.

[83] Ernst Mach, *Die Mechanik in ihrer Entwicklung*. 4. ed. revista e aumentada. Leipzig, Teubner, 1901, p. 290 ss.

A correspondência com Clark terminou, como vimos, pela morte de Leibniz, mas podemos delinear a resposta que Leibniz poderia ter dado ao argumento de Clarke. Para Leibniz a relatividade na física não é uma relatividade de espaço e tempo apenas. A relatividade estende-se também para a *vis derivativa*, ou seja, para a força fenomênica. A força não está isenta da fenomenalidade e da relatividade. Daí o fenômeno físico como um todo, em todos os seus aspectos, ter de ser concebido como parte de um campo de relações fenomênicas. A relatividade não é um apêndice de objetos que existem em si mesmos, mas é parte da estrutura lógica de uma ciência dos fenômenos. Daí ser defeso isolar um fenômeno e perguntar que propriedades, por exemplo, uma estrela rotatória teria em "si mesma" depois de ser abolido o campo relacional em que ela é um fenômeno. Um experimento pode e deve abstrair das circunstâncias físicas concretas a fim de isolar aquela parte do fenômeno total que pode ser matematizada e expressa numa lei da ciência. Não pode, entretanto, abstrair da lógica da ciência e ainda assim permanecer científico. O argumento do corpo que roda em movimento absoluto comete precisamente este erro epistemológico. Com o esclarecimento do erro, desaparece o problema do movimento absoluto.[84]

i. Ciência, poder e mágica

O desenvolvimento posterior do problema da relatividade de Mach a Einstein pertence à história da ciência; não é nossa preocupação numa história das ideias políticas. Podemos passar agora a uma avaliação dos resultados de nossa análise, e vamos começar esta avaliação com algumas reflexões quanto à relação entre o poder e o avanço da ciência. Essas reflexões gerais serão então seguidas por uma descrição do padrão de ideias que emerge de nossa análise.

---

[84] Nesta construção de uma resposta de Leibniz estou reproduzindo nos pontos principais a construção de Cassirer em sua nota 158 à correspondência de Leibniz-Clarke. Ver Leibniz, *Hauptschriften*, ed. Cassirer, 1, p. 219-21. Atenuei apenas a terminologia neokantiana de Cassirer, que de algum modo esconde a força original da posição de Leibniz.

O avanço da ciência da qual Newton é o grande gênio representante atingiu profundamente a estrutura política e econômica do mundo ocidental. Listemos as principais características desta mudança: a ramificação da ciência em tecnologia; a industrialização da produção; o crescimento da população; a maior capacidade populacional de uma economia industrializada; a transformação de uma sociedade agrícola em uma sociedade urbana; a ascensão de novos grupos sociais, ou seja, do proletariado industrial, trabalhadores de colarinho-branco e um proletariado intelectual; a concentração de riqueza e a ascensão da classe administrativa; os números cada vez mais crescentes de homens que dependem, para sua existência econômica, de decisões para além de sua influência; a dependência do poder nacional de um aparato industrial altamente desenvolvido; a dependência do aparato industrial da acessibilidade política de mercados e matérias-primas; o acréscimo de poder advindo da industrialização; o declínio político de nações que não possuem matérias-primas, ou o número populacional, ou a expansão territorial que é necessária para a utilização eficaz da tecnologia industrial; a ascendência política correspondente de nações que possuem esses fatores; a impotência de civilizações agrícolas, em particular orientais, contra a penetração econômica e política por civilizações industrializadas; a ascensão no padrão de vida como resultado da industrialização; as tensões políticas no mundo ocidental como uma consequência de diferenças no grau de industrialização possível nos vários estados nacionais; o crescimento posterior do padrão de vida em algumas das sociedades industrializadas por causa da exploração cruel do acréscimo de poder industrial nas relações internacionais; e assim por diante. Esta enumeração está longe de ser exaustiva, mas é suficientemente longa para tornar claro que o avanço da ciência depois de 1700 é o fator mais importante na mudança da estrutura de poder e de riqueza na cena global.

A fim de compreender inteiramente a inter-relação de poder e ciência, temos, além disso, de considerar que a ciência não é simplesmente a causa dos efeitos enumerados. Em vez disso, temos de falar de uma interação entre ciência e mudanças ambientais. Viu-se rapidamente a "utilidade" da ciência para o crescimento do poder e da riqueza e tornou-se um forte incentivo para colocar os meios de poder e riqueza à disposição de cientistas para uma busca maior de conhecimento. Mais sutilmente, o avanço da própria ciência é hoje impensável sem o equipamento laboratorial que pressupõe uma tecnologia de produção que, a seu turno, é impensável sem avanços prévios na ciência. Esta inter-relação entre ciência e poder tornou-se tão decisiva na política internacional que, seguindo-se às guerras modernas, o conquistador recorre a tais medidas como proibições de pesquisa, destruição de equipamento laboratorial, completa abdução de cientistas numa escravidão mais ou menos dourada, e desindustrialização da nação conquistada. A racionalidade estrita do procedimento, sem relação com valores humanos ou civilizacionais, assemelha-se muito ao procedimento do mais racional dos conquistadores, Gêngis Khan. Quando os mongóis conquistavam um país, tomavam para seu uso pessoal os artífices habilidosos e as mulheres bem talhadas, e deixavam perecer o resto do povo. O avanço da ciência e a racionalidade da política se entrelaçaram num processo social que, na retrospectiva de um futuro mais distante, aparecerá provavelmente como a maior orgia de poder na história da humanidade.

    Temos de reconhecer a atmosfera de poder em que o avanço da ciência se move, porque há certas peculiaridades incidentais ao processo que, de outra maneira, apareceriam como pura loucura. A fonte dessas loucuras aparentes é a racionalidade utilitária da ciência. A ideia do poder através da ciência tem um cerne racional. Se tivermos conhecimento de relações causais, poderemos formar relações de meios e fins, e se tivermos os meios poderemos atingir o fim. Daí o conhecimento neste sentido ser eminentemente útil. Este cerne utilitário racional, em si mesmo, deve ser necessariamente encontrado em toda a existência humana, assim pessoal como social. A racionalidade utilitária determina um segmento da vida nas civilizações primitivas assim como nas altas civilizações.

E em si mesma não é o determinante específico de nenhuma sociedade particular. Entretanto, sob o impacto do avanço moderno da ciência, este cerne adquiriu as características de um crescimento canceroso. O segmento racional-utilitário está-se expandido em nossa civilização tão fortemente que a realização social de outros valores está visivelmente enfraquecida. Esta expansão é levada adiante pelo credo de massa de que o domínio utilitário sobre a natureza através da ciência deve tornar-se e se tornará a preocupação exclusiva do homem assim como o determinante exclusivo para a estrutura da sociedade. No século XIX esta ideia de exclusividade utilitária cristalizou-se na crença de que o domínio do homem sobre o homem seria por fim substituído pelo domínio do homem sobre a natureza, e que o governo dos homens será substituído pela administração das coisas. Neste ponto temos de ficar atentos ao erro em que críticos dos movimentos totalitários caíram tão frequentemente: o erro de que uma ideia é politicamente sem importância porque, filosoficamente, é um completo disparate. A ideia de que a estrutura e os problemas da existência humana podem ser substituídos na sociedade histórica pelo segmento utilitário da existência é certamente e completamente uma coisa disparatada. É equivalente à ideia de que a natureza humana pode ser abolida sem abolir o homem, ou que a ordem espiritual pode ser removida da existência sem desordenar a existência. Qualquer tentativa de sua realização não pode levar a outro lugar senão à autodestruição de uma sociedade. A despeito disso, o fato de a ideia ser disparatada não evitou de maneira nenhuma sua transformação na inspiração dos movimentos políticos mais influentes de nossa época. Aqui podemos ver ao natural a fascinação do poder que exsuda da nova ciência. É tão avassaladora que eclipsa uma consciência dos problemas elementares da existência humana. A ciência torna-se um ídolo que curará magicamente os males da existência e transformará a natureza do homem.

Esta obsessão humanamente destrutiva vai ser encontrada não apenas nos movimentos totalitários no sentido mais estreito. Encontramo-la da mesma maneira nos assim chamados movimentos liberais ou progressistas. Aqui assume a forma da crença de que as calamidades mais óbvias que acompanham a era da ciência podem ser curadas por mais ciência. Ganhamos o domínio sobre a natureza através da ciência. A fim de evitar o mau uso desse poder (diz o argumento) temos agora de ganhar controle sobre nosso ambiente social através de um avanço correspondente da ciência social. Os cientistas de mais prestígio social do que sabedoria humana postam-se à frente de grandes audiências e dizem-lhes com toda a seriedade que os cientistas sociais terão de ceder, numa emulação dos cientistas naturais, e terão de fazer sua parte de tal maneira que a sociedade perfeita possa ser realizada. Nenhuma suspeita parece sequer ter despertado em tais cérebros de que os efeitos da ciência natural, assim benéficos como destrutivos, são um resultado não do gênio de cientistas, mas da estrutura objetiva do reino dos fenômenos, o que permite a introdução da ação humana na cadeia de causa e efeito, uma vez que tenha sido descoberta a lei da cadeia. Não há nenhuma suspeição de que esta estrutura objetiva não prevalece no reino da substância, que nenhuma sabedoria de um Platão foi capaz de evitar o suicídio de Atenas e de que nenhuma síntese superior de um Santo Tomás foi capaz de prevenir o fim da Cristandade imperial. O conhecimento dos fenômenos certamente é a chave de seu domínio utilitário, mas a compreensão da substância humana não é a chave para o domínio da sociedade e da história.

A expansão da vontade de poder do reino dos fenômenos até o da substância, ou a tentativa de operar no reino da substância pragmaticamente como se fosse o reino dos fenômenos – esta é a definição de mágica. A inter-relação da ciência e do poder, e o consequente crescimento canceroso do segmento utilitário de existência, injetou um forte elemento de cultura mágica na civilização moderna. A tendência de estreitar o campo da experiência humana até a área da razão, ciência e ação pragmática, a tendência de supervalorizar esta área em relação ao *bios theoretikos* e à vida do espírito, a tendência de torná-la a preocupação exclusiva do homem, a tendência de torná-la socialmente preponderante por meio da pressão econômica nas assim chamadas sociedades livres e por meio da violência nas comunidades totalitárias – todas essas tendências são parte de um processo cultural que é dominado por um voo da imaginação mágica, ou seja, pela ideia de operar na substância do homem através do instrumento de uma vontade pragmaticamente planejadora. Aventuramo-nos à sugestão de que, em retrospecto, a era da ciência aparecerá como a maior orgia de poder na história da humanidade. Estamo-nos aventurando agora à sugestão de que no fundo desta orgia o historiador encontrará uma irrupção gigante de imaginação mágica depois da derrocada da forma intelectual e espiritual da alta civilização medieval. O clímax desta irrupção é o sonho mágico de criar o Super-homem, o Ser criado pelo homem que sucederá a pobre criatura feita por Deus. Este é o grande sonho que aparece primeiro imaginativamente nas obras de Condorcet, Comte, Marx e Nietzsche, e mais tarde, pragmaticamente, nos movimentos comunista e nacional-socialista.

Para a exposição histórica e teoreticamente pormenorizada deste problema o leitor deve consultar a Parte Nove deste estudo, "A Crise".[85] No atual contexto tínhamos de dar um esboço preliminar de sua natureza a fim de afinar nossa consciência da importância política dos padrões de pensamento que se estavam formando na abertura do século XVIII.

j. O pathos *da ciência e os eunucos espirituais*

Falamos metaforicamente do crescimento canceroso do segmento racional-utilitário na civilização moderna. Temos agora de ir além da metáfora e indicar os sentimentos concretos e as ideias que determinam este crescimento em seu estágio formativo.

A expansão súbita e desproporcionada de um único elemento numa estrutura total a expensas de outros elementos pressupõe uma perturbação séria de um equilíbrio

---

[85] Ver vol. VIII, *Crisis and the Apocalypse of Man.*

previamente existente. Já discutimos amplamente a natureza da perturbação sob tais títulos como a desorientação da existência pelo enfraquecimento ou perda de fé, e vimos a perturbação expressando-se em sintomas como os da "primitivização" da cultura intelectual por Locke. Os sentimentos e atitudes que apareceram por ocasião da discussão do problema do espaço absoluto são sintomas mais específicos de primitivização seguindo-se a uma desorientação existencial geral. O absolutismo de um Galileu ou de um Newton não pode ser rotulado e arquivado como um erro teorético que deva ser corrigido no futuro. A atribuição de um caráter "absoluto" à nova ciência expressa a vontade de encontrar uma orientação absoluta da existência humana através da experiência intramundana, e o correlato a esta nova vontade é a má vontade de orientar a existência pela abertura à realidade transcendental. A nova ciência assume a função de uma nova ordem de existência. Em sua "Ode a Newton" (publicada na primeira edição dos *Principia*), Edmund Halley celebrou a proeza deste herói, colocando-a mais alto do que a obra civilizadora dos sábios e fundadores da Antiguidade: o que é um antigo legislador (presumivelmente um Moisés ou Licurgo) que não ordena nada mais importante do que a sociedade humana, ao lado do homem que descobre a ordem da sociedade celestial? Mesmo se fizermos a devida concessão a convenções e lugares comuns, e descontarmos o tom geralmente hiperbólico da ode, ainda restará o sentimento de que um descobrimento concernente à ordem dos fenômenos é um acontecimento do mesmo nível, se não maior, do que um nova intelecção espiritual.

Intimamente relacionado ao sentimento do absoluto é o *pathos* de autonomia e autoconfiança que anima o avanço da ciência. A exatidão da forma matemática e a verificação pelo experimento tornam-se padrões autossuficientes de verdade. Um cientista não precisa olhar para a esquerda ou direita em sua busca de conhecimento, contanto que ele se atenha a seus padrões, e nenhuma especulação de fora é capaz de atingir a verdade de uma proposição na ciência. A *hypotheses non fingo* newtoniana tornou-se a expressão orgulhosa deste *pathos*. Neste ponto tocamos numa das fontes mais importantes da desordem existencial moderna. Se este *pathos* não expressasse nada além da situação metodológica peculiar das ciências exatas, seria perfeitamente legítimo. Lamentavelmente, no entanto, veio a expressar muito mais. A expansão do significado é obtida por um processo que podemos chamar a transferência do *pathos* de uma busca especial para a existência do homem. A ciência como um sistema evolvente de conhecimento é o resultado de uma ocupação de seres humanos. Se o *pathos* da ciência é transferido da ocupação para a existência do homem que nela está envolvido, tal transferência pode levar a uma séria perversão da personalidade individual, e se esta transferência de *pathos* da ciência para o cientista se torna um modelo que é imitado numa escala socialmente relevante, levará a uma destruição civilizacional de longo alcance. Na verdade, esta transferência e sua imitação social ocorreram em tal escala em nossa civilização que os efeitos destrutivos desafiam a possibilidade de reparo em qualquer futuro visível. Caracterizemos brevemente as atitudes e ideias pelas quais esta obra de destruição é efetuada:

1. A transferência do *pathos* da ciência para a existência expressa-se concretamente no crescimento da crença de que a existência humana pode ser orientada num sentido absoluto através da verdade da ciência. Se esta crença é justificada, então se torna desnecessário cultivar o conhecimento para além da ciência. Como consequência desta crença, a preocupação com a ciência e a posse de conhecimento científico veio a legitimar a ignorância com relação a todos os problemas que estão para além de uma ciência de fenômenos. A proliferação da crença teve o resultado de que o magnífico avanço da ciência na civilização ocidental é acompanhado de um avanço indescritível da ignorância da massa com relação aos problemas que são os existencialmente importantes.

2. Tal ignorância da massa já seria suficientemente ruim em si. Mesmo assim, a mera ignorância poderia ser reparada pelo aprendizado. A ignorância cientificista torna-se um desastre civilizacional porque a ordenação substancial da existência não pode ser alcançada pela aquisição de conhecimento no sentido fenomênico. Exige a formação da personalidade num processo educacional, e este processo exige instituições. Uma vez que o *pathos* cientificista penetrou nas instituições educacionais de uma sociedade, tornou-se uma força social que não pode ser facilmente destruída, se é que pode ser destruída. O problema, portanto, já não é de mera ignorância. Se a crença na ordenação autosuficiente da existência pela ciência está socialmente entrincheirada, torna-se uma força que impede ativamente o cultivo da substância humana e corrói ainda mais os elementos sobreviventes da tradição cultural. O desejo espiritual, no sentido platônico, tem de ser muito forte num jovem de nosso tempo a fim de ultrapassar os obstáculos que a pressão social coloca no caminho de seu cultivo.

Além disso, com relação ao cultivo da substância, os homens são dotados diferentemente (dotados no sentido paulino de dons de carisma espiritual). Os portadores ativos do *pathos* cientificista serão os homens que são deficientes nesses dons, e a penetração da sociedade com o *pathos* cientificista cria um ambiente que favorece o sucesso social dos tipos humanos deficientes. Daí o avanço da ciência e o crescimento do fator racional-utilitário serem acompanhados de uma reestratificação da sociedade que até aqui parece ter escapado à atenção porque não pode ser expressa em termos de classes sociais. A reestratificação pelo prestígio social e pelo êxito dos tipos deficientes tem de ser expressa à luz da substância humana. Vamos empregar o termo *eunuquismo espiritual* para a designação dos traços de personalidade que tornam o homem uma vítima provável do *pathos* cientificista, assim como para a designação dos traços que uma sociedade adquire quando este tipo humano ganha ascendência social. Para um tratamento mais aprofundado do problema, o leitor deve consultar a análise do grande protótipo do eunuco espiritual, Auguste Comte, na Parte Nove deste estudo.[86] No capítulo acerca de Comte o leitor também encontrará uma análise mais detida da relação entre o eunuquismo espiritual e o desejo utilitário de poder. Para o momento, digamos apenas que o século XIX dificilmente tem paralelos na história da humanidade como um período de transformação rápida de uma civilização através do tipo do eunuco, preparando-se para a anarquia espiritual do século XX.

3. Um traço ligado à transferência do *pathos* é a ascensão do diletantismo agressivo nas matérias filosóficas. De novo, não é uma questão de simples ignorância ou diletantismo que pode ocorrer a qualquer tempo. O elemento novo perigoso é a prontidão do diletante de impor sua ignorância como um padrão para os outros. O "eu não entendo" de Clarke, na resposta à exposição que Leibniz fez dos problemas do tempo e espaço, é o sintoma ominoso da nova atitude. Ele realmente não entende – e isso resolve o argumento a seu favor. O que o diletante cientificista não pode entender não deve ser proposto na discussão de um problema. Comte fez deste postulado um dos dogmas formais do credo cientificista. As *Cartas* de Clarke, em sua correspondência com Leibniz, são em geral um documento de máxima importância para a compreensão da nova atmosfera. Há seções

---

[86] Ver ibidem, cap. 3.

nas *Cartas* de Clarke que estão num nível técnico de filosofar que teriam feito um estudante da Academia sorrir com desprezo divertido.[87] E de novo, mesmo o diletantismo agressivo seria comparativamente inofensivo se não fosse ao mesmo tempo socialmente exitoso. A teoria de Newton do espaço absoluto seria uma fraqueza indigna de nossa atenção se não se tivesse tornado determinante, pelo prestígio social de Newton, o cientista, no desenvolvimento da psicologia materialista, da antropologia filosófica e das ideias políticas. O diletantismo teórico do grande cientista é socialmente eficaz; o argumento do grande filósofo é socialmente ineficaz. O que Leibniz tinha para dizer em sua correspondência com Clarke era socialmente de nenhuma importância visível. Não atingiu de modo perceptível o curso da física teorética. O que Newton tinha para dizer em suas definições de espaço atingiu imensuravelmente a formação das ideias políticas. O sucesso social da teoria de Newton do espaço absoluto é o primeiro grande exemplo de teorias diletantes de sucesso, apresentadas ou pelos próprios cientistas ou (depois da transferência do *pathos* da ciência para uma escala relevante) pelos grandes eunucos espirituais do século XIX. Sem o efeito do prestígio do cientificismo, seriam impensáveis escândalos intelectuais tais como o êxito social do positivismo, ou do evolucionismo darwinista, ou do marxismo.

Em conclusão, mencionemos o padrão do cisma civilizacional que começa a emergir por ocasião do debate sobre o espaço

---

[87] A fim de medir a enormidade técnica do desempenho, o leitor deve, por exemplo, comparar o argumento de Clarke concernente ao espaço e tempo (na *Terceira Resposta*, § 4) com o tratamento correspondente do problema no *Timeu* de Platão ou nas *Confissões* de Santo Agostinho. A resposta de Leibniz a esta seção do argumento de Clarke (na *Quarta Carta*, §§ 14-16) não é de maneira nenhuma original, mas representa simplesmente a tradição da habilidade filosófica.

absoluto. O problema do cisma se torna aparente na situação que chamamos de "beco-sem-saída". O esclarecimento dos problemas do espaço e do movimento não induz os físicos a rever seus conceitos teoréticos fundamentais. A ciência continua como se nada tivesse acontecido, e Euler exige até que os filósofos adaptem suas especulações à confusão da física. Nessa época, tal exigência poderia ser apenas parcialmente exitosa. A tradição espiritual e filosófica da civilização ocidental não se quebrou com o primeiro golpe desferido por um físico no século XVIII. Em vez disso, desenvolveu-se uma situação em que a ruptura cismática posterior ocorreu porque os filósofos continuaram sua especulação e simplesmente contornaram o problema da física. Vimos que Berkeley analisou criticamente o espaço e o movimento até o ponto do qual poderia embarcar seguro em sua própria *philosophia prima*, e vimos que Kant aceitou o estado da física e então saiu em direção de sua crítica transcendental. O cisma era já um fato no século XVIII, mas o fato permaneceu mais ou menos abaixo do limiar da consciência. Que um rompimento entre o segmento cientificista e utilitário ascendente da civilização e a tradição espiritual e intelectual tivesse realmente ocorrido tornou-se totalmente consciente apenas com Schelling e, a essa altura, o espiritualista já estava na defensiva.[88] No curso do meio século depois de Schelling, o conflito foi decidido em favor do cientificismo, e os eunucos espirituais se tornaram formadores, socialmente eficazes, das ideias para as massas. Com a organização politicamente eficaz dessas massas nos movimentos totalitários, o cisma assumiu as formas externas da supressão social e exterminação física dos continuadores da tradição.

Que ao fim, através de Einstein, os fundamentos da física fossem revistos em conformidade com a posição de Leibniz é um acontecimento importante na história da ciência, mas não teve, até o momento ao menos, nenhuma importância social ou política visível. O dano que o cientificismo fez está feito. Como disse

---

[88] Para a posição de Schelling com relação a este problema, o leitor deve consultar *The History of Political Ideas,* vol. VII, parte oito, cap. 2.

adequadamente um amigo filósofo: os loucos conseguiram trancar os sãos no asilo.[89] Deste asilo não é possível nenhuma fuga física. Como consequência do entrelaçamento entre a ciência e o poder social, os tentáculos políticos da civilização cientificista atingem cada recanto e canto de uma sociedade industrializada, e com eficácia crescente espalham-se por todo o globo. Há apenas diferenças, embora muito importantes, nas várias regiões do asilo global com relação à possibilidade de fuga pessoal para a liberdade do espírito. O que resta é a esperança – mas a esperança não deve obscurecer a intelecção realista de que nós, que estamos vivendo hoje, não experimentaremos nunca a liberdade do espírito na sociedade.

---

[89] O sonho cientificista-utilitário de transformar a sociedade numa prisão sem possibilidade de fuga começa a tomar forma depois do meado do século XVIII. Para os começos desse sonho, o leitor deve consultar o capítulo sobre Helvétius no vol. VIII, *Crisis and the Apocalypse of Man*, cap. 1.

ÍNDICE REMISSIVO

A

Adams, H. P., 114
Adolescentes, 143
Aequum utile, 138
Aeterni veri semina, 133
África, 50
Agostinho, Santo
  anima animi, 76
  e Bossuet, 46
  sobre Deus, 137
  sobre a história, 143-53
  sobre *saeculum senescens* 35, 55, 146, 149
  e Vico, 35, 139, 143-52
  obras:
    Civitas Dei, 46, 135, 137
    Confissões, 258
Akme, 110, 144-45, 151, 164
Álcool, utilização na Inglaterra, 185-86
Alemanha
  características nacionais da, 9-11, 79
  cidades-estado na, 103
  comparada à Itália, 103
  como nação cismática, 95-98
  estrutura temporal do processo de fechamento na, 98-102
  nacional-socialismo na, 43, 55, 79, 179, 182, 197, 222, 253
  oportunidade perdida de uma revolução na, 11-12, 78
  parlamento na, 11, 95-96
  protestantismo na, 23, 62, 95
  Realpolitik de Bismark, 24, 97
  revolta apostática na, 21-22
Alma, 74, 76-77, 122-23
Ambiziosi, 173
América, descoberta da, 50
American Political Science Association, Comitê de Pesquisa, 12
Amor sui, 117, 133, 137, 139, 177
Anabatistas, 86
Analogia entis, 76
Anglicanismo, 67
Anima animi, 76, 158
Anima mundi, 123, 131
Antropologia, 137-39
Aperte cognoscere (saber claramente), 120-21
Apostasia
  e Bossuet, 45-46

continuidade dos problemas
cristãos e intramundanos, 65
introdução à, 9-11, 20-22
histórias "paralelas", 14
reconstrução do significado
histórico, 40-44
secularização, 65-71
Vico e a reversão da, 116-18
e Voltaire, 45-46, 118, 139
Arbitrio umano, 164
Architetta, 163-14
Argumento contra a abolição do cristianismo na Inglaterra (Swift), 221-22
Arianismo, 82
Aristóteles, 130, 174
Aristotelismo, 130, 174
Astronomia, 75
Ateísmo, 20, 63, 72, 90, 94-95, 221
Ato de Tolerância de 1689, 188
Augusto, 171
Autobiografia (Vico), 28, 32, 115-18
Autonomia do Espírito 139-40
Autori delle nazioni, 168, 173, 175
Averróis, 81
Averroísmo, 65, 78, 81

B

Babilônia, 150
Bacon, Francis, 32, 116
Badaloni, Nicola, 162
Bayle, Pierre, 118, 138
Bedani, Gino, 28, 162
Belarmino, cardeal Roberto, 226, 228
Bentham, Jeremy, 90, 140, 182
Bergin, T. G., 115, 162
Bergson, Henri-Louis 180, 242-43
Berkeley, bispo George, 35-36, 183, 199, 216, 235-39, 259
Berlin, Isaiah, 27, 162

Berry, Thomas, 28
Bíblia, 86, 206
Biologismo, 68
Bios theoretikos, 252
Bismark, Otto von, 24
Boccalini, Traiano, 105
Bodin, Jean, 33
Boehme, Jacob, 96
Bossuet, Jacques-Bénigne:
    conférence avec M. Claude, 63-64
    e o cristianismo, 59-64
    discussão entre Voltaire e, 89
    sobre heresias, 59-61
    e a história secularizada, 47-48
    e a história universal, 46-47, 89
    sobre Israel, 46-47
    sobre *libre examen*, 61-62
    sobre um magistrado civil punir um erro religioso, 86
    Marquesa du Châtelet-Lorraine sobre, 45-46
    sobre Roma, 45
    obras:
        Discurso sobre a história universal, 20
        Histoire des variations des Églises protestantes, 58-61
Brumes du Nord (obscuridade nórdica), 92
Bruni, Bruno, 47
Bruno, Giordano, 67, 104, 126-30, 224-25
Budismo, 150
Bula "Syllabus" papal de 1864. *Veja* Syllabus papal de 1864

C

Calvinismo, 59, 204
Calvino, João, 83
Cambridge, escola de (ciência política), 15

Campanella, Tommaso, 26, 104
Campbell, Alexander, 196-97
Caponigri, A. Robert, 33
Características nacionais, 21-26, 92-93
Cardano, Geronimo, 126, 130
Caritas, 74
Carlos Magno, 46
Carlos VII, 26, 104
Carlyle, A. J., 18
Carlyle, R. W., 18
Carta de Direitos (inglesa), 189
"Carta sobre o Socianismo" (Voltaire), 82
Cartesianismo, 116, 126, 128, 220, 233. *Veja também* Descartes, René
Causa versus *ocasião*, 140
Certezza, 116, 157
Cesarismo, 173, 175
Céticos, 144
Châtelet-Lorraine, Marquesa du, 45, 47, 50, 51
China, 50, 134
Christianity Not Mysterious [Cristianismo Não Misterioso] (Toland), 95, 219
Ciência
  de 1500 a 1700, 68-69
  e absolutismo, 254
  e autonomia e autoconfiança
  Berkeley critica Newton, 223-24
  conflito entre Galileu e a Inquisição, 226-29
  experimento de Michelson-Morley, 246
  física, 68, 122-23, 157, 199, 201, 222, 239-40, 244-48, 258-60
  funções ontológicas da, 222-23
  e mágica, 248-53
  e matemática, 122, 131-32, 157, 200
  e a metafísica do espaço de More, 232-35
  método newtoniano, 89, 91
  Newton sobre o espaço absoluto, 247, 254, 258-60
  pathos da, e eunucos espirituais, 253-60
  e poder, 250-51
  e *Principia Mathematica* (Newton), 200, 229
  e o problema da estrela rotatória, 246-48
  relatividade de Copérnico a Leibniz, 223-25
  Vico sobre a certeza das ciências humanas, 122-23, 157
  Vico e a contraposição às ciências humanas, 175-76
  Voltaire sobre, 79
  Procure também por cientistas específicos
Civitas Dei (Agostinho), 46, 135, 137
Clarke, Samuel, 73, 82, 225-26, 243-44, 258
Claude, M., 63-64
Clientes, 169
Código Clarendon, 187
Cogitare (pensar sobre), 120, 132, 177
Cogitationes, 122
Cogito ergo sum, 176
Cogito, 122, 132
Cognitio fidei, 74, 89, 220
Collingwood, R. G., 162
Compaixão, 78-80, 85-87
Comte, Auguste, 94, 129, 182, 223, 253, 257
Comunismo, 56, 179, 223
Conantur, 133
Conatus, 129-30, 129, 133
Condillac, Étienne Bonnot de, 182
Condorcet, Marquês de, 253

Confissões (Agostinho), 258
Conflictus, 244
Confúcio, 64
Consciência de época, 41-43
Constantia in Deo, 116
Constitucional, sistema. *Veja* Sistema constitucional
Contarini, Carlo, 105
Contemptus mundi, 85
Contese eroiche, 142, 170-71
Contrarreforma, 27, 43, 47, 105-06
Controvérsia bangoriana, 188-89
Cook, Thomas Ira, 12
Copérnico, 223-26
Corpus mysticum Christi, 56
Corpus mysticum Francisci, 43
Corpus mysticum humanitatis, 56
Corsi, corso, 110-11, 135, 143-46, 164, 167
Creatum, 133
Credo atanasiano, 82, 210
Credo ut intelligam, 76
Crisóstomo, 59
Cristianismo
    autoridade da igreja e os símbolos
    e Bossuet, 47-48, 59-64
    continuidade dos problemas cristãos e *corpus mysticum Christi*, 56
    cristãos de 1700 ao presente, 89
    e a dinâmica da secularização, 65-71
    forças intramundanas como análogas ao, 41-42
    e heresias, 59-61
    história sacra intramundana, 54-55
    intramundanos, 57-64
    Locke sobre, 95
    e o neoplatonismo, 125-26
    obra civilizadora da Igreja na Idade Média, 66, 254
    e a perspectiva agostiniana da história, 40
    e o *pneuma* de Cristo, 18, 78
    rearticulação da era cristã, 41-44
    relação entre a Igreja e o Estado, 54-54
    "rompimento" do cristianismo ocidental, 181
    Swift sobre, 221-22
    Toland sobre, 217-21
    Vico sobre, 123-25, 131, 141
    Voltaire ataca o, 9, 10
    Warburton (sermões políticos sobre), 190-96
    Veja também Igreja Católica; Protestantismo
Cristo, 54, 57, 63, 210, 215, 217
Crítica (Kant), 73
Croce, Benedetto, 31, 109-112, 115, 126, 130, 162Culverwel, Nathaniel, 203-05
Cupidez, 137-38

D

Darwinismo, 223, 258
Davila, Enrico Caterino, 105
De acarnis aeternitatis (Cardano), 130
De antiquíssima Italorum sapientia (Vico). *Veja Liber Metaphysicus* (Vico)
De Constantia Jurisprudentis (Vico), 113-14. *Veja também Diritto universale* (Vico)
De Constantia Philologiae (Vico), 114
De Constantia Philosophiae (Vico), 114
De Greeff, Étienne, 60
De la causa (Bruno), 130

De Motu (Berkeley), 237-38
De universi juris uno principio et fine uno (Vico), 113, 135.
  Veja também *Diritto universale* (Vico)
"Decadência" italiana, 104-05
Defensor humanitatis, 87
Deísmo, 63, 65, 72, 221
Democratização, 181
Dempf, Alois, 18
Descartes, René
  deísmo de, 63
  importância de, 126
  e More, 233, 237
  sobre o movimento, 237, 242
  sobre a posição de um corpo, 239
  Schelling sobre, 111
  Vico sobre, 113, 122-23, 126, 132-33, 158, 176
  Veja também Cartesianismo
  obras:
    Discours de la méthode, 116
    Meditações, 132-33
    Principia, 234, 238
"Desdivinização" (*Entgötterung*), 69
Deus
  Agostinho sobre, 137
  e a alma, 76-77
  Berkeley sobre, 235
  conceito monoteísta de, 141
  existência de, 74, 76
  existência transcendental de, e mundo criado de, 122-123
  como *fundamentum* da extensão espacial, 234
  Laplace sobre, 234
  e Logos, 123
  More sobre, 233-34
  Newton sobre, 74, 233-34
  e a providência divina, 158-62, 165, 169, 176
  e a razão de Culverwel, 203-05
  e a razão de Whichcote, 205-07
  relacionamento pessoal entre os humanos e, 74-75
  sabedoria de, 120, 123
  Vico sobre, 120, 122, 130-31, 158-63
  Voltaire sobre, 74-76
Dialoghi delle Scienze nuove (Galileo), 116
Diálogos sobre *Duas Novas Ciências* (Galileu), 32
Dictionnaire philosophique (Voltaire), 72, 73, 76-77
Diletantismo, 258-59
Dilthey, Wilhelm, 96, 123
Direito natural, 30, 32, 44, 113, 116
Direito. *Ver* Lei
Diritto universale (Vico), 29, 114, 135, 137, 141-42
Discours de la méthode (Descartes), 116
Discourse of the Light of Nature (Culverwell), 203-04
Discurso sobre a história universal (Bossuet), 20
Dissoluti, 173
Dunning, William Archibald, 12-13, 15-16
Dupin, Ellies, 62-63
Durras, Mlle. de, 63
Dux, 147

E

Economicismo, 68
Egito, 168
Einstein, Albert, 64, 223, 243, 248, 259
Élements de Philosophie de Newton (Voltaire), 73-75

Ensaio acerca do entendimento humano (Locke), 207-09, 218
Entgötterung (desdivinização), 69
Entia Mathematica, 244
Epicureus, 118, 144, 164-65
Epicuro, 138
Era divina, 168
Era do Gim na Inglaterra, 185-86
Era heroica, 144, 169
Era humana, 144, 169-70
Erudizione, 108
Escolasticismo, 74, 210
Escravos, 169
Espaço absoluto e relatividade, 221-32, 234-40, 244-45, 258-60
Espanha, 44, 192
Espinosa, Baruch, 118, 138 *Stato ferino*, 141, 168
Espírito heroico (*mente eroica*), 172-75, 180
Espírito, autonomia do, 139-40
Esprit humain, 52-54, 56, 59-60
Essai sur les mœurs (Voltaire), 45
Essentia, 129
Estado, uso do termo por Maquiavel, 26
Estoicismo, 78, 151
Estudo da história (Toynbee), 11, 149
Ethnici philosophi, 123
Ética, 77-80
Eu, psicologização do, 201-03, 213-14
Euler, Leonhard, 240, 241-42, 257-60
Eunucos espirituais, 258
Evolução, 67
Excomunhão, 86-87

F

Fabbro, 164
Factum creatum, 124
Factum, 120, 122, 124, 125
Faktum der Wissenschaft, 241

"Falácia da concretude deslocada" (Whitehead), 200-01
Falsi Dei, 141
Família, 141, 169
Famuli, 169, 170
Fascismo, 115, 124, 172
Fé, 8, 59-47, 74, 76, 84, 89, 222
Fenomenalismo, 35, 132
Ferrari, Giuseppe, 115
Fichte, Johann Gottlieb, 23, 96
Ficino, Marsilio, 126, 130
Fides caritate formata, 74
Fielding, Henry, 186
Filologia, 30, 108, 115, 121-22
Filosofia de Giambattista Vico (Croce), 31
Filosofia dello spirito, 110-11
Filosofia do direito (Hegel), 91
Filosofia e filósofos, 76, 122, 129-30
Fisch, M. H., 115, 162
Física, 68, 122-23, 157, 199, 201, 222, 225, 239-40, 242-48, 258-60
Flaubert, Gustave, 84
Fludd, Robert, 200
Fonti dela gnoseologia vichiana (Croce), 126
Força derivativa (*vis derivativa*), 244-45
Força fenomenal, 244
Força primitiva (*vis primitiva*), 244
Forças intramundanas, 42, 43
Formula naturae, 135, 155
Foronomia, 225, 241
Fougue (impetuosidade), 92
França
 características nacionais da, 92
 conflito entre catolicismo e estrutura temporal do processo de fechamento na, 98-102
 forças armadas na, 26

e a Guerra dos Trinta Anos, 105
guerras civis na, 105
influência dos Medici na, 106
invasão da Itália pela, 26, 105
Maquiavel sobre a, 26
como nação cismática, 93-94
protestantismo na, 65
relacionamento coma Espanha, 44
revolta apostática na, 21, 22, 35
revolução na, 94
Terceira República na, 94
terreur de Robespierre na, 79
Francis, Saint, 43
Franciscanos, 18, 43
Franklin, Benjamin, 182
Frederico II, 42
Frederico, o Grande, 46
Fueter, Eduard, 47
Fulco, Adrienne, 27

G

Galicanismo, 67
Galileu, 32, 67, 104, 116, 200, 226-28
Geisteswissenschaften, 86
Gêngis Khan, 250
Genitum, 123, 123
Gens, 141
Gentes, 141-42, 146, 149, 163
Gentile, Giovanni, 109-10, 115, 126
Genus humanum, 143-44, 154
Genus, 143
Geometria, 160, 225, 241
Giannone, Pietro, 105-107
Gladstone, William Ewart, 196-198
Gnosticismo, 112, 123, 140
Götterdämmerung, 153
Gratia, 74
Grotius, Hugo, 30, 65, 115-16, 138, 176

Guerra da Sucessão Austríaca, 193
Guerra dos Trinta Anos, 43, 105
Guicciardini, Francesco, 26

H

Habsburgos, 44
Hadock, B. A., 27
Halley, Edmund, 254
Hebreus, 162, 165. *Veja também* Judeus
Hegel, G. W. F., 14, 23, 91, 95-97, 11-12, 123-24, 127
Helenismo, 48, 49, 66
Helvétius, Claude-Adrien, 20, 90, 140, 182
Henrique IV, 53, 55
Herder, Johann Gottfried von, 96, 182
Heresias, 59-61
Heródoto, 168
Heroica sapientia, 137
Histoire de la science politique dans ses rapports avec la morale (Janet), 13
Histoire des variations de Églises protestantes (Bossuet), 58-61
História
  Agostinho sobre, 143-53
  Dunning sobre história política, 12-13
  esprit humain como objeto da, 52-54, 57, 59
  história gentílica, 124, 142, 141, 145-46, 152, 157-58, 162 176
  "história geral", 12-13, 15
  história intramundana, 56-58
  história sacra intramundana, 54-55
  "histórias paralelas", 14, 19
  história política e ideias não políticas, 14-15

história secularizada, 47-48, 65, 133
história universal, 46-47, 55, 89
historicidade da mente, 156-59
e as ideias não políticas, 18
"ideia" de história como linha reta, 15
questões acerca da história política, 17-18
reconstrução do significado histórico, 40-44
relação entre a história política e as ideias políticas, 15-17
tarefa do filósofo da, 35
Vico e a "psicologização" da, 158
Vico e a transferência do modelo da natureza para a, 133-34
Vico e o desenrolara da mente na, 109
Vico sobre o significado da, 131-32
Vico sobre *recursus*, 141-42
Voltaire *versus* Bossuet sobre a, 19-20
Veja também Nova Ciência
História das ideias políticas (Voegelin)
"complexo de conhecimento" em, 17
questões "metodológicas" em, 11
livro de Sabine como competidor de, 16
História do Mundo até o Ano da Salvação Humana (Sabélico), 47
História gentílica, 124, 142, 145, 152, 157-58, 162, 165, 167, 176
"História geral", 12-13, 15
História intramundana, 56-59, 133-34
História política. *Veja* História
História universal, 46, 50,-51, 54

Historicidade, 11, 34, 147, 156, 176
Historiogênese, 11
Hitler, Adolf, 182
Hobbes, Thomas, 117-18, 138, 232
Holbach, Paul-Henri-Dietrich, 20, 72, 90
Homero, 108
Homonoia, 198
Honestas, 138
Humana beatitudo, 137
Humanitarismo, 68, 94
Humboldt, Wilhelm von, 182
Hume, David, 182
Hypotheses non fingo, 220, 235, 254-55

I

Idade Média, 48-49, 210
Idea veri, 135
Igreja. *Veja* Igreja Católica; Cristianismo; Protestantismo
Igreja Católica
na Alemanha, 94
na França, 65
Gladstone sobre, 198-99
na Idade Média, 150
na Inglaterra, 189
Newman sobre, 199
Perseguições pela, 69
e Vico, 116, 118
Warburton sobre, 190-91
Veja também Contrarreforma
Igreja da Inglaterra, 187-88, 198
Igreja e Estado. *Veja* Relação entre Igreja e Estado
Igualdade, 170-71, 173, 174
Iluminismo, 42, 64, 118
Imitatio Dei, 125
Imperator in regno suo, 91
Imperium et ecclesia in natione, 91
Imperium, 48, 65-66

In parmenidem (Ficino), 130
Inconsciente, 133, 162
Índia, 49, 50
Industrialização, 181
Inglaterra
  arianos e socinianos na, 82
  busca do concreto na, 35-37, 181-260
  características nacionais da, 92
  controvérsia entre Gladstone e Newman na, 196-98
  estrutura temporal do processo de fechamento na 98-102
  e a materialização do mundo externo, 164-65
  como nação cismática, 89-90
  organização política [*polity*] modelo do século XVIII, 180-93
  parlamento na, 11, 95
  e a perda do concreto, 198-83
  população estagnada no século XVIII, 151-52
  protestantismo *versus* individualismo secularizado na, 10, 65, 94-95
  e a psicologização do eu, 200-02
  e a purga da Igreja da Inglaterra, 187-90
  e a razão de Culverwel na, 203-05
  e a razão de Locke, 207-08
  e a razão de Whichcote, 205-07
  revolta apostática na, 21, 22, 35
  Revolução Gloriosa na, 188-8
  revolução na, 11, 12, 23, 78, 80
  sermões políticos de Warburton na, 190-96
  sistema constitucional na, 190
  e Toland sobre o cristianismo, 217-20
  utilização do álcool na, 152-53
Inquisição, 28, 109, 190, 226-29

Intelligentia (entendimento), 120
Intelligere (entendimento), 120-21
Intelligo ut credam, 76
Intentio, 76, 158
Islã, 50
Israel, 46-48, 152
Istoria civile del regno di Napoli (Giannone), 106
Itália
  cidades-estado na, 12-13, 82-83
  contrarreforma na, 14
  invasão francesa da, 26, 105
  municipalização e emigração na, 27, 105-06
  período de "decadência" na, 26, 105-06
  política na, 12-14, 82-85
  Risorgimento na, 26, 104

J

Jacobi, Friedrich Heinrich, 111
Jacobitas, 188
Janet, Pierre, 13-15
João de Salisbury, 43
Joaquim de Fiore (Flora), 18, 43-44, 55, 147
Judeus, 141. *Veja também* Hebreus
Justiça, 138-39

K

Kant, Immanuel, 23, 73, 96, 111-12, 182, 205, 241
Kelley, Donald R., 162
Koehler, Wolfgang, 165
Koine, 48, 92

L

La Mettrie, Julien Offray de, 72
Laplace, Pierre-Simon de, 222
Late Increase of Robbers, On the (Fielding), 187

Leckym W. F. H., 86
Leclerc, Jean, 83
Lei
  Aristóteles sobre a, 143
  direito racional codificado na era humana, 171
  direito natural, 113, 116
  direito romano, 113, 164
  lei cristã do coração, 71
  de uniformidade, 187
  lei externa hebraica, 71
  lei sagrada na era heroica, 170
  Paulo sobre a, 71
Lei das Cinco Milhas de 1655, 187
Lei de Corporação de 1661, 189
Lei de Habeas Corpus de 1679, 190
Lei de incapacitação dos papistas de 1678, 189
Lei do Teste contra a Escócia de 1681, 189
Lei do Teste de 1673, 189
Lei dos Dissidentes de 1664, 187
Lei dos Julgamentos por Traição de 1696, 190
Leibniz, Gottfried Wilhelm, 73, 201, 205-09, 241, 258
Leis (Platão), 165
Lettres Anglais (Voltaire), 79
Lettres Philosophiques (Voltaire), 82
Liber Metaphysicus (Vico), 113, 119-20, 122, 128-29, 157
Liberalismo, 197, 223
Libre examen, 61-63
Licurgo, 254
Lilla, Mark, 162
List der Vernunft (Hegel), 140
Livre pensar, símbolos do, 220
Locke, John
  sobre o Cristianismo, 95
  deísmo de, 57
  importância de, 21-22
  sobre primitivização, 211-15, 254
  sobre qualidades primárias e secundárias, 201
  sobre a razão, 203, 207-15
  e Vico, 118
  e Voltaire, 73, 82, 182
  obras:
    Razoabilidade da crintandade, 101
    Segundo tratado sobre o governo civil, 209, 216
Logos, 93, 123, 203, 206
Luís XIII, 50
Luís XIV, 105
Lumi sparsi, 118
Luteranismo, 59, 96
Lutero, Martinho, 44, 82

M

Mach, Ernst, 232, 247-48
Madame Bovary (Flaubert), 84
Mágica e ciência, 248-53
Magisterium, 71
Malebranche, Nicolas de, 201
Maniqueísmo, 192
Manning, Henry Edward, 196-97
Maomé, 82
Maquiavel, Nicolau, 26, 105, 138
Marcion, 59
Marx, Karl, 23, 64, 97, 253
Marxismo, 24-25, 69-70, 97, 123, 133, 140, 222-23, 258
Matemática, 122, 131, 200, 225, 243, 254
Materia della scienza politica, 169
Materialização do mundo externo, 199-200
McIlwain, Charles Howard, 12
Mécanique céleste (Laplace), 222
Medici, 106
Meditações (Descartes), 132-33

Mente Eroica (espírito heroico), 172-75, 180
Mente, historicidade da, 156-59
Merum nihil, 237, 239
Metafísica, 129-31, 139, 156, 158, 176, 243-44
Metodologia, 12
Michelet, Jules, 94
Michelson-Morley, experimento de, 246
Mill, John Stuart, 73, 182, 223
Mito, 69, 71, 122, 164, 169, 217
Modernidade, 178-79
Moisés, 254
Monarquia, 171-72
Mondo civile, 134-42, 155, 157
Mondo delle gentili nazioni, 157
Mondo delle nazioni, 137
Mondo naturale, 137, 157
Mongóis, 50, 250
Montesquieu, barão de La Brède e de, 182, 216
Monti, monsenhor Filippo Maria de, 118
Mooney, Michael, 162
Moralistes, 182
More, Henry, 231-35, 238-39
Movimento enciclopedista, 223
Movimentos totalitários, 251-52, 259
Mulçumanos. *Veja* Islã
Municipalização na Itália, 26, 105-06
Mythus des 20 Jahrhunderts (Rosenberg), 217

N

Nacional-socialismo, 43, 79, 179, 197, 223
Nacionalismo, 68, 90
Nações cismáticas
  Alemanha como, 95-97
  e o cosmion cismático, 92-98
  estrutura temporal do processo de fechamento, 98-102
  e o fechamento espiritual do cosmion nacional, 92-93
  França como, 93-94
  Inglaterra como, 94-95
  e a irritação do paroquialismo, 91-92
  e o vácuo da razão, 89-90
Napoleão, 182, 222
Natureza, modelo da, 129-34
Nazismo. *Veja* Nacional-socialismo
Necessitas, 139, 154
Neoplatonismo, 125-26, 131, 134
Neumann, Carl, 247
New Vico Studies, 107
Newman, John Henry, 196-98
Newton, Sir Isaac
  sobre arianismo, 82
  cientificismo de, 89, 91
  crítica de Berkeley a, 235-39
  sobre Deus, 74, 233-34
  sobre espaço absoluto, 205, 246, 254, 258-60
  e *hypotheses non fingo*, 220, 235, 254-55
  mecânica de, 221-22
  importância de, 126, 182, 201, 221-22
  e a metafísica do espaço de More, 232-35
  "Ode a Newton" (Haley), 254
  resistência à revisão da teoria newtoniana, 246-48
  Voltaire sobre, 73-60, 77, 84, 182
  obras:
    Óptica, 232, 233
    Principia Mathematica, 200, 229
    Scholium Generale, 232, 235

Nietzsche, Friedrich Wilhelm, 91, 99, 127, 182, 253
Nominalismo, 65
Nosos (enfermidade), 199, 222
Nosse (conhecer), 137, 143
Nova Ciência (Vico)
   ambivalência e pathos de Vico, 116-17
   comentários finais sobre, 175-79
   conceito de, 116-19
   e a contemplação providencial, 158-61
   definição de, 115
   e a estrutura política do *Corso*, 168-75
   e *mente eroica*, 172-75, 180
   e *mondo civile*, 134-42, 155, 157
   primeiro uso do termo por Vico, 113-115
   princípio cardeal da, 155-56
   e *recursus* e *ricorso*, 141-51, 165,
   e *senso commune*, 158, 162-67, 177, 180
   e *storia eterna ideale*, 154-62
   Veja também *Scienza nuova* (Nova Ciência) (Vico)
Nova ciência da política, A (Voegelin), 11
Novum Oganum (Bacon), 32, 116

O

"Obscurantismo espiritual", 76-77, 118, 139
Ocasião versus *causa*, 140
On the Form of the American Mind (Voegelin), 13
Ordem e história (Voegelin), 11
Ordo, 142
Orósio, Paulo, 46
Óptica (Newton), 232, 233

P

Paganismo, 122-23, 125, 169
Pallavicino, Pietro Sforza, 105
Paroquialismo, 91-92
Paruta, Paolo, 105
Pascal, Blaise, 117, 176, 200
Patres familias, 169
Patria potestas, 169
Patrícios, 169-72
Paulo, São, 71, 258
Paz de Utrecht de 1713, 44
Pelagianismo, 165, 176
Pensées (Pascal), 117
Penser (pensamento), 76
Perfecte legere (ler perfeitamente), 120-21
Pérsia, 50
Peste de 1665, 187
Philosophia prima, 240, 259
Philosophiae naturalis principia mathematica (Newton), 200, 229
Philosophus naturalis, 236
Platão, 6, 118, 130, 165, 216, 258
Platônicos de Cambridge, 203
Platonismo, 203, 232
Plebeus, 169-72
Plebs, 142
Pneuma de Cristo, 18, 78
Poder e ciência, 248-53
Políbio, 180
Pólis, 16
Politeísmo, 129, 141
Pompa, Leon, 27, 162
Positivismo, 94, 223, 258
Posse (capacidade, poder), 143
Potestas, 129
Pouvoir spirituel, 94
"Presunção de eruditos", 30
Prima materia, 129
Primitivização, 210-11, 254
Primum verum, Deus como, 120

Primus Factor, Deus como, 120
Princeps, 142, 175
Principia (Descartes), 242
Principia Mathematica (Newton), 200, 229
Principles of Human Knowledge (Berkeley), 237
Processo de fechamento, 98-102
Progressivismo, 179, 223
Progresso, teoria do, 176-77
Protestantismo, 59-64, 64, 118, 129, 216. *Veja também* Reforma
Providência divina, 158-62, 165, 169, 176
Providência, 158-62, 165, 169, 176
Prússia, 95
Psicologização
  do eu, 200-02
  da história, 158
Pueri, 143
Pufendorf, Samuel von, 30, 114, 117
Purcell, John B., 196-97
Puritanismo, 94, 187-88

Q

Querela das Investiduras, 68
Questions sur l'encyclopédie (Voltaire), 73
Quod nihit acitur (Sánchez), 130

R

Racional-utilitarismo, 250-58
Raisonneur (homem que raciocina), 75
Ratio aeterna, 123
Ratio, 138
Razão
  e a existência de Deus, 74-76
  na França, 94
  Hegel sobre, 96
  Kant sobre, 73

razão de Culverwel, 203-05
razão de Locke, 203, 207-15
razão de Whichcote, 205-07
razão secular autônoma, 65-66
vácuo da razão, 89-90
Vico sobre, 123, 138, 164
Voltaire sobre, 73-76, 89-90
Razoabilidade da cristandade (Locke), 101
Rebelião Escocesa de 1745-1746, 190
Rebus ipsis dictantibus, 139
Recursus, 140-49
Reespiritualização, 68-69
Réflexions sur l'espace et le temps (Euler), 240
Reforma, 44, 47, 59, 105
Regra de Ouro, 77
Relação entre Igreja e Estado, 68-69
Relatividade
  aspectos e problemas da, 225-26
  de Copérnico a Leibniz, 223-25
  Einstein: teoria da, 223
  Galileu e a Inquisição, 225-28
  e Leibniz, 186, 205-11
  e Mach, 247-48
  e movimento absoluto, 202-03
Religião natural. *Veja* Ética
República (Platão), 165
República, 170-71
Res cogitans, 116
Revolução Gloriosa, 187-88
Rex, 141
Ricorsi, ricorso, 110, 140, 143, 145
Robespierre, Maximilien, 79
Roma, 46, 113, 115, 164, 171
Romantismo, 217
Rosenberg, Alfred, 217
Rousseau, Jean-Jacques, 182, 216
Royal Society, 79 Rússia, 46, 48, 50, 134

S

Sabélico, 47
Sabine, George H. 12, 16
Sacrum Imperium (Dempf), 18
Saeculum senescens, 35, 55, 146, 149, 152
Saeculum, 42, 43
Saint-Simon, conde de, 55, 94
Sánchez, Francisco, 126, 130
Santos, 77, 79
Sapiens, 130
Sapienza volgare, 144, 164-65
Sarpi, Paolo, 105
Schelling, Friedrich
   comparado a Vico, 113, 123
   sobre a confecção da constituição, 176
   falta de penetração nas instituições de uma organização política [*polity*] nacional, 180-93
   filosofia da história e política, 126-27
   sobre o fundamento inconsciente, 133, 162
   importância de, 96
   sobre o período de Descartes a Hegel, 126
   sobre o progresso teogônico, 57
   Voegelin critica, 111
   Weltater por, 118
Scholium Generale (Newton), 232, 234
Scienza Nuova (Nova Ciência) (Vico), 32, 107-08, 112-13, 123, 126, 131, 135-36, 140-44
Scire (conhecimento), 120
Sectarismo filosófico, 81-83
Secularização
   e a autoridade da igreja e símbolos cristãos, 89
   Croce e Gentile interpretam Vico, 109-12
   destruição espiritual como fase da, 67-68
   dinâmica da, 65-71
   dissociação dos universalismos ocidentais, 65-66
   fases da dissociação, 66-70
   da história, 47-48, 133
   reespiritualização como fase da, 68-69
Seelische Verschlampung (desmazelo espiritual), 92
Segundo tratado sobre o governo civil (Locke), 216
Selden, John, 30, 114, 117
Semina, 133
Senes, 143
Senso commune, 158, 162-67, 177, 180
Sermões (Whichcote), 205-07
Sermões políticos de Warburton, 190-95
Sidney, Algernon, 182
Sigério de Brabante, 42
Símbolos
   do cristianismo, 89
   do esvaziamento da fé, 222
   do livre pensamento, 199
   do materialismo, 199
Simon, Richard, 62-63
Sistema constitucional, 176, 190
Socinianos, 82, 86, 165
Socinis, 106
Sócrates, 216
Solene Aliança e Pacto de 1643, 187
Sonho cientificista-utilitário, 260
Sorel, Georges-Eugène, 172
Spengler, Oswald, 14, 107, 111, 148, 153, 180
Stephen, Sir Leslie, 210

Storia eterna ideale, 140, 154-161
Storia ideale, 134, 146, 149, 152
Strauss, Leo, 16
"Straussianos", 15
Studi Vichiani, (Gentile), 126
Studies on Voltaire and the Eighteenth Century, 51
Stulti (tolos), 129
Suécia, 184
Sumberg, Theodore A., 28
Superbia, 71-72
Sutori delle nazioni, 172
Swift, Jonathan, 221
Syllabus Errorum, 198-99
Syllabus papal de 1864, 196

T

Tácito, 171
Tamerlão. *Veja* Timur
Teoria contratual, 177
"Teoria política e o padrão da história geral" (Voegelin), 12
Tertuliano, 59
"tese de generalidade", 56-58
Theologia platonica (Ficino), 130
Theoria Motus (Euler), 242
Timeu (Platão), 258
Timur, 15
Tocqueville, Alexis de, 182
Toland, John, 95, 217-21
Tomás de Aquino, 123, 139
Toynbee, Arnold J., 11, 14, 17, 107, 149, 150-51, 175
Tratado sobre o Governo Civil (Locke), 216
Trinitarismo, 221
Turcos, avanços, 50
Turenne, Marshal, 63
Turgot, Anne-Roberts-Jacques, 129
Turpis (desonestidade), 138

U

Unitarismo, 221
Universalismo, dissociação do, 65-66
Usus, 139, 154
Utilidade, 138
Utrecht, Paz de 1713, 44

V

Valentino, 59
Van Hooft, Peter, 86
Varro, 135
Vaticano, Conselho de 1871, 196
Vaughan, Frederick, 28, 162
Velle (vontade), 137, 143
Verbum (Sabedoria de Deus), 120
Verbum genitum, 125, 148, 167
Verene, Donald Philip, 162
Vernunft, 134
Verum creatum, 120, 123, 125
Verum est factum, 120-25
Verum increatum, 120, 123
Vico, Giambattista
  e Agostinho, 135-142
  como "anacronismo", 118-19, 126
  antropologia de, 137-39
  e o ataque ao *cogito*, 122-23
  e o ataque ao fenomenalismo, 132
  e a autonomia do espírito, 139-40
  e o caráter meditativo das obras de, 112-13
  sobre a certeza das ciências humanas, 122-23
  comentários finais sobre, 175-79
  comparado a Voegelin, 15-16
  sobre a contemplação providencial, 158-61
  e o *continuum* das ideias ocidentais, 126-28
  e o cristianismo, 123-25, 131, 141

desenvolvimento das ideias de, 16-17
sobre Deus, 120, 122, 130-31, 158-61
sobre a era divina, 168-69
sobre a era heroica, 168, 170
sobre a era humana, 138
sobre o estilo da prosa de, 27, 108-09
sobre a estrutura política do *corso*, 110-13
fases do pensamento de, 113-115
função sistemática do modelo da natureza, 131-32
e a história da ciência, 134-35
sobre a historicidade da mente, 156-59
sobre a humanidade, 120-22
e a ideia de uma Nova Ciência, 115-19
e a Igreja Católica, 116-18
importância de, 26, 105-07
influência de, 106-07
e a Inquisição, 28, 109
interpretação secularista de, 109-11
literatura secundária sobre, 31, 33, 107, 114, 162
sobre *mente eroica*, 172-75, 180
sobre o modelo da natureza, 129-34
"modernidade" de, 164
sobre *mondo civile*, 134-42, 155, 157
e o neoplatonismo, 125-33, 157
e a origem filológica, 120-122
primeiro uso do termo "Nova Ciência", 113-15
sobre a razão, 123, 138, 164
sobre *recursus* e *ricorso*, 140-49
e a reversão do movimento apostático, 116-18
sobre o *senso comune*, 158, 162-66
sobre o significado da história, 161-62
situação política da Itália na época de, 103-06
sobre *stato ferino*, 168-69
sobre a *Storia eterna ideale*, 114, 141
passos da Meditação de, 120-26
sobre o ponto metafísico e o *Conatus*, 129-31
transferência do modelo da natureza para a história, 109
sobre *verum est factum*, 120-21
obras:
    Autobiografia, 28, 32, 117, 130
    De Constantia Jurisprudentis, 113-115, 135
    De Constantia Philologiae, 114
    De Constantia Philosophiae, 114
    De universi juris uno principio et fine uno, 113, 135
    Diritto universale, 29, 113, 135, 137, 140-44
    Liber Metaphysicus, 9, 29, 122-23, 129, 157
    Scienza nuova (*Nova Ciência*), 32, 108, 115-18, 123, 126, 131, 135-36, 140-44
Viri, 143
Virtudes, 129-31, 133
Virtus extensionis, 129
Virtus, 133
Vis (força), 129, 133, 138
Vis derivativa (força derivativa), 243
Vis primitiva (força primitiva), 243
Vis veri, 138
Visigodos, 153
Vita comoda, 172

Voegelin, Eric. *Procure por* títulos e obras específicas
Voltaire
   sobre a compaixão, 77-79
   comparado a Vico, 18
   debate entre Bossuet e, 45-52, 89
   sobre Deus e a alma, 76-77
   sobre o *esprit humain* como objeto da história, 52-54
   sobre ética, 76-79, 89
   sobre a história sacra intramundana, 71-72
   e a história secular, 133
   e a história universal, 89
   sobre a Idade Média, 48
   e o Iluminismo, 64
   influências sobre, 182
   e a marquesa du Châtelet-Lorraine, 50-51
   "obscurantismo espiritual" de, 77, 118, 139
   pontos fortes e pontos fracos, 84-85
   sobre a razão, 73-76, 81-82, 89-90
   o reino entre os espíritos, 84-85
   sobre o relacionamento de Deus com os homens, 74-75
   e a "revolta apostática", 21-22, 35, 90, 118, 139
   sectarismo filosófico de, 81-82
   <u>obras</u>:
      "Carta sobre o Socianismo", 82
      Dictionnaire philosophique, 72-73, 76-78
      Éléments de la philosophie de Newton, 73-75
      Essai sur les mœurs, 45, 52
      Lettres Anglais, 79
      Lettres philosophiques, 82-83
      Questions sur l'encyclopédie, 73
Voltaireanismo, 94

W

Walpole, Sir Robert, 189
Warburton, William, 190-196, 198, 209, 216-17
Weltalter (Schelling), 119
Weltgeschichten, 51
Wesley, Charles, 189
Wesley, John, 189
Whichcote, Benjamin, 205-07
Witzenmann, Walter, 114

Z

Zuinglianismo, 59
Zuínglio, Ulrico, 83

Você poderá interessar-se por:

A FILOSOFIA CIVIL DE ERIC VOEGELIN
MENDO CASTRO HENRIQUES

Mendo Castro Henriques é o mais conhecido especialista de língua portuguesa na obra de Eric Voegelin. Este livro, sua tese de doutorado, discute até que ponto ideias políticas servem de suporte a instituições, regimes e indivíduos e até que ponto possuem valor teórico.

O propósito declarado do autor, ao escrever este livro, é apresentar uma introdução geral ao pensamento de Eric Voegelin e fazê-lo de tal maneira que demonstre o seu caráter revolucionário. Esta obra pretende ser uma ponte sobre a distância que separa Voegelin de outros pensadores.

A obra reúne a série de conferências sobre Hitler e o nazismo proferidas por Voegelin na Universidade de Munique em 1964. Trata-se de uma das análises mais lúcidas e profundas do fenômeno totalitário. Ao negar o lugar-comum da "culpa coletiva", Voegelin apresenta o que chama de instrumentos de diagnóstico, analisa a relação entre a igreja, a academia e o direito com o nazismo e, por fim, aponta a direção de uma possível restauração da ordem.

facebook.com/erealizacoeseditora
twitter.com/erealizacoes
instagram.com/erealizacoes
youtube.com/editorae
issuu.com/editora_e
erealizacoes.com.br
atendimento@erealizacoes.com.br